清华终身学习系列出版物

数字战略
"十四五"期间数字经济新模式

Digital Strategy

李 全 ◎ 著

清华大学出版社
北京

内 容 简 介

本书以数字经济在中国的发展为背景，分数字化思维、解码数字经济、数字化转型中国三篇，介绍了数字经济从学术研究到产业应用各阶段的发展现状及趋势，并以数字经济与产业融合的发展趋势为基础，分析了包括在线经济、产业数字化转型、数字化共享、数字货币等社会经济发展中的重要议题，分析论述了数字经济发展新模式对产业转型升级的促进路径，以便政府管理者、产业经营者、行业研究者，以及在校学生对相关领域的理解和有效运用。

本书紧跟国家"十四五"规划的核心思路来展开论述，清晰地论述了数字经济推动产业转型的新模式，这也与国家产业转型升级的基本方向高度一致，是一本集决策、学术、发展为一体的著作。本书可作为高校数字经济相关专业学生教学用书及参考读物，也适合宏观政策研究者、智库行业研究者、党政干部、企业管理者阅读与学习。

本书封面贴有清华大学出版社防伪标签，无标签者不得销售。
版权所有，侵权必究。举报：010-62782989，beiqinquan@tup.tsinghua.edu.cn。

图书在版编目（CIP）数据

数字战略："十四五"期间数字经济新模式/李全著.—北京：清华大学出版社，2022.10
（清华终身学习系列出版物）
ISBN 978-7-302-62076-1

Ⅰ.①数… Ⅱ.①李… Ⅲ.①信息经济－经济模式－研究－中国 Ⅳ.① F492

中国版本图书馆 CIP 数据核字 (2022) 第 195096 号

责任编辑：	胡　月
封面设计：	汉风唐韵
版式设计：	方加青
责任校对：	王荣静
责任印制：	曹婉颖

出版发行：清华大学出版社
网　　址：http://www.tup.com.cn，http://www.wqbook.com
地　　址：北京清华大学学研大厦 A 座　　　邮　编：100084
社 总 机：010-83470000　　　邮　购：010-62786544
投稿与读者服务：010-62776969, c-service@tup.tsinghua.edu.cn
质 量 反 馈：010-62772015, zhiliang@tup.tsinghua.edu.cn

印 装 者：三河市少明印务有限公司
经　　销：全国新华书店
开　　本：170mm×240mm　　印　张：16.75　　字　数：266 千字
版　　次：2022 年 12 月第 1 版　　印　次：2022 年 12 月第 1 次印刷
定　　价：89.00 元

产品编号：091899-01

本书编委会

主　编

宗　燕

副主编

王爱义

编委（按姓氏笔画排序）

刘志彬　孙　茗　李思源　吴志勇　张　磊　张玉坤
武为民　林兆广　周远强　钟宜钧　徐学军　唐　玲

"清华终身学习系列出版物"总序

我们已进入了终身学习时代！

法国著名教育家保罗·朗格朗（Paul Lengrand）1965年在联合国教科文组织主持召开的第三届促进成人教育国际委员会会议上提交了"终身教育议案"，重新认识和界定教育，不再将教育等同于学校教育，而视教育为贯穿整个人生的、促进个体"学会学习"的全新概念。1970年，保罗·朗格朗首次出版《终身教育引论》，详细阐述其对终身教育的理解，带来了革命性的终身教育和终身学习的思想，使我们进入终身教育、终身学习时代。终身教育、终身学习思想，它不仅仅是一种思想体系，更是一种教育改革和教育政策制定设计的基本原则，是构建未来教育体系的指针。

进入21世纪以来，国际组织愈发倾向以终身学习（Lifelong Learning）覆盖终身教育（Lifelong Education）。2008年，欧洲大学协会制定并发表《欧洲大学终身学习宪章》，明确提出在大学发展战略中应植入终身学习理念，大学的使命和发展战略中应包含构建终身学习体系的规划，为营造终身学习的文化氛围发挥关键作用。2015年11月，联合国教科文组织发布《教育2030行动纲领》，确立了"确保全纳平等优质的教育，促进终身学习"的宏大目标，标志着全球教育进一步迈向了终身学习的新时代，是否践行终身学习理念，成为衡量一个国家教育现代化水准的一面镜子。

终身学习理念也促进人们对工作、学习及人生的深层次思考。2016年，伦敦商学院（LBS）教授琳达·格拉顿（Lynda Gratton）和安德鲁·斯科特（Andrew Scott）在两人合著的新书《百岁人生：长寿时代的生活与工作》（*The 100-Year Life: Living and Working in an Age of Longevity*）中预言，人类已经进入长寿时代，我们这代人活到100岁将是大概率事件。长寿时代，我们的人生格局将会发生巨大改变。传统的学校学习、单位工作、退休养老的三段式人生终将被更多段式的人生格局所取代。所谓更多段式，就是一辈子被分割成4段、5段，甚至7段、8段，乃至更多小阶段。每一小段都有自己不同的主题，各段之间穿插进行，不会再有明确边界。所以，从个人生命周期来说，学习将成为人的一生的习惯及人生的常态,"学生"将是贯穿一生的唯一职业。而多段式人生的学习应该是连接过去、通往未来的终身学习,这将是未来多段式人生节奏中的一种经常出现的状态。

我国党和政府也十分重视终身教育和终身学习,党的十六大、十七大、十八大、十九大都有相关论述。习近平总书记对于终身学习有着一系列重要表述。2013年9月9日在教师节致全国广大教师慰问信中,他特别要求"牢固树立终身学习理念"。2013年9月25日在"教育第一"全球倡议行动一周年纪念活动贺词中,他指出"努力发展全民教育、终身教育,建设学习型社会"。2019年11月召开的中共十九届四中全会明确把"构建服务全民终身学习的教育体系"作为推进国家治理体系和治理能力现代化的重大战略举措,并提出"完善职业技术教育、高等教育、继续教育统筹协调发展机制"。

继续教育既是终身学习理念的倡导者、传播者,也是终身学习的重要载体。美国教育社会学家马丁•特罗认为:高等教育是学校教育和终身学习两个系统的关键节点,必须担负起不可替代的历史重任。因此,发展继续教育是高校应承担的使命和责任,以终身学习理念引领推动高校本科、研究生教育与继续教育统筹协调发展,构建体系完备的人才培养体系,是高等教育综合改革的一个重要趋势和方向。

清华大学继续教育以终身学习理念引领改革和发展,以"广育祖国和人民需要的各类人才"为使命,努力办出特色办出水平。为了更好地总结清华大学继续教育三十多年的创新实践,清华大学继续教育学院启动了"清华终身学习丛书"编写出版工作,该丛书以习近平新时代中国特色社会主义思想为指导,顺应国内外终身学习发展的大趋势,围绕终身学习/继续教育基本理论、创新实践及学科行业新前沿,理论创新与实践应用并重,争取在五年内推出一系列精品图书,助力中国特色、世界一流的继续教育建设。

聚沙成塔、集腋成裘。希望通过这套丛书,倡导终身学习理念,弘扬终身学习文化。

郑 力

清华大学副校长

目录

第一篇 数字化思维

第一章 初识数字经济

第一节　数字经济的定义　/　2

第二节　数字经济的内涵与外延　/　8

第三节　对数字经济特征的共识　/　19

参考文献　/　26

第二章 中国数字经济发展简史

第一节　数字经济的学术萌芽　/　28

第二节　数字经济步入寻常生活　/　33

第三节　数字经济驱动产业进阶　/　39

参考文献　/　48

第二篇 解码数字经济

第三章

"十四五"规划数字经济政策解读

第一节　数字化是经济增长方式的战略转型方向　/　50

第二节　数字化是现时期市场经济发展的优选路径　/　56

第三节　数字化转型将会伴随"十四五"规划实施的全过程　/　65

参考文献　/　73

第四章

在线模式改变生活

第一节　在线医疗助力普惠民生　/　77

第二节　替代写字楼的远程办公　/　85

参考文献　/　91

第五章

数字化重塑产业生态

第一节　数字化治理催生城市大脑　/　93

第二节　高效集约的产业互联网　/　100

第三节　数字化推动传统产业腾笼换鸟　/　104

第四节　塑造坚不可摧的数字化供应链　/　108

参考文献　/　110

第六章

数字化推动创业创新的深度实现

第一节　灵活用工优化劳动力供求关系　/　112

第二节　自我就业催生"去单位化"　/　120

第三节　副业创新鼓励职业化兼职　/　128

第四节　高效信用的无人经济　/　134

参考文献　/　138

第七章

共享时代的新生活

第一节　共享生活改善社会效率 / 139

第二节　提质增效的共享生产新动力 / 147

第三节　共享生产资料与产能扩大的无限可能 / 151

第四节　打通虚拟与现实的数据共享与开放 / 155

参考文献 / 165

第三篇
数字化转型中国

第八章

新基建奠定数字化转型的基础

第一节　新基建对数字化转型的战略意义 / 168

第二节　新基建的基本框架与核心领域 / 171

第三节　新基建的融资路径与可持续发展 / 184

参考文献 / 193

第九章

画龙点睛的数字货币

第一节 货币数字化将大行其道 / 195

第二节 灰色地带的代币 / 205

第三节 超越主权数字货币的假想 / 213

参考文献 / 222

第十章

数字化转型的监管保障

第一节 塑造安全高效的数据监管机制 / 225

第二节 畅通服务型的数字化监管路径 / 242

第三节 营造良性的数字化监管环境 / 248

参考文献 / 250

后　记

第一篇
数字化思维

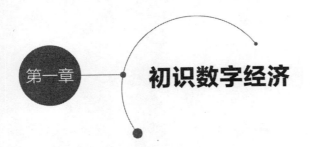

第一章 初识数字经济

🏆 第一节 数字经济的定义

在当前这个经济快速发展、科技不断更新迭代的社会中，每隔一段时间都会有新鲜词汇被人们创造出来，用以解释创新所诞生出来的新鲜事物。这些词汇包含着人们对于新鲜事物的理解，帮助我们预测未来变革的趋势和特征。而随着这些新兴词汇不断被提及，它们逐渐融入社会经济的一点一滴中，逐步成为我们观察世界的新视角和技术革新的新方向。

"数字经济"就是这样一个被创造出来的词汇，它代表着现在正在发生以及未来即将到来的变革方向，孕育着经济发展的澎湃动力。

那么，数字经济究竟是什么？它的定义又经历了哪些变迁？

从技术范式的角度来看，科学技术的革命与创新必将深入影响宏观经济的发展轨迹、组织形态以及运行模式，从而形成崭新的社会经济发展格局。当代经济社会正处于从传统的技术经济范式向数字技术经济创新应用推动的数字经济范式转变。从信息经济概念到数字经济概念的使用变化上可以看到这一转变过程的不断深化。

（一）信息经济概念的提出——数字经济的肇始

信息经济概念的提出始源于一次被称为第三次工业革命的科技变革。1980年，托夫勒在《第三次浪潮》[1]一书中将人类的社会历史演变划分为三个阶段，分别为农业社会、工业社会和信息化社会，形成了著名的三次浪潮理论根基，三次浪潮对能源、生产、社会、信息结构的影响如表1-1所示。他在书中指出，当前所处的变革始于20世纪50年代的美国，以电子计算机的出现为主要标志，以太阳能、空间技术、生物工程的出现为象征的信息化阶段。里夫金在其著作《第三次工业革命》[2]中认为，第三次工业革命最具代表性的标志就是互联网信息技术与可再生能源技术的融合。

表1-1 三次浪潮对能源、生产、社会、信息结构的影响

	第一次浪潮 （农业阶段）	第二次浪潮 （工业阶段）	第三次浪潮 （信息化阶段）
能源结构	人力、畜力	不可再生的化石能源	自给自足、可再生能源
生产结构	手工制作	机器大规模生产	个性化定制生产
社会结构	大家族	小家庭	电子家庭
信息结构	口头传播	邮局、报纸	互联网、移动媒体

在第三次工业革命风起云涌的背景下，1962年，马克卢普首次提出了"信息经济"的概念。马克卢普认识到，那些向市场提供信息产品和信息服务的企业未来将会成为一种重要的经济部门，"信息经济"概念由此诞生。

信息技术的日新月异使原有的信息经济的外延不断扩张，其在技术领域的应用也得到极大程度的完善。马克卢普的信息经济更多地停留在概念领域，而大规模集成电路和微型处理器的发明真正地使其应用到实体经济中。

数字经济的广泛应用打破了原有的领域界限，为不同经济部门的交叉渗透提供了一种完全不同经济模式。马克·波拉特在1977年指出，未来的信息部门除了

应包括马克卢普所提出的"第一信息部门"以外,还应包含融合信息产品和服务的其他经济部门,这就是其所说的"第二信息部门"。[3]互联网与其他技术的融合促成了第三次工业革命的产生,不同部门的高程度相互渗透催生了一大批新兴基础设施的推广,不但创造了一种新型的经济模式,而且也改造了原有的生产方式与创新合作方法,经济与社会间的影响得到进一步深化,如图1-1所示。

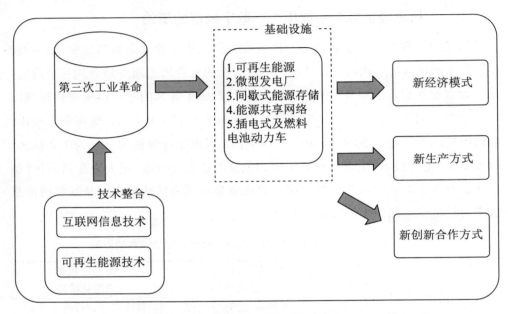

图1-1　第三次工业革命的生产路径

(二)数字经济概念的提出与演化——经济范式的跃迁

根据经济范式的理论,工业革命所引起的技术创新会对宏观和微观的经济结构及运行模式进行变革,并且形成新的经济格局。20世纪80年代以后,信息技术日趋成熟,互联网技术与信息网络相融合,经济特征发生了显著的变化。全球范围内的互通互联产生的海量数据,已经远远超过之前信息终端所能处理的能力范围,由此刺激了以云计算、大数据为代表的数字技术的快速发展。此时,以电子商务为代表的新一类业务模式已经远远超出了"第一信息部门"和"第二信息部门"的囊括范围。正是在这样的背景下,"数字经济"的概念应运而生。

数字经济概念的提出离不开20世纪90年代美国经济的繁荣。20世纪90

年代，全球经济普遍低迷，世界各主要资本主义经济体中，日本经济陷入长期不景气的泥潭，欧盟国家经济也增长乏力，失业率居高不下。但美国经济却成为一抹难得的亮色，在经济保持连续 120 个月不断增长纪录的同时，其通货膨胀及失业率也得到了有效的控制。

而伴随着对其增长原因分析的逐步深入，诸多不同于以往发展模式的新特征逐渐显现出来。除了经济全球化所带来的机遇以外，第三次科学技术革命的推动力更是美国经济高速发展的重要原因。美国劳工部前部长罗伯特·赖特就曾经这样表示：美国经济这一轮的增长，70% 应归功于互联网和计算机的应用，信息技术与经济的融合彻底改变了数据传导和交互，以及商品流通和交易的方式，这种融合一经商业化，迅速展现了蓬勃的生命力。

在这样的背景下，"数字经济"的概念被首次提出。1995 年，加拿大经济学家唐·泰普斯科特出版了一本名为《数字经济：网络智能时代的前景与风险》[4]的著作，在书中详细论述了信息技术在未来会对世界经济社会所产生的深远影响，他被认为是最早提出"数字经济"概念的人。但在这部 20 世纪 90 年代的著作中，泰普斯科特并没有给出"数字经济"一词的准确定义，而单纯只是用它来泛指互联网技术出现之后所出现的各种新型经济关系。

伴随着互联网对于经济巨大推动力逐渐被人们所认知，人们对于数字经济的认识也主要围绕着互联网技术进行展开。1999 年，曾任美国总统科技事务助理的尼尔·莱恩就曾在一篇论文中将数字经济定义为"互联网技术所引发的电子商务和组织变革"。[5] 同年，美国商务部在一份报告中也把数字经济定义为"建筑在互联网技术基础之上的电子商务、数字商品和服务，以及有形商品的销售"。[6] 可以看出，此时国际上对于数字经济的定义相对局限，主要围绕互联网技术进行拓展，其与传统经济的结合并不紧密，对经济和社会活动的推动力相对有限。

而在进入 21 世纪以后，信息通信产业快速发展，信息技术日益推陈出新，在国民经济中扮演愈来愈重要的角色。随之而来，"数字经济"的概念外延也在不断拓展，许多原属于传统经济范畴之内的领域也被囊括进来。在澳大利亚宽带通信与数字经济部于 2013 年发布的一份报告中，新兴的移动互联网技术被纳入了数字经济的范畴，将数字经济定义为一种"由互联网、移动网络等数字技术赋能的经济和社会活动"。[7] 而在 2016 年经济合作与发展组织（OECD）发布的报告中，数字经济已经不仅仅局限于互联网赋能中，许多新兴技术，如大数据、云计算以及由之衍生出的相关产业等全部被囊括在数字经济范围之内。可以看到，伴随社会经济的快速发展，"数字经济"外延的拓展迎合了相关需求，符合经济发展的需要，概念的不断完善体现出对"数字经济"认识的不断深入。

数字经济作为一种继农业经济、工业经济之后的一种新的经济形态，人们对其的认识也是一个不断深入演化的过程。概念提出 20 多年以来，人们对其定义不断进行丰富，目前正处于快速发展、全面融合的阶段。而处于不同发展阶段的国家，对于数字经济理解的着力点往往不同，电信基础设施、电子商务、互联网科技、ICT 技术、工业 4.0 等都是各国所强调的不同内容。

经过半个世纪的沉淀，当前数字经济的定义已经渐趋成熟。2016 年，杭州 G20 峰会发布了《二十国集团数字经济发展与合作倡议》。该文件指出，数字经济是指以使用数字化的知识和信息作为关键生产要素、以现代信息网络作为重要载体、以信息通信技术的有效使用作为效率提升和经济结构优化的重要推动力的一系列经济活动。[8] 这个定义参考了前人对于数字经济的认识，准确地表达出数字经济核心理念，如图 1-2 所示。

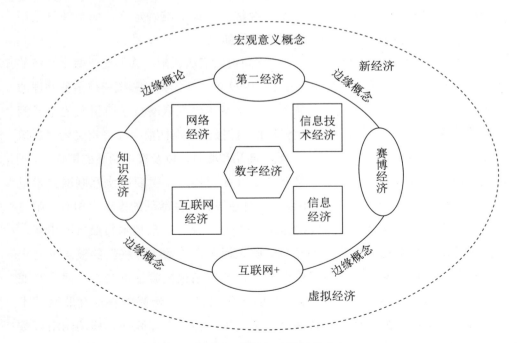

图 1-2　数字经济相关概念

从这份定义中我们可以看出，数字经济的主要特征包括以下三点：第一，伴随信息技术的日渐成熟，数字经济的应用范围不断扩大。通过数字经济与传统经济间的相互影响、相互渗透，社会与经济结构已经发生翻天覆地的变化。第二，借助发达的电子信息网络，各经济体间经济交流与渗透不断加深。第三，借助数字经济的补充，现代社会经济结构得到空前完善，数字经济成为21世纪经济增长的重要推动力。

通过对数字经济概念的剖析，我们可以得到以下两条结论：一是数字经济的概念是具有成长性的，随着信息技术不断发展，它的定义的外延会随之扩大；二是数字经济并不是单单指向一种技术，同时也囊括建立在数字技术根基之上各种经济活动。

我们曾经认为世界是由物质与能量两部分构成，但这种理念的缺陷随着经济社会不断发展已经愈加明显，信息作为构成世界的第三部分，其重要性愈加突显。

我们可以这样说，物质与能量构成传统的物理世界，而基于数字技术的信息则构成信息世界。当前，人类正逐步进行两大迁徙：第一，利用互联网技术，实现从线下到线上的迁徙，从而实现对所掌控空间的拓展；第二，从物理世界向信息世界的迁徙。

数字的高维度性使得其所代表的事物本质得以精细且升华，并且数学原理是最为基础性的规则，任何领域一旦与数学进行融合，都将实现从经验性向科学性的转变。很多在物理世界难以解决的问题，在数学世界都能得到很好的处理。将物理行为转化成数学模型，通过数学公式进行分析和简化，许多难题将迎刃而解。

因此，传统经济是建立在物理世界的基础之上，而数字经济则是建立在信息世界的基础之上。数字经济与传统经济最大的区别就在于其基础结构和基本逻辑，其从根本上改变了产业组织方式。数字经济时代要求构建"数字共同体"，即需要将物理实体映射成同样的数字共同体，形成一实一虚的"双胞胎"，这就是数字经济的本质。这其中最为关键的一点在于能否实现"两个一切"，即一切业务数字化，一切数字业务化。[9] 通过数字技术的大规模定制化生产形成相关产品，再将数字化产品返还到相关业务中去，从而产生新的价值。

世纪之交，数字经济概念的演变与完善并最终被广泛接受是技术经济范式向更广泛、更高级、更深入方向跃迁的表现。从信息经济到数字经济，其定义随着数字技术的创新突破不断地发展、不断地深化。数字经济是一个动态发展的概念，也是一种新生事物，认识数字经济是一个长期学习的过程，只有起点，没有终点。

第二节 数字经济的内涵与外延

一、数字经济的内涵

对于数字经济的内涵，我们可以从要素、载体、技术、生产模式四个方面进行分析研究。

（一）数字经济的要素——数据驱动

生产要素是经济社会中人类从事生产劳动所必备的基本资源，是驱动经济发展、社会进步的基本元素。而对于处于不同历史环境、不同社会发展阶段的生产要素来说，通常具有不同的构成并发挥着不同的作用，不同历史时期生产要素的变化情况如表 1-2 所示。

表 1-2 不同历史时期生产要素的变化情况

历 史 阶 段	生 产 要 素	代表人物/事件
手工劳作时期	土地、劳动	威廉·配第
第一次工业革命时期	土地、劳动、资本	约翰·穆勒
第二次工业革命时期	土地、劳动、资本、企业家才能	马歇尔
数字经济时期	土地、劳动、资本、企业家才能、数据	G20 杭州峰会

对于长达数千年的农业社会来说，最重要的生产要素莫过于土地和劳动。英国政治经济学家、古典经济学创始人威廉·配第曾经这样说过："土地是财富之母，而劳动则为财富之父和能动要素。"

18 世纪 60 年代，第一次工业革命在英国诞生，大规模机器化生产取代手工劳动。机器取代人力、大规模工厂化生产取代个体手工劳动，由此，以机器设备为代表的物质资本成为决定经济社会前进发展的第一生产要素。[10]

19 世纪下半叶，第二次工业革命在德国和美国率先发生。资本作用进一步强化的同时，企业所有权与经营权逐渐分离，企业家从传统劳动者中逐步分离并形成一个新的群体。1890 年，马歇尔在他的著作《经济学原理》中提出了著名的生产要素四元论,即土地、劳动、资本与企业家管理才能。[11]在社会生产的过程中,地主提供土地,同时收获租金;工人和农民付出劳动,同时得到工资;资本家提供生产所必须的资金,同时获得利息;企业家作为新生群体提供经营所必需的管理理念,同时收获佣金和利润。这样一个四位一体的理论概括了西方经济学的核心生产与分配理论,并在长达一个世纪的时间内被人们广泛接受。

从20世纪90年代开始,数字技术蓬勃发展,数字化的数据资源成为驱动经济社会快速发展的重要元素。数字革命的兴起使得数据资源与经济社会实现了前所未有的深度与广度上的融合,人类社会正逐步被网络通信所连接、被大数据所描绘。

对这些数据进行有效地分析利用可以实现生产活动网格化、系统化,这种管理模式能够有效提高生产资源的利用效率,极大程度地降低要素的浪费。正是由于数据在现代社会生产中所扮演的重要角色,我们将它归纳为继土地、劳动、资本、企业家之后的第五大生产要素。

数据作为现代经济社会重要的基础性资源,正逐步成为数字经济时代的"石油"。《二十国集团数字经济发展与合作倡议》中指出,"要构建以数据为关键要素的数字经济","数字化的知识与信息是关键的生产要素"。[12]预计未来数据所有者会成为一个类似企业家一样的新的社会群体,参与到生产分配过程中去,如表1-3所示。

表1-3 生产要素五元论

生产要素	提供方	回报
土地	地主	租金
劳动	农民、工人	工资
资金	资本家	利息
企业家才能	企业家	佣金、利润
数据	数据分析方	

正是由于数据在现代市场竞争中扮演越来越重要的角色,在数字经济时代,企业经营对人才的需求也逐步向复合型人才倾斜。现代企业普遍要求员工既要懂本行业的知识,又要有大数据的理念,对数字技术有所了解,只有这样的人才才能在当前的环境下领导一个数据团队,帮助企业赢得商战。

（二）数字经济的载体——信息网络系统成为基石

客观世界包括物质、信息和能量，而基础设施就是用来连接这三者的社会系统。社会经济发展越深入，对这种连接效应要求越高，基础设施必须随之加以完善。一个完善的基础设施体系对推动社会经济快速发展，促进其架构进化起着至关重要的作用。

工业经济时代，物质与能量是主要传输对象，基础设施主要包括以"铁公机"为代表的交通运输和"水电气"为代表的能源运输两大类。基础设施也随之形成以公路、铁路、管道、电网为代表的运输体系。

而在数字经济时代，现代信息网络平台和数字化基础设施将成为数字经济发展的基石。作为传输数字信息的通道，信息网络平台是数据信息的"高速公路"，它为数据的储存与运输提供了必要条件。与此同时，数字化的基础设施实现了人、机、物的互联互通，提供数据交互的基础。储存能力、计算能力以及传输能力成为判断信息网络系统效率的指标，促使传统的物理基础设施加快数字化转型升级，成为具有数字化组件的混合基础设施，具备更高的数字化和智能化水平。在完备的信息网络系统的基础上，数据资源经过存储、传输和分析，循环往复、互联互通，形成庞大的"数据资源价值链"，由此实现了数字经济的蓬勃发展，工业经济时代和数字经济时代基础设施的对比如图1-3所示。

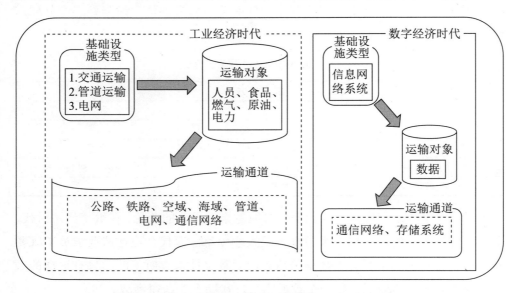

图1-3 工业经济时代和数字经济时代基础设施的对比

（三）数字技术成为新的通用目的技术

技术的创新与进步是推动经济增长的源泉。而诸多技术中，通用目的技术至关重要。1995年经济学家布莱斯纳汉和特拉坦伯格提出通用目的技术应该具有以下三点基本特征：一是能够被广泛地应用于各个领域；二是持续促进生产率提高、降低使用者的成本；三是促进新技术创新和新产品生产。驱动第一次工业革命以及第二次工业革命的蒸汽机和内燃机就是最典型、最具代表性的通用目的技术。

在数字经济时代，数字技术将成为新的通用目的技术驱动经济社会快速发展。数字技术不仅局限于计算机与互联网，同传统的技术不同，数字技术呈现交叉创新、多技术群相互支撑的显著特点。5G、人工智能、物联网、区块链、大数据、云计算、虚拟现实等数字技术持续突破，为社会经济的快速发展提供源源不竭的驱动力。数字技术与制造业、能源、交通等领域结合，催生出智能制造、智能电网、智慧交通等诸多新兴产业。可以预见，基于数字技术所衍生出的新技术将继续向更高水平发展。

（四）数字经济的生产模式——大规模定制

以"流水线"为代表的大规模生产是第二次工业革命的重要标志，它由亨利·福特在1913年发明，并成功取代传统单件小批生产方式。流水线作业降低了对于工人工作技能的要求，专业化分工能够使工人专注于标准零部件的生产，极大程度地提高了生产效率。流水线作业最主要的精神就在于能够让一个生产单位只专注于处理某一片段的工作。

但这样的生产方式并非没有瑕疵，标准化和个性化长期以来一直是一对难以调和的矛盾。流水线以牺牲掉个性化的代价大幅提高生产效率，这是符合时代发展需要的选择，促成了20世纪社会经济的繁荣。流水线作业发明者福特就曾这样说过："顾客可以选择他所喜欢的任何一种颜色，只要它是黑色的。"[13]这样的生产方式在当时的确起到快速推进生产效率的目的，但伴随着社会不断进步，这种标准化产品越来越难以满足消费者日新月异的需求。数字技术的横空出世使得效率与个性的兼顾成为可能，大规模定制应运而生。两次工业革命及数字时代的生产模式及主要特征如表1-4所示。

通过数字技术的深度应用，生产活动被网格化、系统化，原本难以兼顾的细微生产环节都能实现精确分配，这使得数字时代的生产过程呈现一种同时具备规模化、个性化的特征。通过数字技术，生产者能够实现与消费者的相互对接，原本难以获取的信息通过发达的社交媒体被轻而易举地捕获，并反作用于生产过程中，帮助生产者准确把控市场脉搏，及时调整其经营策略。

表 1-4 生产模式及主要特征的演进

历史阶段	组织制度	生产方式	主要特征
第一次工业革命时期	大工厂制	单件小批生产	产品多样性较为丰富 单件小批量生产 对工人技术要求较高
第二次工业革命时期	福特制	大规模生产	产品生产标准化 大规模大批量生产 对工人技能要求较低
数字时代	社会化生产	大规模定制	产品个性化较为丰富 大规模定制化生产 对工人技能要求较高

因此，在数字经济中，生产模式最鲜明的特征就是以用户为中心。这是因为用户数据反映的是其最本质的需求，能够实现对用户的精准描摹。互联网技术的广泛应用使得企业能够实现与用户零距离、即时化的交流，而与之相对的是传统企业受技术条件的约束，一切只能从企业自身出发。据统计，传统企业中每100项事件，只有15%是为了客户，其余85%均是从企业自身的角度考虑。而数字经济则能够实现用户本位制，一切从用户的角度出发。大规模定制使得企业从 B2B 逐渐向 C2B 靠拢，真正做到将用户价值最大化作为经营目标。

二、数字经济的外延

（一）数字经济的外延划分

对于数字经济的外延，不同国家出于不同角度的理解，对其外延的认知差别较为悬殊。

作为全球数字经济的领导者，美国商务部经济分析局认为数字经济主要包括数字使能基础设施、电子商务和数字媒体，其中数字使能基础设施又包括硬件、软件、电信和相关支持服务四部分。

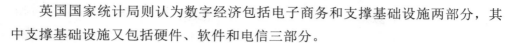

英国国家统计局则认为数字经济包括电子商务和支撑基础设施两部分，其中支撑基础设施又包括硬件、软件和电信三部分。

俄罗斯在《数字经济指标：2017》中阐述数字产业等同于信息产业，而信息产业包括信息和通信技术（ICT）产业和数字内容产业两个部分。

可以看出，以美英俄为代表的西方国家对于数字经济外延的认定更强调其行业属性，偏侧重于ICT行业、信息产业或数字部门。而我国则把数字经济界定成一种经济形态。这样，数字经济不再局限于ICT等若干行业，还包括其他产业数字化转型的部分。总体上来说，我国对于数字经济外延的认定同时强调数字部门和所有行业的数字化，即把数字经济分为了数字产业化和产业数字化两部分。

（二）数字经济的"四化"框架

在《中国数字经济发展白皮书（2017年）》中，结合了数字经济时期的特点，我国首次提出数字经济的"两化"框架，这两化分别是数字产业化和产业数字化，它们重新构建了传统的生产力，是推动数字经济发展的核心驱动力。目前，数字经济不仅限于信息产业领域，而是已经扩散到各个行业、各个领域，数字技术也已经成为了一项通用目的技术，推动经济发展，提升生产力和生产效率，通过产业融合为经济增长开辟更多空间，提升了经济社会潜力。紧接着在《中国数字经济发展与就业白皮书（2019年）》中，提出了社会和组织形态的变化，我国以生产力与生产关系为出发点，点明了数字经济的"三化"框架。"三化"是指数字产业化、产业数字化和数字化治理，该框架指出，数字经济时代的来临，既促进了经济效率、动力、质量的变革，又推动了企业、组织、政府等主体管理模式的巨大改变，体现了生产力与生产关系的辩证统一。

当今社会，智能化、数字化、网络化力量不断深入，以数字技术为载体，数字经济带来的知识成为了促进生产力发展、推动生产关系转型的关键动力。至此，数据成为经济社会中关键的生产要素，提升了生产力，全面改变了生产关系，三者产生系统性改革。因此，我国在《中国数字经济发展白皮书（2020年）》中正式提出"四化"框架，即数字产业化、产业数字化、数字化治理、数据价值化。

"四化"框架中，数字产业化和产业数字化是数字经济的核心驱动力，重新塑造了生产力，如图1-4所示。生产力创造财富，数字产业化和产业数字化飞速发展，重塑了生产力发展形态。作为信息技术最新发展方向和最新成果的代表，数字产业化推动了新型数字技术的突破创新，催生了新的硬件软件、科学理论和算法，以此为基础的数字产业体系在逐步形成。产业数字化对实体经济变革产生了深刻影响，人工智能、大数据、线上平台等新兴数字技术和产业组织模式等都应用到了实体经济新模式中。开放式平台等创新模式持续普及，生产方式信息化、智能化，产业组织新生态不断拓展，数字技术、信息产业、互联网模式等新生力量为产业转型、经济社会的生产与发展和人类进步带来新动能。

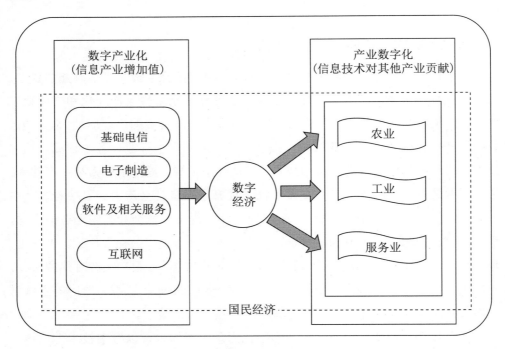

图1-4　数字产业化和数字产业化

数字化治理引导生产关系转型，保障数字经济的发展。一方面，数字经济促进了智能化设备、数字化的劳动者等创新成果的产生和发展，加快产业融合速度，使数字技术不仅渗透到各个产业，还能够被系统应用和研究，推动原本治理体系更加完善，并向更高层级发展，以经济治理体系为出发点更新升级国家治理体系，促进治理体系现代化，同时实现治理能力的飞跃。另一方面，数字经济时代是新旧交替的时代，旧问题还没解决，新问题已经层出不穷，原本单纯的监督型治理模式必须做出改变，才能合理应对新的时代潮流。治理模式数字化转型，首先要从多主体角度出发进行经济社会的全面治理，同时利用传统和新兴的渠道，对各主体之间的生产关系作出积极性影响。要做到多主体角度协同治理，各产业部门进行内部管理，社会各界的消费者和用户共同参与监督和治理，加速构建协同治理体系。针对这种治理模式，比较合适的治理方式就是加速由依靠个人经验判断的不严谨方式，转换为依靠数字化系统精准、细致、严谨的现代化方式，将大数据和云计算等数字技术应用到治理系统中，强化风险控制、准确决策、趋势预测等能力。另外，数字技术渗透到公共服务等传统服务领域和行业，不同产业和区域融合发展互相促进，促进公共服务发展适应于新时期的模式。

"四化"框架的最后一点是数据价值化。数据价值化使生产要素原本的体系分解重组，成为数字经济的发展基础。数字经济时代的典型新生产要素是数据，数据已经成为经济社会生产发展的关键性资源。在农业经济时期，土地和劳动力构成了生产要素组合；工业经济时期，生产要素组合为原本的土地和劳动力加上资本和新兴工业技术；如今的数字经济时代下，除了土地、劳动力、资本，还增加了数据和数字技术相关的各种技术作为生产要素组合的一部分。数据虽然不是唯一的生产要素，却是与数字经济直接相关的、与时代接轨的、最为关键的新生产要素，它全方位、多层次地影响了世界经济社会现状，渗透了各个领域，造成了最为广泛的影响。数据与其他生产要素进行组合，数字技术替代了工业技术成为关键生产要素，加速交叉融合，引领了生产要素在各个领域发生系统性的全面革新。

从一方面来看，数据价值化将导致原本的土地、劳动力、资本、工业技术等生产要素的地位、作用和表现形式等产生变革，发生重构现象，与数据共同推动数字经济社会生产力发展。这种新旧生产要素的结合，使得大数据、人工智能、智能机器人、区块链、比特币等新型技术、劳动力、思想和资本被催生，各种首次出现的生产要素形态和组合又会从内部支持更多创新数字技术的涌现，从而推动数字经济社会发展。另一方面，数据价值化推动传统产业智能化、网络化、数字化转型。作为新兴生产要素，数据与各传统行业积极、广泛、深度融合，显现出叠加效应的特点，大幅推动数字经济发展，加倍提升升值潜能。

数据对第一、第二、第三产业的转型产生了深远影响,其中农业在逐步实现从人工操纵机器向智能的数据驱动生产转型,工业加速向虚拟空间模拟、人工智能预测、数据化精确控制的智能化工业转型,服务业则运用大数据等技术对客户进行细分、信用记录和行为模式分析,提升服务质量,多层次满足客户需求。

从"四化"内部的角度来看,数字经济的发展使生产力与生产关系辩证统一。数据价值化是发展数字经济的基础,数字产业化和产业数字化是数字经济的核心,数字化治理是发展的保障,"四化"协同发挥作用推动数字经济,这既是重要的创新理论,其在实践上的应用也非常值得重视,具有时代特征的生产力和生产关系的辩证逻辑,如图1-5所示。这四者之间联系密切、相互作用、协调共振、相辅相成。"四化"的本质是生产要素、生产力和生产关系在数字经济时代下的变革,体现了经济基础和上层建筑的相互作用,能否协调好这四者之间的关系,是数字经济能否健康发展的核心。在数字技术投资大规模释放收益的当下,其运行规律与新时期经济发展新战略和变革策略相符合,数字经济的发展逐渐呈现出优势倍增的叠加状态,促使经济社会产品和服务的质量优化、效率提高、动力增强,因此"四化"具有重大意义。

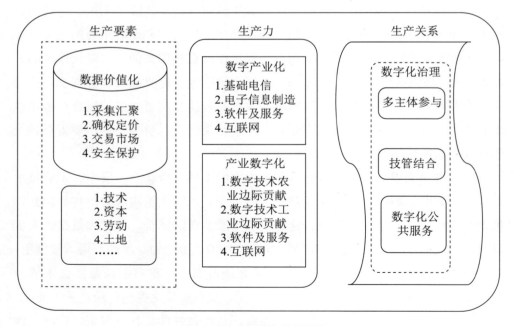

图1-5 "四化"分析框架

数字产业化是数字经济的基础，产业数字化是国民经济体系之中受数字经济带动的部分；数字产业化是根基，产业数字化则是外延。生产力是人类创造财富的能力，生产力发展水平的高低一方面取决于生产要素构成系统的自身质量，另一方面则取决于其系统与外部环境的适配性。数字经济自身所具备的创造力推动着传统经济体系的更新换代，数字产业化帮助原有的生产力系统进行优化升级，新理论、新思想、新技术持续产出，保证国民经济拥有生生不息的活力。而产业数字化则是数字经济与传统经济的适配器，辅助二者实现交融。中国信通院测算结果显示，2005 年，我国产业数字化的占比为 49%，这一数字在 2020 年已经达到 84.4%。这说明产业数字化所代表的与传统经济相融的部分已经成为数字经济的主体。在现行发展阶段，数字经济已经不能与传统经济相割裂，二者已经高度融合，对于传统经济来说，数字经济的价值在于赋能，即数字经济赋能传统经济，不断为其发展提供新动力。

数字化治理保障数字经济的高效发展，促进国家的治理体系完善发展，是治理能力现代化进程的重要组成部分。数字化治理利用数字技术完善发展政府治理模式，更新监督和服务的方式，实施优化监督、决策、组织、执行等职能的数字化政府管理体系。数字化治理通过系统收集数据、集中分类处理等方式构建现代化治理体系，综合治理能力全面升级。以数字技术支持治理的模式为特征，管理结合科学的数字化技术系统，将数字化治理理论扩展应用到公共服务等领域，实施以多种类主体参与为特点的多元化协调治理模式。

数据价值化重构生产要素组合，价值化的数据是推动生产力发展关键的要素，数字经济发展的核心就是推进数据的价值化进程。党的十九届四中全会明确提出数据可以作为生产要素，按照贡献进行利润分配。[14]中共中央、国务院于 2020 年 4 月 9 日印发的《关于构建更加完善的要素市场化配置体制机制的意见》提出，要加速培育数据要素市场。数据可以储存也可以复制，增长速度无限制，可以集中系统收集、处理，可在明确标准下衡量，可以定价、交易，也可以分享和实施保护，是实体经济实现智能化、网络化、数字化的战略性资源。

（三）各国数字经济战略举措

作为世界第一大经济体，并在数字经济领域长期布局的数字强国，美国具有极高的忧患意识和竞争意识。美国的数字经济战略有两个显著特点，第一特点是前瞻性。1998 年，时任美国副总统的戈尔在加利福尼亚科学中心发表了题为"数字地球：21 世纪认识地球的方式"的演讲，率先提出了数字地球的概念。[15] 同年，美国商务部发布《浮现中的数字经济》报告，并在此后的多年中持续关注发展动向，集中资源发展大数据、人工智能、5G 应用等领域，充分发挥政策指导作用，确保本国在数字经济赛道上的领先优势。第二个特点是本国优先。美国成立数字经济贸易工作组，旨在帮助本国企业扫除贸易壁垒，并与加拿大、墨西哥、日本先后签署美墨加贸易协议（UMSCA）和美日数字贸易协议以实现其利益诉求。

英国的数字经济发展战略与美国不同，总体上更加重视对于数字经济的监管。2017 年 3 月，英国发布《数字化战略》；同年 5 月，《数字经济法案》正式生效成为法律。英国重视监管体系完善与整体生态优化，首创了创新监管模式"监管沙箱"审查体系，在研究报告中政策监管排名全球第一且遥遥领先，相比美国高 16.4 分，比中国高 17.3 分。并且英国一直坚持透明化、公众参与和问责制原则，开展了一系列数据开放行动。2013 年，英国在开放知识基金会公布的开放政府数据普查结果中排名第一。

当前全球其他主要国家和地区近 10 年的数字经济战略如表 1-5 所示。当前全球数字经济的发展以中、美、英三国为引领，分别以不同的发展模式支撑本国数字经济的迅速增长。中、美、英三国分别是市场拉动、技术驱动、规则推动这三大数字经济发展模式的最佳代表，各领风骚。中国拥有超过 14 亿人口，市场规模最为庞大，其数字经济发展模式更加偏重于市场规模的扩大和用户的体验，中国线上支付用户超 9.04 亿人口，居全球首位；美国的数字经济发展更偏重于技术的创新与基础设施建设，全球科技企业市值、科研能力及数字基础设施数量均位列全球第一；英国完备的监管体系为本国数字经济发展提供良好规则保证。

表 1-5 其他主要国家和地区近 10 年的数字经济战略

国家/地区	时间	战略
美国	2015 年 11 月	数字经济议程
	2016 年 12 月	加强国家安全——促进数字经济的安全与发展
欧盟	2010 年 5 月	欧洲数字议程
	2015 年 5 月	数字单一市场战略
	2016 年 4 月	产业数字化规划

续表

国家/地区	时间	战略
英国	2009年6月	数字英国
	2013年6月	信息经济战略
	2015年2月	英国2015—2018年数字经济战略
	2017年3月	《数字化战略》
	2017年5月	《数字经济法案》正式成为生效法律
德国	2010年11月	数字德国2015
	2014年8月	数字议程（2014—2017）
	2016年3月	数字战略2025
法国	2008年10年	2012年数字法国计划
	2011年12月	数字法国2020
	2013年2月	数字化路线图
澳大利亚	2004年7月	信息时代的机遇和挑战：2004—2006年澳大利亚走向信息经济的战略框架
	2011年5月	国家数字经济战略
	2016年10月	澳大利亚数字经济升级
俄罗斯	2017年7月	俄罗斯联邦数字经济规划
印度	2015年7月	数字印度
捷克	2013年	Digital Czech Republic v. 2.0 —The Way to the Digital Economy

第三节 对数字经济特征的共识

一、数据提供了新的生产力

根据历史经验，每当一种新的经济形态出现，就会产生一种相应的新型生产要素，经济社会将主要依赖该生产要素来提供生产力，这种生产要素也势必会改变之前的生产要素组合模式。比如，农业经济下生产模式开始从狩猎转变为务农，土地和土地之上的劳动成为提供生产力的新型生产要素；工业经济时期的新生产力来源则是技术和资本。现阶段，人类步入了以数据为新生产要素的大数据时代，互联网和物联网不仅成为我们生活中不可或缺的一部分，还对经济社会产生了变革性的影响，引发了数据的爆发性增长，数据量年增速达到50%。物联网与互联网业已渗透了人类社会生产与生活的方方面面，不仅催生了网购、外卖等数字经济时代新兴产业,数字资产也已成为很多企业资产的重要组成部分。

互联网的发展使数据产生爆发性增长,迅速增加的数据已经成为了社会基础性的战略资源,其能量不断增长,潜力不可估量。根据摩尔定律,每18个月综合计算能力会增加一倍,信息储存的价格则下降一半,带宽的价格也会下降。同时,联网的用户和机器设备的价值会遵守梅特卡夫定律,数字经济的价值,具体化就是数据的价值,会呈指数增长,这一现象会推动数字经济迅速发展。在数据的储存、计算和处理的能力均大幅增长的情况下,数据价值创造的潜力不断提高,大量的数据经过储存、归集、分类和处理,价值大幅增加,成为企业创造价值的基础组成部分,也成为企业创新的来源,人类生产力因此产生质的飞跃,如图1-6所示。人类原本的信息交换方式主要是交谈、报纸和邮寄书信等,这使得信息的传递速度缓慢、信息量小、传递效率低下。数字经济时代,数字技术使人类几乎全部的信息都能够以数字形式传输、储存和使用,数据的计算能力和处理能力也已经提升上万倍。另外,类似于两个人交换苹果,每人只能拥有一个苹果,交换思想却可以拥有两种思想,数据区别于其他有形的资源,是可以分享和复制的。而且数据几乎随时间轴无限增长,仅受到储存空间等非常有限的限制,打破了有形生产要素对生产力的制约,使永续发展成为可能。

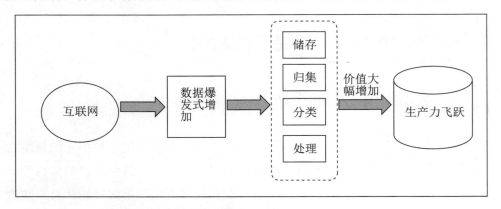

图1-6 数字经济时代数据对生产力的影响

数字化技术活跃创新,拓宽人类视野,开拓新学科领域,数字技术范畴的创新成为经济发展核心驱动力。人类社会的发展从来不是平稳前进的,而是由于少数关键事件的发生决定了新阶段的到来,技术创新性的进步和改革是推动人类社会和经济跨越性发展的关键动力。由于区别于以前的技术，数字化技术的发展不是线性发展，而是呈指数型态势的，互联网使信息量和传递效率都产生了质变。由于信息传播难度的减小，人类的创新意愿提升，加速了灵感的催生，也为创新的普及提供了便利，不断提供新的生产力。而且，数字经济时代产生的人工智能、区块链等新技术与制造业等行业原本的技术相结合，产业生态逐步完善，推动了更多新兴技术的产生发展。网络承载数据，数据萃取信息，信息升华知识，知识成为企业决策的参考，成为产品和服务的新方向，成为政府治理的新途径，推动了社会的生产发展。

二、数字经济推动资本运作

作为新型生产资源，数据成为生产力发展的关键，也让资本家看到了更加值得投资的方向。随着数字经济时代来临，资本家的投资方向也发生了变化，从传统IT等企业转向以科技为主要卖点的新时代朝阳企业，比如电动汽车企业。特斯拉作为电动汽车的龙头企业，股价曾一路攀升，其吸引融资的方式主要是靠发布会宣传其自动驾驶等高新技术。但是客观来看，特斯拉自动驾驶技术的技术力，在自动驾驶成为各个企业纷纷踏足的焦点领域，蔚来、百度、腾讯等企业的自动驾驶汽车都获取上路测试资格的情况下，特斯拉的自动驾驶技术其实并不出彩。在 *Navigant Research* 发布的2019年年度自动驾驶技术开发排行榜上，在自动驾驶汽车开发方面，特斯拉在开发排行榜上的位置几乎是"垫底"的，而排行榜前四名则分别为Waymo、谷歌、福特、通用汽车，甚至连百度都超过了特斯拉。由此可见，特斯拉身价节节攀升，热度如此之高，是有资本在背后支持。为何资本家选择特斯拉作为资本运作与升值的载体，一个很重要的原因就是，特斯拉代表的是数字经济与原本工业主导的社会经济可以和谐共存，代表新型数字技术与传统制造业技术的融合发展，因此它可以通过资本造势并且大幅升值。特斯拉崛起的表面原因是特斯拉被资本选中，但是其本质则是数字经济的未来选择了资本。

三、信息产业引领作用强

任何一个新时代的诞生，都必定有一个或多个产业起到引领作用，成为先导性产业。这些先导性产业在新经济时代初期,比其他行业更早产生变革,创新性更强,发展速度更快,大范围影响其他行业,从而带动整个经济社会创新和发展。比如两次工业革命期间,起到先导性的行业分别是交通运输和电力两个产业,它们改革创新的影响扩散到整个经济社会,使世界各地产生更广泛的联系,生产力发生质变。同样,当今数字经济时代自然也有起引领作用的产业——信息产业。

经过早期的快速发展,如今信息产业的发展态势已经趋于稳定。作为支撑国民经济的战略性部门,全球信息产业增加值占 GDP 比重已经从 1978 年的 1.5% 翻了 3 倍左右,美国信息产业的增加值占 GDP 比重也提高了将近 1 倍。自 20 世纪 90 年代,日韩、欧盟该比重也有显著提高。21 世纪信息产业增长已经基本与 GDP 保持同步,GDP 占比呈稳定增加态势。

信息产业的引领作用主要体现为带动创新。数字技术作为技术密集型的产业,其基本特征是要保持不断创新,持续动态创新的能力是其产业竞争力的核心。以保持竞争优势为目标,又有庞大的数据为创新提供源源不断的动力,信息产业成为投资方进行研发投入的重点领域。根据 OECD 的数据显示,近年世界上接近半数的主要国家信息产业投入的研发投资占总投资额的比重达到 20% 左右,以色列、韩国、芬兰等国家信息产业投资占比更是超过 40%,而高度集中于信息产业的研发投资确实带来了大量的创新世界平均信息产业专利,占全部投资的比重已经达到 40% 左右,其中金砖国家该占比甚至超过了 50%。

数字经济的快速发展带动互联网公司日益壮大,信息产业在国民经济中的地位不断提升。如表 1-6 所示,对于全球市值最高的 10 家公司来说,互联网公司囊括了前两位,涉及数字经济的公司有 7 家,分别为苹果、微软、ALPHABETING、亚马逊、英伟达、META PLAT ORMS、台积电;前 20 名有 8 家属于科技公司,另外 1 家为腾讯。

表 1-6 全球市值前 20 名公司情况

排　名	公　司	市值(十亿美元)
1	苹果	2850
2	微软	2311
3	沙特阿美	2298
4	ALPHABETING	1842

续表

排名	公司	市值（十亿美元）
5	亚马逊	1659
6	特斯拉	1114
7	伯克希尔	780
8	英伟达	685
9	META PLATFORMS	605
10	台积电	541
11	维萨	480
12	联合健康	480
13	强生	466
14	腾讯	459
15	沃尔玛	410
16	摩根大通	403
17	雀巢	367
18	宝洁	366
19	路威酩轩	363
20	埃克森美孚	350

数据来源：普华永道"2022全球市值100强上市公司"排行榜

四、数字经济促进产业融合

根据历史规律，领头的先导性产业占比逐渐下降，其影响扩大到传统产业，先导性产业与传统产业相融合成为社会经济发展的主要动力。数字时代，数据从新兴产业渗透到传统产业中，引起新旧融合、行业边界模糊的现象。同样是起到引领作用的先导性产业，第一次工业革命时期纺织业等占美国经济比重超过40%，第二次工业革命时期化工产业等占经济总量的20%左右，而如今数字经济时期科技革命阶段信息产业占经济总量只有约6%，但其引领作用和影响绝不比前两次科技革命的先导性产业少，因为数字经济扩大到其他领域的影响带来的价值产出和提高的效率已经成为经济发展的主要引擎。在互联网和物联网的渗透下，三大产业大部分行业均采用数字化管理，部分采用数字化运行，因此产生了三种产业互相融合的现象。传统产业相互融合的同时也分别与新兴产业新旧融合，其原因在于数字经济下信息等资源不再是行业内的独有机密，数据模糊了行业边界，影响了产业运作模式，而这种产业融合带来的产出已经成为推动经济发展的主导性力量。

由于各产业相融合，原本饱和的市场产生了一部分空间，创造了经济发展的潜力。同时，数字经济是从新兴产业向传统产业、从消费者向生产者、从互联网向实体经济的方向渗透融合。因此，一方面传统行业依靠新技术增加了产值；另一方面共享经济、O2O等经济模式纷纷出现，满足消费者的各方面需求的同时合理利用资源，成为推动经济发展的重要力量。

五、数字经济推动实体经济发展

物联网是线上数据和线下实体产生联系最直接的呈现方式，其中最为突出的是以网购行业和外卖行业为代表的，结合线上购买和线下物流配送实现线上线下一体化的行业。数字化、智能化、网络化是数字经济对实体经济的典型影响特征，线上线下一体化在商品流通方面作出了重要贡献，改变原本的零售模式，使零售效率大幅提高，消除了物理空间和时间的限制，扩大消费者范围，满足消费者多层次的需求。

有的传统实体经济采用O2O等模式，从线下向线上逆向扩展。但是目前这类尝试还存在一定缺陷，比如瑞幸咖啡财务造假事件，其根本问题就是瑞幸前期重点投入广告宣传和规模经济，采用以负债和亏损为代价占领市场的互联网模式，但是其产品品质问题没有得到重视，导致整个企业重点倾斜，来不及修正只能进行财务造假。这只是数字经济时期下一家企业探索的一个例子，但从全局的角度观测，线上线下一体化的进程也还在探索阶段，需要各行业进一步完善，加快数字化转型，扩展经济发展空间。

线上线下一体化为实体经济发展提供便利，创造更多价值，节约竞争成本。原本的实体经济进行产业链升级、扩大规模、模式调整和市场竞争，都会受到市场地理环境、空间和消费者所在地理位置等限制。数字经济带来的互联网平台和模拟技术使实体经济不会将自己的升级和竞争行为局限于现实世界，因为数字技术为其带来了一个全新的虚拟维度。实体经济在进行增加产业链、产品设计、创新、实验和制造，扩大或缩小生产规模，更改生产模式等以增加产值为目的的测试时，可以采用线上虚拟系统进行模拟，大大缩减增值成本，提升效率。

六、产业组织平台化

随着数字技术的发展，产业内平台系统渐渐被广泛认知，逐步为企业所接受。平台如今成为数字经济时期协调配置资源的基本经济组织，提供价值创造和汇聚的载体的同时，依靠汇聚的价值创造新的价值，并且反作用于组成平台的成员。一方面，各类平台在互联网上迅速涌现，生活、商业、交通、工业等各类垂直细分的行业平台快速发展，平台企业市值自1995年至今已翻150倍以上。另一方面，传统企业也在进行平台化转型。IT巨头微软于2016年并购领英平台，融合IT技术与社交平台，打造更加智能的互联网生态系统。有的制造企业也在推进平台化，比如三一重工，作为传统机械制造企业着力于开发互联网工业平台，如今已接入20多万台机器设备，可以实时采集几千个运行中的参数，同时进行准确的大数据分析和预测，为客户提供决策支持和更加合适的商业模式建议。

平台成为产业组织关系由线性竞争向共赢转型的桥梁。数字经济时期之前，传统企业作为价值创造主体，向材料供应商购买材料，加工成产品后向购买者出售。在这种线性的价值创造模式下，企业目标是从上下游获取最大利润，因此与同行业价值创造主体的关系是单纯的竞争关系，对待竞争对手持打压态度。而在产业组织平台化的时代背景下，企业创造价值的过程不再是单纯强调竞争的过程，而是通过平台将服务和产品的提供者联系在一起，鼓励他们在适当的协作与交易中温和而积极地竞争，内部实现共赢，整体实现价值增值提高竞争力，能够在外部经济环境变化发生时共同应对、减少牺牲。因此，我们可以把平台看做共建共生共赢的特殊的生态系统。无论是新兴企业组成的平台，比如腾讯打造的创造型平台，该平台吸引500万开发者，大幅提升其生命力；还是传统型企业构成为主的功能型平台，如长城汽车旗下的财务共享平台，成为传统汽车制造业向新时代迈出的关键一步，都广泛采用了开放平台策略，打造智能互联网生态系统，吸引更多的成员加入平台，增强自身竞争力。

七、多元共治的互联网治理新模式

时代改变，治理方式也要相应调整，通过互联网对越来越多元化的社会实施多元共治的新型治理模式，防范随改革到来的社会和经济乱象。随着数字经济变革来临，过去政府采用的监管模式过于单纯，已经不适合如今多元化的市场，要及时向多元主体协同共治的模式转变。

随数字经济而来的海量数据使市场竞争愈发激烈，数字经济形成了复杂市场生态，跨行业竞争愈加复杂，线上线下一体化使管理难度增加。这就导致旧的问题还没解决，新问题已经接踵而至，同时还会放大原本的问题，导致管理困难，仅仅靠着政府监督的单纯治理模式并不能解决问题。因此，政府要将线上部分和线下实体部分都纳入治理范畴，把企业、消费者、平台等数字经济下重要的参与主体都重视起来，按照不同主体的角度进行管理，构建完善多元共治的互联网背景下治理新模式，将各方面、各主体的协调管理作为政府治理的创新方向。

要做到多元共治并不简单，政府要从互联网入手，实施线上线下同步管理，不仅要从多主体角度治理数字经济社会，还要从不同渠道了解、监督、管理。比如，平台作为数字经济时期下最典型的经济主体之一，成为了配置和协调资源的单位，对于平台里产生的各种问题，它都有进行管理的义务和责任，但正因为经济、社会活动发生在平台之中，平台也是最容易管理的角色。因此，政府将平台划入管理体系的一部分，给予平台治理企业的职能和责任，对责任边界作出明确规定，是很明智便利的决定。鼓励消费者和用户自愿参与管理，激发其能动性，是数字经济背景下的正确选择，这样可以形成广泛的治理网络，及时有效地应对数字经济潮流之下的治理难题。

[1]　[美] 阿尔文·托夫勒. 第三次浪潮 [M] 黄明坚译. 北京：中信出版社，2018.
[2]　[美] 杰里米·里夫金. 第三次工业革命 [M] 张体伟译. 北京：中信出版社，2012.
[3]　鲁春丛. 发展数字经济的思考 [J]. 现代电信科技，2017，(4)：167-169.

[4] 唐·泰普斯科特.数据时代的经济学：对网络智能时代机遇和风险的再思考 [M].北京：机械工业出版社，2016.

[5] 陈永伟.如何发展数字经济 [J].中国改革，2020，(6)：147-149.

[6] 刘权，刘学涛.数字经济的界定、发展与法治保障 [J].金融博览，2020，(5)：56-58.

[7] 高卉杰，任莎莎.数字经济推动我国中小企业转型升级研究 [J].今日科苑，2020，(3)：11-12.

[8] 沈家文.数字经济与软件业发展研究 [J].全球化，2018，(5)：89-90.

[9] 钱志新.数字新经济的几个核心概念 [N].新华日报，2018-05-08(18).

[10] 赖华东.城市经济发展评价指标体系研究 [J].2013，(9)：27-28.

[11] 阿尔弗雷德·马歇尔.经济学原理 [M].北京：商务印书馆，2019.

[12] 闫德利.数字经济的兴起、特征与挑战 [J].新经济导刊，2019，(2)：01-02.

[13] 胡斐.基于视觉引导的 Delta 型并联机器人运动优化 [D].武汉：华中科技大学，2018.

[14] 中国数字经济发展白皮书 (2020)[J].中国信息通信研究院，2020，(1).

[15] 闫德利.数字经济的由来 [J].中国信息化，2017，(11)：86-87.

第二章 中国数字经济发展简史

🏆 第一节 数字经济的学术萌芽

当今世界迎来前所未有的信息化变革，原本束缚于空间和时间的物质世界正在被加速符号化、数字化。社会生活的数字化为我们开启了超脱现实、区别于人类思维的虚拟维度。我们也逐渐认同数字化的知识和信息已然成为新时代主要生产要素之一。数字经济源生于高度信息化的社会，它的发展依赖于高度发达的计算机网络。可以说，数字经济是一门集合社会学、经济学以及计算机信息技术等众多学科的综合学科。

数字经济的研究是从以信息为生产要素的经济理论中推演而来的。社会生产力及其生产关系的不断变革往往伴随着理论创新性和包容性的提升。经济增长从主要依赖于物质材料的投入和新能源的开发，转变为越来越依赖于信息资源的开发利用和信息技术的进步，数字经济应运而生。数字经济的出现和发展不但为经济增长带来新的资源并形成新型生产力，同时也极大地丰富了社会生产、交换和消费的组织形态和运行方式。信息的采集和应用,信息技术的不断升级,最终聚焦到产业的全面加速软化,迎接大数据经济时代的到来。信息作为新兴战略性稀缺资源,其研究思路沿袭传统生产要素,但在特质上有所区别。除了对信息进行功能性筛选和应用化配置之外,也要充分考虑到信息要素本身以及信息技术产业边际成本几乎为零的特点。底层建设中,信息数据是嵌入各个实体经济的运行基础之中的,并不单独作为生产要素出现。在这个层面,信息披露仅为解决交易中信息不完全、不对称的问题提供了方案。然而随着信息技术产业的日渐成熟,信息的数据化处理可极大提高产业运行效率和管理效率,产生规模效应,发挥成本优势,促进产业间的融合发展。信息的集合分析由此推动了产业变革,催生出新业态。当全要素实现数字化时,数据将成为其他生产要素的沟通纽带,大数据资源本身也构成了新型生产力。

一、信息经济理论的产生

伴随着对传统经济理论的改进,不完全信息成为经济学领域新的研究课题。信息经济理论最初从传统经济学中剥离出来,有两个主流研究方向。其一是将信息搜集成本和不对称信息纳入经济理论分析框架,从而为现实生产生活提供更加贴合实际的指导建议。在商贸流通和契约关系中信息存在异质性,私人信息通常比公开信息具备优势,卖方往往比买方关于产品信息具备优势,这些都与传统经济学信息完备的假设前提相悖。现代社会中,经济学发展已经越来越重视信息反馈和非范式行为。从市场表现来看,营造良性交易环境同样验证了信息经济学理论的进步性。以直播带货市场为例,由于厂家掌握着所有的产品信息,并且直播形式属于单向信息输出,消费者行为会受到定向引导从而作出购买决策。电商平台为了保障消费者权益构建了产品评价共享平台。这种双向的信息沟通优化了以信息为基础的决策行为,提高了市场效率,扭正了偏好卖方的产销趋势,随之而来的是需求侧响应愈加强烈。其二是将信息部门作为独立研究对象,分析信息产业和信息产品的体系结构和发展逻辑。1962年美国学者马克卢普首次在《美国知识的生产与分配》[1]中提出信息经济的概念。他从市场经济垄断与竞争的不完备性的角度出发,以知识产业为基础,研究信息资源配置规律,建立了信息经济测度理论。1977年马克·波拉特在《信息经济:

定义与测算》[2]中将信息产业与农业、工业、服务业并列划分为四大产业。信息部门包含了信息搜集、传递和分析，核心围绕信息产品的定价机制和分配模式。反观国内研究，1989年中国信息经济学会成立，推动了中国经济学在信息经济和信息管理领域的研究进展。新时期下，信息经济内涵不断延展，并且发展为战略性研究领域的重要部分。2014年初，习近平总书记提出"信息经济要全面发展"的目标，中国通信院自2015年开始发布《中国信息经济白皮书》《中国数字经济发展白皮书》，信息经济研究外延不断扩展。

信息要素是从第一二三产业的生产生活之中获取的。将这些信息分离独立出来运用计算机和现代科学技术整合胶连，诞生了一系列信息产品、提供信息技术服务的企业。这一研究的重点在于推演宏观经济领域中信息推动经济发展的相关问题，研究内容包括信息产品和信息产业的基本特征、信息商品生产、分配、流通、消费的全部流程、信息产业活动的经济机制和经济规律、信息要素价值增值在整个产业中所占的比重、信息对国民经济的贡献度，影响信息活动和信息经济效益的因素。总体而言，信息经济学理论来自于对人类生产生活过程中的行为和规律的剖析，即对信息的集合的研究，应用这些信息的内容和分布状况可以对人乃至社会的行为轨迹进行分析和预判。中国信息经济学会创始人乌家培教授也将广义的信息经济学解释为以信息产业为主导地位的经济形态。

二、信息技术助力经济增长

信息技术是一切关于信息产生、搜集、存储、交互和应用的相关技术和制度组织体系。数字化的知识和信息作为新兴生产要素，除了将现代信息网络作为主要载体之外，还需要通过现代信息网络技术来实现价值增值。而且，只有可以通过技术手段实现，或者依靠计算机技术进步存在开拓前景的信息才能够真正运用到经济学分析研究当中。与信息经济学沿用西方经济学分析框架进行讨论不同的是，信息技术经济学属于技术经济学的分支，核心研究对象是技术进步如何驱动经济发展。技术研究可分为对硬技术即设备、工具以及基础设施的研究和关于经验、工艺、信息等非物质条件的软技术研究。信息技术主要运用定量分析工具，属于新兴软技术部门，已经深刻影响了社会分工的形式，催动了产业变革。云计算、物联网、区块链、人工智能等新兴技术都是信息技术与经济社会各个领域磨合融合的过程中产生的。

信息技术经济打破了传统物质经济边际效益递减的规律，大幅提升了经济运行效率。通过资源信息共享优化资源配置，信息技术重塑了现代经济结构，也就是数字产业化。传统工业产业的主要动力来自厂商、资金、土地和劳动力等要素，而推动信息经济增长的主要动力主要包括信息采集设备、信息加工平台、信息技术转换等。基础设施的含义更加丰富，外延不断扩展，云数据存储中心、5G基站等信息基础设施已经像高铁、新能源电池充电桩等市政基础设施一样，成为数字经济发展的新基石。在工业经济时代，消费者往往处于被动接受的状态，在整个市场流通体系中主导权总是掌握在厂商一方。随着技术革新，信息交流平台越来越普遍，消费者对市场的影响力已经不容小觑，产销关系中的主导权正由生产方向消费者转变。与此同时，信息技术尤其是数据分析处理技术，正逐步取代资金、土地和劳动力等传统生产要素。

三、产业结构软化

产业经济学研究微观经济中特定类型企业组群的规模化的市场结构、行为和绩效。中国关于产业经济的研究起步较晚，20世纪80年代，西方关于产业经济学的理论才逐渐得到国内学者的重视。特别地，2015年供给侧结构性改革的提出也是基于中国改革开放近四十年来产业结构调整升级的现实。产业经济学已成为国内诸多高校的重点学科。农业、工业产业的内部演化和新兴信息技术产业的萌芽崛起正在同步发生，产业之间的关联性增强，构建"创新引领、要素协同、链条完整、竞争力强"的现代产业体系是中国特色社会主义新时代的重要任务。从市场角度出发，中国已经成为全球产业链中不容忽视的研究主体，信息中国的概念深入人心。产业结构的变化成为现代产业经济学的主要研究课题之一。

知识和技术已经融入到了全产业的设计、生产和运转的各个环节之中，工业时代以物质为纽带产业架构正在向由信息、技术、知识等软要素连接的产业结构转变。产业发展的各个环节越来越依赖于脑力劳动和技术进步的过程被称为产业结构的软化，主要表现为技术传播全球化、产业结构信息化和经济模式数字化。产业结构软化可以分为内外两个角度，内在软化源于技术进步，外在角度是国家战略支持以及相应的制度安排。当前世界各国的数字经济占比都在不断攀升，包括中国在内的主要经济体也将未来经济发展规划置于重要战略位置，出台各项鼓励技术创新，产业信息化和信息产权保护政策，这些都为产业结构软化提供了良好的制度条件。

内在技术动力来自于数字化信息高渗透性。信息技术的运用改变了产业生产环节的劳动分工的变化。首先是就业模式，越来越多的"零工"出现在劳动力市场中，不再需要冗长的选拔过程，网络信息使用者只要拥有处理个别事项的技能便可随时随地"就业"，线上支付系统辅助解决薪酬问题，这种临时的雇佣关系，是劳动力可以在整个市场中自由流动，甚至达到了增加劳动人口的效果。各个产业之间的融合度随着各个行业劳动者的交联互通而大大提高。其次是知识分工的出现，价值链中专业化知识根据实际应用不断精细化发展，并形成了知识模块。市场化运作下，参与知识模块的脑力劳动者调整为最优数量，这种知识交流的聚集需要一定的时间空间条件，但在形成知识模块后，需求者可以通过网络技术进行知识资源整合。劳动力加速流动和脑力劳动占比的提升从各产业内部基础生产层面催生出软产业经济业态。

当知识经济与各产业愈加融合，产业从萌芽到更新换代的循环过程呈现出信息化时代新特点。网络世界极大丰富了整个消费群体的需求视野，新兴技术产业、服务行业由于科技进步加快和需求结构的升级而孵化出新产业链条。现代服务业和高技术产业需求弹性和收入弹性较大，可以短期内获得可观的市场份额进入成熟阶段，产业规模迅速膨胀。但同样，由于技术创新和更新速度的加快，市场需求不断变化，产业迭代周期缩短。例如，随身听产品的出现昙花一现，音像技术内嵌智能通信设备迅速普及，数字音乐平台风靡市场。由此看出，技术集约化可能会带来产业由萌芽到成熟时间大大缩短，甚至一些产业只是信息经济的过渡产物，发展成熟前景就是面临衰退。产业软化是一种从低需求、收入弹性和需求层次单一的产业向高需求、收入弹性和需求层次丰富的产业演化，技术含量越来越高，知识经济痕迹愈加明显。人类社会从农业主导到工业社会，到现在步入信息社会，主导产业更新时间变短，人的主观能动性活跃度不断提高。农业社会发展强调和依赖地理优势、物产资源、气候环境；工业革命带来大机器时代，解放了进行物质加工的劳动力双手，工业生产反映出人类对生产资料的定位和思考;信息时代,知识和技术不仅构成社会发展的顶层设计,还会参与到产业运转的各个环节中去。

对软产业经济的研究是建立在对信息产业化的充分认识之上的。产业软化程度可以通过第三产业占全产业经济贡献评判,也可以由知识技术软投入与全产业要素投入的比重进行测定。早在 1948 年美国的第三产业占 GDP 比重就超过了第一和第二产业之和,2019 年美国服务业 GDP 占比更是超过了 80%。我国改革开放初期只注重传统工业产业的发展,带来了一系列产能过剩、资源浪费、产业发展不平衡的问题。随着信息时代新战役打响,如何抓住信息产业化的机会,加速产业结构软化是国家新的发展战略性要求。随着我国服务业从投资引导更多地转向由消费需求推动,关于各个产业中消费需求结构变化的研究成为理论探究的重要方向。当社会的物质需求相对得到基本满足时,消费者关于享有服务、使用技术和建立网络精神世界的需求急剧增长,这种消费习惯的改变带动了服务类企业、信息化企业本身的价值产业链的快速循环。消费需求结构的软化正在引领行业产业的软化进程。与此同时,供给侧结构的改革获得了国家战略支持的助力,构成双管齐下的产业经济政策。产业结构优化不再受"一刀切"的硬性指挥,而是在消费者数据分析和新技术环境的条件下由市场引导,步入成熟。

第二节 数字经济步入寻常生活

符号化社会超脱时空界限,数字化将日常物质生活打上便捷标签。数字经济现已渗透到各式各样的生活应用场景,我们不仅可以足不出户便坐拥生活所有必须的物质条件,而且获得了更为丰富和多元的精神世界。数字经济符合摩尔定律以及梅特卡夫定律,这意味着数字产业的技术手段更新迅速,并且数字化企业通过规模化可以实现零边际成本。所以,数字经济范式首先出现在社会生活高负荷运转的城市中心,同时数字化也推动着社会城市化的发展进程。信息网络的普及使乡镇和城市享有同样丰富的虚拟空间,这大大改变了居民的知识结构和生活方式,为每一个普通社会成员提供了在网络浪潮中占据一席之地的可能。在社会组织层面,数字化政务系统提出了新的城市管理方式,提高了城市管理的效率，提高了城市人口的包容度，推动了人口城市化、城市现代化的进程。

作为数字生活的典型基础设施之一，物联网通过智能化识别和管理技术将信息空间和物理空间相连接，将一切事物数字化、网络化，在物与物之间、人与物之间以及人与现实环境之间建立起可以高负载运转的信息流通环境。随着网络覆盖程度的提高和信息技术的更迭，越来越多生活场景中出现了大数据的影子。数字经济与实体经济相互融合，催生出许多新需求、新服务、新消费。以餐饮业为例，越来越多的商户注册登录外卖平台为我们提供了更为丰富和便捷的消费空间，饿了么、美团等平台挖掘出上门送药、鲜花派递、跑腿帮买等多行业综合服务，博物馆、书店等行业也推出了线上观览小程序。物质生活层面，电子商务为我们提供商贸活动线上平台，人工智能助力我们衣食住行方便快捷，共享经济提供了更加有效的资源配置方式；精神层面，我们拥有了更广阔的社交空间和更丰富的知识来源，我们的学习、工作、生活全都有了线上"影分身"。

一、线上购物，纵享全球

"点一点，京东到家""天猫超市半日达"，百忙之中无暇逛街的上班族通过电商平台挑选新鲜食材和日常用品为自己留出空闲，思家的异乡人轻松选购家乡特产得以怀念味道，蜗居在小城市、小乡村一隅的人们也能在线浏览选择不同地区乃至全世界的商品和服务。电子商务平台提供了前所未有的丰富的物质生活，淘宝、京东、拼多多等线上商城已经成为我们日常生活的一部分。

电子商务是现代社会开放的互联网条件下商贸行为的衍生，它具备传统贸易远不能及的两大特点。首先是市场的广泛程度，电子商务庞大的网络系统将大量产品供应者，中间商以及消费者联系起来。全球商品得以突破时间和地域的限制在全世界各类不同的市场中进行流通，不同地域的消费习惯和商品的使用反馈也能及时传导至全球产业链，这就同步开拓了供给面和需求面。其次是可得信息的深度，传统商品交换中通常是产品供给者掌握更多的产品信息，对于消费者而言，价格仿佛是包裹了一切价值判断的黑匣子。现在的我们身处多维透明的信息空间，随着信息可得性和精确性的加强，商业贸易中的需求方越来越多地参与产品塑型环节中。随之而来的是一种全新的生产模式，不再一分为二地看待供给与需求。企业通过"云化"催生出许多新的生产模式和运营模式，信息处理也从单一的消费者流量踏入了更为细分化的大数据分析领域，供给从批量生产向按需生产转变。

数字信息技术从多角度增强线上商户竞争优势。一般而言，与实体门店相比，电子商务除了减少了门店租金成本，还能够通过内嵌门店信息网进行快速调货。电商平台发展到今天，不再仅是对线下实体的补充和延伸，已经可以自成一体，成为数字生活的独立要素。电子书、信息搜集服务等完全依托网络空间的交易愈加丰富，企业厂商也可以通过电商数据了解市场脉络，有效调整和升级经营策略。但也由于网络信息如此易得，企业越来越重视品牌塑造，致力于建立不易被竞争对手的产品或服务代替的积累优势，我们的生活品质也得到了更多保障。

二、智能生活

人工智能是通过计算机编程等方式使机器拥有人类智能的技术呈现。AI技术已经在家庭范围得到普及，智能家用电器已经得到市场的认可。智能家用电器在保障家用电器的功能得到升级的基础上，加入了人性化、个性化应变系统，可以提供监控、清洁、感温调温以及视听类之智能服务，例如智能冰箱、智能电视、智能洗衣机、智能空调等。居民用户仅需要通过安装手机 App 便能远程操控家庭电器。智能冰箱应用人工智能技术可以识别采集用户日常所购买的食品种类信息，监测观察用户饮食习惯，通过网络技术分析为用户量身打造健康食谱，用户可以按照智能冰箱给出的反馈建议培养绿色健康的生活方式。远程操作系统为用户提供提前调温、按时节调光以及安全预警等功能。当代快节奏、高强度的生活氛围之中，我们都希望能够在回到家的一刻得到细心温暖的照顾，人工智能正在为我们实现这一点。例如，小米智能家居控制软件就具有软件连接家用设备的功能，甚至做到了实时监测温湿度、有害气体、噪音、天气等。智能生活也相应了碳中和的社会号召和国家战略要求。人工智能的嵌入让洗衣机可自动根据衣物数量和质地选择用水量和清洁模式，吊灯可根据自然光线调整亮度，垃圾桶自动识别垃圾并分类等，这些都是绿色生活场景的组成部分。作为国内首家尝试环保家庭智能产品的公司，小米推出了能够感测室内温度和湿度的智能温湿度计，用于智能空调自动调节温湿度，节省能源。

人工智能为我们的生活安全保驾护航。独居人士能够通过智能传感器实时监控家居环境的安全情况，防盗系统也有了智能报警系统，当检测到可疑的长时间徘徊与停留时可以及时发出警报。智能健康检测设备可用于家庭成员的身体自检；爱宠人士可以实时观测宠物的健康情况；道路速度检测摄像优化了交通管理，保证了我们的出行安全；语音操控和人脸识别都在简化我们的生活程序。可以说，人工智能几乎涵盖了所有的生活场景，成为一种全新的生活方式。

三、共享生活

出行中，手机电量不足时随处可得的共享充电宝，校园里和公交站旁整齐有序的共享单车……小到书籍衣物，大到居所办公室都有了自己的租借平台，这些都是共享生活理念的普及与应用。共享生活建立在平台经济的基础上，平台经济正是利用互联网信息技术打造一个服务集合平台，将供需连接。据国家信息中心预测，2020年到2025年共享经济年均增长速度可以达到40%左右，到2030年我国共享经济领域有望出现5~10家龙头巨型平台型企业。在全社会的供应产业链中，需求信息的集约化处理为提供"云供应"打下平台基础。共享生活的特质之一就是将租赁关系由个体与个体之间的匹配逐渐发展为机构对个体的运行模式。人们共同使用一项资源，只需付出一定的租金，资源的维护和更新交由专业机构规模化处理。共享经济不仅体现了资源的合理利用，更体现了各行业的专业化优势。

建立公共资源出让收益的共享机制是当今社会产业发展的一大新方向。共享生活的出现为我国因人口压力过大而带来的资源分配不均衡问题提供了新的解决思路。可以说，随着共享单车服务延伸至中小城市，共享产品不断推陈出新，我国基本上进入了物质资源共享的新生活场景。共享平台发展至今也将呈现出一些新面貌。首先居民参与度的提升。网络平台往往是年轻化的代名词，但随着越来越多的中老年人群成为互联网用户，针对老年人群体而开发的应用软件以及家人联动、紧急求助等服务业务也成为产业新焦点，这不仅开拓了新平台用户市场，还能够让中老年人也享受到数字经济发展带来的实惠。改革开放以来，国家一直致力于振兴农村基础设施建设，数字乡村建设在"十三五"

期间完成了行政村光纤和 4G 网络通达比例均超过 98% 的目标。农村居民正在成为共享经济的重要参与者,未来将享受到阿里巴巴的"未来农场"管理系统、"盒马村"模式,京东的"京东农场",以及拼多多的"多多农园"等平台服务。其次是共享产品的范围包含更广,从无形产品发展至有形产品的共享,共享经济将扩大与各领域各行业的交流范围,与交通、住房、教育、医疗、家政、金融等各类居民生活服务业深度融合。

共享生活模式最根本的动力来源于用户体验。城市生活注重效率和质量的平衡评价,ofo 小黄车的昙花一现就足以说明,行业定位、体验重构、专业管理都是共享平台良性发展的要义所在。一个共享产品占据市场最重要的吸引力来自品牌区分度,要能够为用户带来细节上习惯性的体验敏感度。同时,共享生活的另一大原动力来自价值体现。共享生活的重要目标是充分地利用闲置资产和节省碎片化时间,通过数据分析进行资源投放,便捷管理能够帮助互助平台在短期内站稳脚跟。共享生活的出现依赖技术进步,而共享经济的发展还要靠用户群体对它的打磨和塑造。我们共享的绝不只是一件商品,更多的是生活理念和设计思维,共享生活也是共享精神。

四、网络让我们彼此 "神交"

如果说,数字经济为我们创造了多姿多彩的物质生活,让我们与物质世界的关系愈加平滑和高效,那我们更加不能忽视的是,交际媒介的爆发增长和广泛应用。口口相传、书信传情的交流方式已经拥有了全新的面貌,现在的我们可以发送一封电子邮件报告工作;在 QQ、微信上关心朋友和家人;在抖音、微博上打造自己的社交形象,展示自己丰富的生活经历;网络游戏、线上相亲平台等都在为我们的社会生活提供新空间和新面孔。网络时代,每时每刻都有人在浏览我们所展现的信息,而这些照片、视频和文字在大数据统计的支持下为我们量身打造着个性化的社交圈层,这已经完全颠覆了传统意义上的人居和交往。新的社交方式重新定义了城市距离,打破了物理隔阂,为社会交流、思维碰撞提供了无法计算的可能。越来越多的人进入网络和现实交织的复合空间,精雕细琢自己的网络形象,甚至为自己打造一个完全虚拟的电子形象。每一种生活方式都将是一个产业孕育的胚胎,存在商机,孵化新创意。作为现代社会最重要的生产动力之一，创新能力往往就诞生于激烈的思维碰撞之中，产生于信息时代每一个数据传输之中。人与人之间的交往媒介越广泛，我们就可以越便捷地扩展各自的生活边界。当云拜年、云聚会出现时，我们能够向远在千里的家人问安，可以随时联系到许久未曾谋面的朋友同学，我们拥有线上和线上双重的生活，同时还有线上无限交际的可能。

网络不仅承载了我们的日常交际，也延伸至了学习和工作的领域。例如，线上教育让优秀的教育资源快速流动，大大提高了知识的螺旋上升的概率。同时，无须面授的线上交流的教育方式还为特殊儿童提供了接受教育的机会，也许交流障碍让他们无法走进课堂，但他们依然可以通过网络去吸纳知识、表达想法，在新时代里健康成长。在工作层面，跨国公司可以进行实时远程会议，职员通过内嵌工作，软件既保证工作效率，也大大提高了信息安全性。工作网络平台打通了各部门员工的交流沟通，还能够为轮岗交流制度提供更多有效信息，利于员工找寻适合自己的岗位和环境。线上交流不仅为我们稳固熟悉的社交圈，还为我们提供了与陌生人思维交流的机会。数字生活让我们打破了人群中遇见你千万分之一的概率代表的不可能。

五、方寸之地上空有万亩世界

突如其来的新型冠状病毒疫情将数字生活推上发展的加速器，人类社会充分认识到数字生活的必要性和无可替代性。社会变革的不可逆转性也使得由于疫情加速到来的数字生活影响更加深远。疫情期间，线上网络服务业更加符合消费者实际需求，广泛地向各个市场进行渗透。数字服务培养了消费者新的消费习惯，学生居家学习可以使用线上教育平台；企业复工受阻可以启用远程工作系统；病情不严重的患者也能够在线上进行医疗咨询，线上生活迅速得到市场承认和青睐，模式化、简单化的操作也利于用户快速熟练使用，孕育出了逆势生长的产业链条。在快节奏高强度生活工作的今天，数字生活符合社会生产发展的总体趋势。疫情缓解以后，这些消费习惯和生活场景非但不会消失，还会衍生出更丰富的内涵。

由于疫情防控管制的要求，无接触经济成为近年来的关键词。无接触经济就是利用现代信息技术手段，建立网络互动互通平台，以达到人与人、人与物之间无须物理接触便能够实现交易的经济模式。无论是个人日常还是社会服务，乃至国家治理都越来越依赖于数字化和智能化的不断升级。健康码、通信大数据行程卡、智能识别体温仪等出行服务设施最大程度地保证了疫情防控的效果，并为顺利复工复产打下基础。2020年以来，"无接触经济"在疫情下逆势增长。商务部数据统计显示，2021年线上实物商品零售额10.8万亿元，同比增长10.2%，占社会消费品零售总额比重24.5%，我国连续9年占据全球线上零售市场首位。除了电子商务领域以外，人工智能物流、线上医疗系统、远程视频会议、在线教育平台、电子政务等无接触服务都是"无接触经济"的表现形式。

　　疫情之下，我们的社会生活并没有停止运转，数字化的经济产业可谓是功不可没，数字平台及时跟进了井喷式的社会需求。从无接触经济在疫情下的优异表现可以看出，数字服务可以成为服务消费的主导力量，数字技术能够成为资源配置的重要力量。无接触经济逆势而起，不仅缓冲了新冠肺炎疫情带来的经济断崖式下跌，更是提供了全新的商贸运行方案，成为了信息时代最富活力和发展前景的经济增长点。无接触经济这种新兴经济产业，将数字化服务切实融入我们的日常生活，使生产供应链条可视化。互联网不仅是消费者行为的一面镜子，更是折射出数字化服务对消费者、商家和社会生活的价值。例如，中国电信推出的医院上云服务、教育上云与云课堂服务、云会议服务、来电名片服务、平安乡村服务、智慧社区服务，都是辅助疫情防控工作而开展的居民生活服务。我们正在更新着生活理念，接收着新的生活方式，虽然踏在土地上自由行走和拥抱自然是我们浪漫的生活节奏，但是线上世界也已经成为我们生活的必选项，而生活从来都不是单选题，社会生活也因此丰富。

第三节　数字经济驱动产业进阶

　　当前整个社会的生产生活方式迎来数字化变迁。全球化变革视野下，数字经济凭借其高效率、低成本的优势，已然成为各国刺激经济发展新动能的关键点。产业数字化与数字产业化成为各国着力的重要支点。目前，我国的数字经济产业化进程进展相对较快，位于世界前列。但数字化转型与三大产业融合的不平衡问题依然存在。

"大农、大工、大商,谓之三宝。农一其乡,则谷足;工一其乡,则器足;商一其乡,则货足。"对于一个良好的经济体而言,各个产业的协调可持续发展是必不可缺的。在数字技术高度发展的今天,如何引领各已有产业拥抱数字化经济,完成数字驱动的转型升级,使传统产业提质增效,这是我们在当前环境下亟须思考和解决的重大课题。

一、数字化为现代农业增效

从人类发展历史的角度出发,农业问题是关乎生存的根本性问题,农业产业更是一切产业发展的起点。为了更好地为农业数字化发展把脉定向,我们不妨先回顾一下农业的发展历史。从世界农业发展史来看,农业生产从传统模式向现代化模式转变的进程大体上可分为三个阶段:

第一阶段是第一次工业革命初期。这一阶段的主要特征是农业经营目的转变带动经营手段革新。18世纪60年代起,以英国为代表的西方国家争相开展工业革命。各国的工业化起点不约而同地选择了纺织业这一典型的劳动密集型产业。在毛纺工业和棉纺工业发展的进程中,其原料需求均需要农业的供给作支撑。由此,农业原有的粮食供给保障的一元化结构被打破,取而代之的是供给食物与工业原料的二元结构。一方面,随着工业化进程的不断深入,对原材料的需求缺口为农业发展创造了巨大的利润空间,为农业经营赋予了盈利性。另一方面,由于早期工业具有劳动密集的性质,大批劳动力脱离农业向大城市的聚集也增加了对于食物供给的需求。这一趋势为食物性农产品商品化奠定了基础。综合来看,无论是商品性作物还是食物性作物,均具有巨大的盈利空间,故而农业的经营目的快速向最大盈利转化。相比之下,经营手段的转变速度明显落后于经营目的的转变。由于当时的土地非农化并不突出,土地资源充沛,因而提升单位土地农产品的产量并不必要。同时,工业处在初步发展阶段,不足以支撑农业技术机械化发展,且相对廉价的劳动力也极大挤占了农业机械的利润空间,故而经营手段并未快速转变。农业技术的发展相对缓慢,仅仅停留在农业工具改良层面,如用畜力替代人力、使用改良农具等。

第二阶段为20世纪初至第二次世界大战前。这一阶段的主要特征是经营目的转变基本完成，经营手段转变速度加快。在经历了初步工业化之后，工业结构中重工业部门占比不断上升，工业部门内部开始由劳动密集型产业向资本密集型产业转变。在这一过程中，资本密集型工业经过快速发展而具备了为农业生产提供机械支持的能力。与此同时，在工业化进程中，从事农业生产劳动人口占比及绝对量的不断下降也导致农业劳动力平均经营规模不断上升，农业生产劳动力不足以支撑原有的劳动密集型生产方式。这也从内部催生了对于农业生产效率提升的需求。除上述原因之外，伴随着工业化进程同步进行的城市化进程吸纳了大批农业劳动人口从事非农业劳动，在减少农业劳动供给的同时加大了农产品需求。同时，这一进程还不断地压缩农业用地面积，提高土地使用效率也成为了农业发展面临的重要难题。基于以上情况，各工业化国家开始了农业机械化的进程。使用农业机械、引进高质量优质品种以及增加化肥使用量成为了这一阶段的主要应对措施。

第三阶段开始于第二次世界大战后的第三次科技革命，且至今仍在进行。这一阶段的特征表现为农业经营手段的不断更新，农业装备水平逐渐赶超工业部门。随着第二次世界大战的结束，世界经济迎来一轮新的恢复与增长。在战争创伤逐渐愈合的过程中，第三产业伴随着以计算机普及为标志的第三次科技革命逐渐发展起来。随着信息化浪潮的来临，服务业取代工业成为劳动力的主要聚集部门，进一步将劳动力抽离农业部门。与此同时，发达国家产生了"逆城市化"浪潮，大城市周边形成若干小型"卫星城市"，城市逐渐向小型化、郊区化发展，这也导致农用土地的进一步紧张。进一步提高农业土地生产效率成为了迫在眉睫的重要问题。相比于上一阶段，此时由于技术密集型工业的快速扩张导致大量技术、管理与事务人员就业岗位激增，依靠"机械代人"的思路已经无法解决问题。对于已经基本实现全面机械化生产的发达国家而言，农业经营手段已基本赶上甚至超越工业部门。在没有新的改善方法之前，农业保护政策成为了各国政府保护本国农业生产积极性的普遍做法。

从世界农业发展进程来看，整体而言都经历了一个从以农业支持工业到工业反哺农业的过程，而在这一过程中，农业产业化与土地利用率提升是一个大趋势。科学技术的不断更新进步为农业的持续发展提供根本动力。就我国农业发展情况而言，主要特征为国土面积大但人均占有量低。农业生产方式以小规模的家庭经营为主，规模化农场式经营较少。这一现状导致了农业产品供给，尤其是粮食类农产品的供给较难满足我国庞大人口数量的需要。同时，随着我国消费群体生活水平的逐步改善，消费需求也逐渐多元，对于高端农产品的多样化需求仅仅依靠传统的农业机械化生产方式已经无法供给。因此，在农业产业上的数字化创新是必要且急迫的。

目前，我国农业数字化水平较工业和服务业而言相对较低。在农业部门内部，畜牧业部门的数字化水平相对高于种植业部门。究其原因，一方面是在于畜牧业部门相比之下产业化水平更高。在畜牧业内已经存在具有一定规模的重点企业，具备较为充足的资金能力用于数字化改革。另一方面是企业对于盈利的追求要高于小规模经营群体，因而对于数字化转型的需求也更加迫切。相对而言，当前种植业的数字化水平较低，经营规模较小导致经营主体具有的资本基础薄弱，无法承担生产技术改革的成本。众多小型经营主体受自身资金限制，尚未充分完成农业机械化，更谈不上农业生产数字化。农业数字化发展任重而道远。2019年5月中共中央办公厅、国务院办公厅印发了《数字乡村发展战略纲要》，[3]指明"数字乡村""既是乡村振兴的战略方向，也是建设数字中国的重要内容"，为我国广大乡村地区的数字化发展规划了蓝图。未来的数字化农业发展，着力点将主要在于：强化数字农业基础设施建设。充分利用农业农村遥感卫星等太空设施，完成农业农田精密测绘，实现对农业用地的更好保护与合理运用。完善农田遥感监控数据，为农田病害精准防治与管理打下扎实保障。配合农业土地流转方式改革，科学推广机械化种植技术。在不断完善土地流转制度的前提下，鼓励倡导建立专业的农业合作社，使单位经济主体种植规模扩大，利于大规模的专业化机械作业。只有在专业化、机械化、规模化的基础上，农业数字化发展才更有可能实现。

农业产业由于其自身的特性，相比于工业与服务业而言，与数字经济的融合会更加艰难。但是，作为一个传统的农业大国，如何借助数字经济的发展提高农业部门生产效率是我们必须考虑与回答的问题。随着服务业数字化逐步深入、工业数字化稳步推进，农业数字化也必将伴随着社会整体数字化水平的提升而不断迈上新台阶。农林牧渔全产业结构的调整，可以促进生产模式的优化，逐步实现运用电子技术控制系统指导农业生产的进行、农业经营的管理及其农业信息服务等。

二、数字化为传统工业赋能

工业领域数字化转型是各产业数字化转型的核心环节。由蒸汽革命、电气革命到信息革命,乃至如今方兴未艾的数字革命,工业领域的改革一直是技术革新的标志与重点。从三大产业之间关系来讲,工业领域一方面作为农产品原材料的需求方拉动第一产业的发展;另一方面通过将产品供应给第三产业而为服务业的蓬勃发展提供强有力的支撑。因而,工业制造业数字化转型发展的效果对经济社会整体数字化发展起到至关重要的影响。

我国制造业领域数字化发展进程近年保持稳步发展态势。根据《中国数字经济发展白皮书(2020年)》[4],在转型水平上看,截至2018年全国工业领域中超半数企业已跨越单点应用的初级阶段,17.5%的企业步入综合集成的深化阶段,5%的企业已达到创新突破的高级阶段,如图2-1所示。

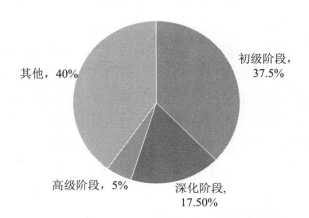

图 2-1 我国工业领域企业数字化程度

资料来源:中国信息通信研究院

具体来看,我国制造业企业数字化转型主要集中在以下几个领域:

机械领域数字化转型升级有利于提升制造精度,打造高端工业品提升产品附加值。自加入世界贸易组织以来,我国逐步成为了世界制造大国与"世界工厂"。然而,依靠廉价劳动力获取报酬的经营方式并不具有发展的可持续性。随着我国劳动力成本的逐步攀升与东南亚国家的逐步经济开放,劳动密集型产业的外流成为一个日益凸显的问题。如何将劳动密集型企业转变为科技密集型企业成为了我国各制造企业的战略重点。

在工业制造领域，产品制造精度是科技含量的重要衡量指标，同时也是历次技术革命的外在化表现。从手工打磨到数控机床加工，工业产品的精度已有了质的飞跃。然而随着时代的发展，如今的经济社会发展对工业品的精度有了新的要求。从芯片制造到航空航天器材加工，方方面面对于精度的要求已精确至纳米级甚至更高，远超原有的数控机床加工所能达到的程度。因而，由计算机编程支持的数字化工业机器人成为各制造厂商的新宠，通过工业机器人的运用提升原有工艺水平，为众多制造厂商打开了高端工业品的市场。

数字化工业制造还可以降低定制品成本，提高企业满足更为多元的个性化需求的能力。相较于过去，如今消费群体对于个性化的需求彰显在方方面面，因而谁可以提供个性化定制产品，谁便掌握了新的市场。然而，传统的制造业经营方式往往以量取胜，新产品从设计研发到最终面市的周期时间相对漫长，须依靠批量化生产来摊薄单位研发成本，这与市场的个性需求并不匹配。

在数字化发展的支撑下，制造商可先行在系统中将产品模块化，请客户根据个人需求进行模块选择与拼装，待客户确认后，企业再进行现实模块组装并完成产品制造，将产品交付客户。相比于传统的制造流程，企业可以通过一次产品设计完成多次复用，并通过模块化拆解拼装降低生产成本，在满足客户需求的前提下获得更多利润。这一切都要基于将产品进行数字化模型构建并确保模块精度才得以实现。除上述应用外，数字化在工业领域还广泛应用于供应链搭建、无人工厂、智慧工厂等方面，为制造业企业发展增添新动能。

三、数字化为新型服务业提质

产业数字化融合发展最突出表现在服务业领域，推动服务业向科技化、智能化、平台化发展，信息的使用扩大了第三产业的服务范围和功能。以BAT（百度、阿里巴巴、腾讯）为代表的互联网企业依靠自身的客户优势与技术优势，不断向服务业各子行业渗透，加强数字信息与服务业的融合发展。互联网企业充分发挥数据优势搭建企业平台，为众多创新型中小企业解决创业基础问题，更好地激发市场参与主体的活力。

在服务业与数字化融合的进程中,还体现出第三产业从业人员占比不断上升的趋势。其背后原因为,随着数字化发展的不断深入,服务行业对于从业人员的技能要求逐渐出现两极分化情况。较少数的从业人员从事系统研发与算法设计等规划性质工作;而对于众多从事基础服务工作的就业者而言,个体技能的重要性逐渐不再显著。例如,以往对于一名出租车司机而言,良好的方向识别能力以及对所在城市道路、地标的熟悉是必不可少的,然而如今在电子导航等数字化技术的辅助下,一名网约车司机已不用必须具备上述条件了。由此看来,服务业的数字化发展在对劳动分工提出了更多新的要求的同时,也为许多并不具备个体技能的劳动力提供了新的就业方向。

在消费层面上看,第三产业的数字化转型重塑消费群体的消费行为,更大的市场前景为服务企业数字化转型提供外在动力。2015 年以来,线上消费逐渐火爆,消费者对线上消费的认可度日益提升。据相关资料显示,2015 年至 2021 年,我国实物商品网上零售额由 3.24 万亿元激增至 10.80 万亿元,增长了两倍不止,如图 2-2 所示。截至 2021 年,实物商品网上零售额占社会消费品零售总额比重达到 24.5%。

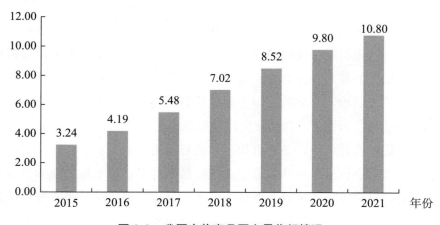

图 2-2　我国实物商品网上零售额情况

资料来源:中国信息通信研究院

伴随着线上购物的蓬勃发展,线上支付、移动支付业务也迅速展开。截至 2021 年,我国移动支付业务总额达到 526.98 万亿元,相比 2016 年的 157.55 万亿元也增长了两倍不止，交易笔数达到 1512.28 亿笔，如图 2-3 所示。移动支付行业的迅速发展在一定程度上也催化了数字货币的问世与进化，进而对当今与未来世界的经济格局产生深远的影响。

图 2-3　我国移动支付业务情况

资料来源：中国信息通信研究院

金融服务业领域数字化升级有效降低了企业风险识别成本，有利于缓解中小微企业融资难题。传统的金融机构在开展贷款业务时，需要面对的一个基本难题便是借款人识别问题，即如何规避可能存在的逆向选择和道德风险。传统的解决思路是通过进行事前调查、企业拜访等活动对企业过往情况进行尽可能深入的调查，再根据以往经验或评判体系对申贷企业资质进行判断，最后进行放款决策。以上的流程往往会导致新创立的中小企业由于缺少信用背书而难以筹措资金，陷入困境。与此同时，金融机构的投资标的又因无法充分识别风险而导致以牺牲利润为代价，转而流向风险较低、资金相对充裕的大型企业。

在数字化融合进程中，金融机构可以通过运用大数据分析、深度学习、自然语言分析等数字化技术对待审查企业进行技术画像，以更低的成本完成对于一家企业的信用评级。通过对企业进行精准刻画，金融机构可以在更好地规避风险的同时对不同信用等级的企业进行差异化定价，从而获取最大利益。对于缺乏抵押品等传统信用背书的中小型企业而言，金融服务数字化创新也为它们提供了新的融资可能。

在后疫情时代，综合考量疫情防控与经济发展的需要，基于线上经济发展出现的"无接触经济"与"云经济"或许将成为服务型企业未来发展的一个新方向。无接触经济即生产、消费等各环节参与方在非面对面场景下进行配合、分工、交易等行为的经济模式。随着信息技术与网络技术的逐渐发展，无接触经济在各个领域尤其是服务业领域取得了飞速的发展与进步，极大地推动了服务业数字化转型进程，为服务型企业开辟了新的战场。具体而言，无接触经济改变已有传统服务行业格局，推动新型服务业巨头快速崛起。以美团、饿了么等企业为代表的外卖平台企业，借助自身互联网优势，将众多小微型餐饮企业发展到线上经营，在一定程度上有效地降低了餐饮企业的店面成本，带动餐饮行业的整体发展。

无接触经济在教育、医疗等领域集中发力，推动相关业态变革。远程医疗、线上课堂等新生事物在我国信息网络基础设施全面铺设的加持下实现爆发式增长。教育与医疗领域的相关变化，在提高了行业效率的同时，也有效缓解了不同地区间教育医疗资源不平衡的问题，提升了人民整体的生活满意度与幸福感。在后疫情时代的背景下，综合考虑疫情防控和经济发展需要，预计无接触经济将迎来新的增长机遇。在做到提升用户体验、提高系统响应效率、保障产品质量等要求的基础上，无接触经济有望成为我国服务业增长的新动力源。

流量当红，数字化服务用"新"立足。在技术更迭换代真正可以达到日新月异的今天，网络平台容纳了巨量用户和碎片化信息，个体异质性得到满足的同时，对信息内容和产品升级提出了更多创新要求。用户的深度参与刺激企业信息敏感度，能够快速做出对产品反馈信息的响应，从而修正产品研发方向。消费者的需求得到满足，企业的客户黏度也得到了提升。这种模式不仅仅适用于营销服务产品，还可以用于市场架构变革之中，深度打造新时代具备竞争优势的企业群。产品潮流可以循环往复，经典依然经久不衰，但在信息经济中，将数据产品化市场化，还需要准确把握网络脉搏。中国具有全世界最富潜力的市场，为中国数字服务企业营造了良好的探索环境。所以数字服务业的发展就要引导国内企业加大知识技术投资，提升创造力和号召力，积极与全球市场对接，以数据会友，用技术占市。中国已经拥有了其他国家无法企及的人口规模优势，这就意味着信息集合度、准确度和可得性都远超国际其他主要市场。丰富的信息来源激发数字产业发展活力，对于中国抢占全球数字服务市场，从数字经济基础设施，如5G基站的建设，到信息技术服务，如鸿蒙操作系统都走在世界前列。数字服务业对步入"十四五"发展规划的中国而言，是提升就业质量、升级消费习惯、规范市场秩序，乃至提升国际竞争力的重要助推器。数字经济从融入各类社会场景，到发展成为新的应用领域，我们将迎来更多新的数字化业态和产业转型升级。

参考文献

[1] [美] 弗里茨·马克卢普. 美国知识的生产与分配[M]. 孙耀君译. 北京：中国人民大学出版社，2007.

[2] Mark Uri Porat. The Information Economy:Definition and Measurement[M]. U.S. Government Printing Office，1977.

[3] 中共中央办公厅，国务院办公厅. 数字乡村发展战略纲要[EB/OL].http://www.gov.cn/zhengce/2019-05/16/content_5392269.htm, 2019-05-16.

[4] 中国信息通信研究院. 中国数字经济发展白皮书（2020年）[EB/OL].http://www.caict.ac.cn/kxyj/qwfb/bps/202104/t20210423_374626.htm.

第二篇
解码数字经济

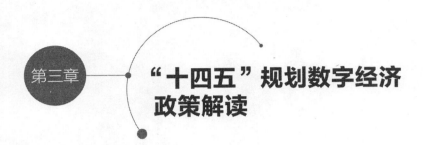

第三章 "十四五"规划数字经济政策解读

第一节 数字化是经济增长方式的战略转型方向

一、数据成为新型生产要素

全面构建以数据的采集分析为中心的数字化经济,建设数字技术驱动经济发展转型是"十四五"规划对于未来发展方向的重要研判。在《中共中央关于制定国民经济和社会发展第十四个五年规划和二〇三五年远景目标的建议》提出的加快数字化发展,发展数字经济,推进数字产业化和产业数字化,推动数字经济和实体经济深度融合,打造具有国际竞争力的数字产业集群的规划指导下,数字技术和数据的地位进一步上升。[1]可以说大数据的爆发和数字技术的创新成就了数字经济,为我国宏观及微观层面的经济增长注入源源不断的新生动力。

基础科学的技术性突破是历次科技革命的前提条件,数据是数字经济发展的科学基石,是促进国家全面发展的根本动力,也是掀起数字经济革命宏伟篇章的先决因素。站在社会的角度而言，数据作为关键的生产要素对生产力、生产方式和生产关系的系统性重塑变革有着不可替代的作用。随着大众对数据认知的不断深化，数据的战略性地位和重要的社会意义正在逐渐被广泛地接受。充分利用好数据有利于调整产业链结构，助力各行业协同发展，改善社会发展环境，完善政府服务水平，促进经济的稳步增长及经济发展结构的优化。

数字经济可以称为新一次的工业革命，每次工业革命都由一个新生产要素的出现或者原生产关系的平衡被打破而开始。其中生产要素是指社会生产经营过程中需要投入的资源，包括劳动、土地、资本、信息四种，[2]对国民经济的健康平稳运行有着必备的维稳功能。在农业经济时期，土地和劳动力是主要生产因素。在工业经济时期，以机器设备和生产性劳动力为代表的高效率工厂逐渐替代普通劳动力和土地。2020年4月9日公布的《中共中央 国务院关于构建更加完善的要素市场化配置体制机制的意见》正式将数据纳入生产要素之一，与土地、劳动力等传统生产要素并列，[3]这是具有时代性的经济发展的必然趋势和市场选择的必然结果，是对数据这一要素对其他生产要素的联动以及倍增作用的肯定。数据作为数字经济时代的主要生产要素不仅拥有与传统的生产要素相同的含义，如对经济的发展质量和效率产生正向作用，作为经济形式上的分配依据实现所有者所有权等，还与传统生产要素有很大程度上的区别。总体而言，数据本身具有四大属性：大量、多样、高效、拥有价值。在互联网及通信技术提供的环境下涌现出大量的软件工具，如微博、微信、淘宝、抖音等社交软件，同时也促进了硬件设备，如手机、电脑、耳机等的更新换代。互联网时代的进一步推进致使人机之间的交互将会更加频繁，随之产生的数据及其蕴含的信息需要更加强大的存储平台及算法加工技术进行分析和管理。此外，广泛的数据来源决定了数据的多样性。通过不同平台孕育采集出的数据具有其独有的特征和价值。例如，淘宝等购物软件能够采集到用户的消费偏好、消费水平等信息；抖音等视频软件则可以采集到用户的兴趣爱好等数据。不同平台通过对采集的多样性数据进行分析归类，对各个子群体进行具有针对性的推送，这是数据呈现多样性、结构化和因果关系的结果。数据产生的速度非常快，据统计，1分钟新浪可以产生2万条微博，淘宝可以卖出6万件商品，百度可以提供90万次查询，而这样的信息产生速度随着硬件水平的不断突破及软件技术的创新还在不断上升。例如，淘宝"双十一"的活动和微博热搜的浏览峰值都在不断刷新着数据产生的速度和服务器的承载能力。2020年天猫"双十一"订单创建峰值达58.3万笔每秒，超过世界上最大的信用卡组织VISA交易峰值的8倍，而2019年天猫"双十一"订单创建峰值为54.4万笔每秒，2018年仅为49万笔每秒，[4]增长速度可见一斑。虽然数据的体量庞大且多样性较高，但是存在价值密度较低的问题。海量的数据需要构建平台和程序进行算法的筛选、归类才能产生出有经济意义的数据，从而进行分析并产生结论。以保护区的野生动物检测仪为例，其摄像功能24小时不间断运行，从研究目的的角度看，只有捕捉到动物的镜头是有效的，剩余连续不断产生的数据是没有价值的。前期需要购买监控设备等机器进行安装，后期对拍摄的视频进行存储及分析，筛选出有价值的片段和画面。因此数据需要前期一定的投入及后期的整理分析才能获得价值性的属性。总体来看，数据本身的四大特征对作为生产要素地位的再定义具有一定的决定性意义，在数字经济中作为生产要素的数据更多了数据边际成本降低、孤岛性以及透明性等三大经济方面的属性值得重视及关注。

（一）数据边际成本降低

边际成本是指增加一单位的产量随之产生的生产成本。对于数据而言，开发者需要从零开始编写的软件和程序的成本是非常高昂的，用其采集单个数据的成本也非常高，但随着采集数据数量的上升，成本的增加量将会不断降低。与普通生产要素不同的是，数据因其数量庞大和产生速度较快的特性，边际成本将会迅速无限地降低。以淘宝为例，开发软件的成本、平台的维护费用及时间成本均摊到几亿用户及其可采集的万亿数据身上是极低的，一旦软件被开发完成，在服务器及维护支持的情况下，是可以被无限制次数下载安装及使用的，所能采集到的数据以及潜在待采集的数据也是趋近于无穷的。此外产生的数据可以被复制和无期限地保存，从物理数量上而言并不会减少。而实际商品则相反，以非可再生的有色金属为例，全球储量基本为固定数值，随着生产生活的消耗数量不断减少。区别于传统经济的边际成本随着产量的增加呈现先减少后增加的趋势，数据边际成本的持续性递减带来的规模经济效应可以为经济发展提质增效。

（二）数据的孤岛性

数据作为新型生产要素是数字经济发展中的价值资源，是参与分配的范围和参考，然而在市场和制度还未完善的情况下，其财产性和所有权尚未得到明晰。目前缺少对数据资本性的界定和政府相关的管理制度，这一定程度上限制了数据作为生产要素在交易和市场上的稳定性，是对数据最大程度上发挥价值、实现市场资源资本性配置的巨大挑战。目前，各大平台因数据不共享造成了数据孤岛性，对数据的重复采集导致了资源的浪费和采集效率的低下，数据要素化和要素市场化的机制漏洞较多，大数据平台、大数据交易公司等作为数据的媒介机构不能有效地发挥作用。实际上，数据的可复制性、无限性和共享性能够打破传统生产要素对于经济增长的制约，是未来数字经济发展的核心，也是国际层面科技创新比拼的制胜之道。

（三）非透明性

与商品在市场机制所依存的内在特征之一的透明性不同的是，在数字化经济中呈现的数据大多经过加工及分类，呈现非透明性的特点，这与数据本身的价值性息息相关。数据创造价值的过程来源于通过复杂的演算过程对数据的分析处理产生的附加值，这使得呈现在每个用户面前的数据和信息是不尽相同的。以购物软件淘宝为例，平台通过对用户的消费偏好、消费水平和浏览搜索等历史记录进行采集分析，结合用户的年龄、性别、地域等私人信息，产生对每个用户独一无二的商品推荐，由此提高平台用户黏性和成交量。非透明性使呈现在个体用户身上的信息更加符合需求，解决了供需错配问题，缩短了需求方遴选数据的时间，提高了经济效率。

然而，非透明性的数据也会带来相关的问题。首先是数据主体对于个人数据被使用的知情权和隐私权是否能够得到保障的问题。目前社交软件会通过用户的相关隐私数据进行相关广告的推送，而这些数据的使用权尽管在用户条款中得到了用户的授权，但是关闭的窗口和路径通常较为隐蔽，变相通过提高困难程度减少用户关闭授权的倾向。此外，数据非透明性为价格歧视创造了便利的环境，与不同国家同样商品的价格不同或者是不同年龄段消费者购买的价格不同等显性的价格歧视相比，数据造成的价格歧视是隐性的。在购物软件的算法规则下，商家眼中的市场被分割成不同的部分，平台通过解读消费者的信息，使同一商品呈现在不同消费者页面上的价格可以截然不同。理想情况下,大数据可以实现完全价格歧视,即个性化定价,消费者都按他们愿意为商品支付的最高价格进行支付,卖方可以获得全部消费者剩余,从而提高经济利润。

在数字经济的新时期下,与土地、劳动力等传统生产要素具有不同特征的数据作为新的生产要素发挥着越来越重要的作用。数据具有规模经济效应、孤岛性和非透明性等特征。总体来看,虽然在发展的过程中产生了数据所有权、隐私权等相关问题,但数据通过可复制、可存储、可分享等特征大大提高了生产要素的使用率。在数据的助力下,数字经济的生产效率能够提高的潜力和上限将远高于传统经济。

二、数字技术是引领世界新经济发展的利器

站在国家的角度而言,在数字技术上抢占先机意味着在全球数字经济的发展中拔得头筹,引导世界数字经济的发展。发展数字技术对于我国成为世界强国,实现富强中国梦的重要性不言而喻。随着人工智能、大数据、云计算等技术的不断发展,中国在数字经济上取得的成就和长足进步促使了许多新产业、新业态、新商业模式的迅猛发展,是中国经济未来发展的新动能。截至2020年4月,中央政治局的19次学习中,4次与数字技术和数字经济等内容息息相关,具体包括"大数据战略和数字中国建设""人工智能发展的现状和趋势""全媒体时代和媒体融合发展""区块链技术发展的现状和趋势"等几个方面,可见数字技术在我国数字经济未来发展过程中的重要性。[5]

全球数字技术拥有几大趋势。首先,数字技术的传播及普及速度成倍增长。2020年智能手机的活跃用户已达35亿,约占全球人口的45%,[6]其中中国智能手机用户数量超过全球总数的四分之一,拥有世界上最大的移动生态系统。数以万亿级的设备互联,构成了庞大的互联网体系,数据传输的量级和流通速度已经增长数倍,越来越多的产业正从信息技术和通信技术的进步中获益。数字技术相关的基础设施建设也不断受到政策重视,为数字技术的发展铺平道路。其次,数字技术的话语权直线上升。以商务巨头的阿里巴巴和社交巨头的腾讯集团为代表的互联网公司将数字技术渗透到各行各业当中,加速了我国数字技术的创新和数字产品的普及。最后,数字技术正在改变未来工作乃至生活的所

有方式,被誉为第二个机器时代的来临。数字技术带来的自动化将取代一部分劳动密集型以及技术能力要求较低的常规岗位,但同时也会带来更多具有创造性的新型岗位。市场对于人才种类的需求可能会与传统经济时期截然不同,是否会加大社会贫富差距等未来持续性的影响不得而知。

目前来看,受数字技术冲击较为明显的是零售业和金融业,具体表现在线上购物、电子支付和数字货币层面。可以说线上支付是数字技术在其他行业应用的基础和通行助力,可以有效地将分散的市场进行整合联结。此次新冠肺炎疫情加速了传统经济数字化转型,以电子商务零售业为例,非接触式销售以其独特的时代特征在保持社交距离的前提下打破地域和时间的限制,助力了疫情期间生活和生产的正常进行。2020 年,eMarketer 预计全球零售电子商务销售额增长 27.6%,将远远超过 4 万亿美元。[7] 这与 eMarketer 对全球电子商务增长率将放缓至 16.5% 的中期评估相比大幅提升,显示出线上电子消费在消费行业中重要性的大大提高以及受到疫情影响较低的特征。2020 年,全国电商交易额 37.21 万亿元,比上年增长 4.5%,其中,第四季度电商交易额 11.29 万亿元,同比增长 9.8%,[8] 电子商务规模持续扩大,创新融合不断加速,引领作用日益凸显。此外,2020 年我国央行的数字货币在试点试验方面大获成功,对我国数字货币取代现金交易的进程起到长足影响。数字货币的推出打破了现金高储存成本、高造价成本的限制,为数字技术在其他行业的普及奠定基础。我国是世界上较早开始数字货币相关研究的国家,这有利于我国数字经济在世界取得前瞻性进展,强化领导作用,助力对外贸易及全球化进程。

塔夫斯大学下属弗莱彻学院与万事达卡推出的以"数字演化指数"为主题的研究分析了 60 多个国家和地区的数字技术发展状态和速度。通过对 170 个指标的计算及衡量,将全球数字技术的演变分为四大驱动力,我国处于突出区和爆发区的交汇处,[9] 这意味着近些年我国数字化进展飞速,从曾经的基础设施相对薄弱和体制相对落后交叉的束缚中解脱出来,正式迈向数字化飞速发展的新时期。中国强劲的发展势头和显著的增长空间对于行业内的企业和资本具有较大的吸引力。未来中国将成为数字技术方面的全球领导者,保持持续性高增长的同时,以技术建立起难以被超越和复制的行业壁垒,通过创新不断创造新的供给和需求,实现数字化经济的全面爆发。

第二节　数字化是现时期市场经济发展的优选路径

"十四五"规划在百年大变局的节点上进行编制，对国家长远发展的意义重大，是我国全面脱贫，进行经济结构性调整和全面转型升级后构建新的经济形态，为2035年全面建设新时期社会主义现代化国家奠定基础的关键五年。习近平总书记指出："当今世界，科技革命和产业变革日新月异，数字经济蓬勃发展，深刻改变着人类生产生活方式，对各国经济社会发展、全球治理体系、人类文明进程影响深远。"[10] 我们对数字经济的理解不应该只停留在科技角度和一般经济的表面形式，更是要深刻认知其作为一种经济形态对中国未来的经济发展产生的深远影响。

一、5G商业化时代到来

从手机终端出货量来看，2020年5G手机终端出货量达到1.63亿部，上市的新机型款式218种。[11] 受益于5G新基建的发展、运营商不断进行网络搭建及完善、手机厂商创新推出5G机型抢占市场和渠道商搭建场景化销售生态四个方面的大力支持，我国5G市场迅猛发展，商业化时代到来。纵观5G手机发展的时间线，2019年上半年市场仍处于4G手机主导时期，2019年6月，4G手机出货量3326.2万部，占国内手机市场总体出货量的96.9%。自2019年9月4G手机出货量达到3428.6万部之后，4G手机出货量逐月下滑，2020年3月，4G手机出货量仅为1484.4万部。在此期间，4G与5G手机进入交替阶段，4G逐渐退出市场，5G开始发力。5G手机自2020年之后迅速兴起，出货量从4月份的1638.2万部增长至12月的1820万部，占总出货量的68.4%。2020年，国内5G手机总出货量1.63亿部，占比52.9%。对比4G市场成熟期的出货量表现，5G仍拥有较高的增长空间。2021年2月国内手机市场总体出货量2175.9万部，同比增长240.9%。[12] 总体来看，手机行业保持高景气度，数字经济随着终端和5G网络的不断普及将会焕发出新的活力。

用户数量方面，三大运营商数据显示，截至2020年11月，中国电信5G用户数7948万，上半年月增速30%左右，下半年月增速10%左右；[13] 中国移动5G用户数1.47亿,下半年增速仍稳定在13%以上。三大运营商5G用户总数已超2.5亿,终端生态日益完善。2021年5G用户规模正快速攀升,5G终端连接数已经超过2亿,户均移动互联网接入流量较4G用户高出约50%。

5G的基础设施方面,工信部信息显示,2020年新增超过58万个5G基站,已经超额完成了全年的5G基站建设目标,计划到2025年完成760万个基站建设。[14]目前中国已建成全球最大5G网络,占全球比重近7成。从网络覆盖范围来看,5G已成为有史以来部署速度最快的一代无线通信技术。5G正式商用后,全球超过95家运营商已在40多个国家和地区推出了5G商用网络服务。从行业层面来看,5G终端将进入爆发式增长。截至2021年8月底,国内5G终端连接数超过4亿,建设了超过100万个5G基站,现在基本已经覆盖全国所有的地级以上城市。[15]

从4G到5G的跨越不止是速度的提升,更是高速率传输带来的延迟的减少、数据量的增大、能源的节省和成本的降低。在系统容量升级和可连接的设备的数量增长的基础上,驱动物联网感知基础数据量的飞跃,刺激相关应用的开发和创新。多维度、多深度的数据为研究提供了更多有价值的参考,速度和能耗问题降低了用户的使用成本,提高了使用效率,提升了安全性,改善了用户体验。在制造业方面,5G可以通过高速度的传输进行生产资源的高效分配,提高工业级应用的效率。此外,5G延迟效率低的优势使远程操纵工业机器人的误差减少,拓宽了工业机器人的交互和响应场景。在消费方面,5G使得VR/AR应用场景无限拓展。例如在零售业,VR/AR可以帮助顾客在线上网购衣服时真切地感受穿戴的效果,增加顾客的购买欲并降低退货等售后成本。在金融方面,5G助力移动支付拥有更全面完善的安全系统和平台,刷脸支付等通过生物识别的新型支付方式将更快地验证用户的身份信息,提高交易的效率和安全性。在公共交通方面,5G技术使得高铁调度的信号更快更准确地进行传递,全面减少高铁信号传输的误差,提高高铁运行效率和对紧急事项下应急调度的信息传递效率。除了帮助现有产业的转型升级之外,5G技术还将催生许多新的业态新市场模式和新产品。以4G网络代替2G/3G网络为例,在2/3G时期,图片的打开耗费大量的时间,而4G使得高像素的图片乃至高帧率视频的快速传输和打开成为可能,在此技术的支持下,诞生了抖音、快手等短视频平台和斗鱼、虎牙等直播互动平台,塑造了新赛道,创造挖掘了新的市场需求。过去受到网速限制的 3D 电影、VR/AR 教学和游戏等产品商业化将变成可能，从而诞生更多的消费场景，带来更多的商业机会。可以说中国的 5G 时代才刚刚起步，应用场景和商业变革还在进程之中，但这个在通信行业具有颠覆性的基础设施是我国"十四五"规划期间数字经济发展的重要契机和增长点。

二、数字经济对冲人口老龄化问题

2014 年我国开放"单独二孩"政策后，我国人口出生率迎来一波小幅上升，出生人口自 2016 年创下一个小高峰后，已经连续 4 年下降。中国人口老龄化主要有四个显著特征。一是数量庞大。国家统计局数据显示，2019 年底我国大陆总人口 140005 万人，较 2018 年末增加 467 万人。[16] 二是我国的人口老龄化发展速度较快，我国只用了 18 年的时间就进入人口老龄化阶段，目前是全球老龄人口最多的国家。无论是从社会对老年人口的保障制度方面，还是我国的医疗水平和收入水平方面，均未完全做好为如此多的老年人口服务的准备。三是我国属于未富先老，而发达国家普遍为先富后老。2020 年我国人均国内生产总值 72447 元，与发达国家相比，属于中等收入国家，人口老龄化带来的社会压力和劳动力不足对经济造成的压力很大。四是我国老龄人口在地域呈现分布不均衡的特征。城市化水平越高的地区，老龄化越严重。例如北京、上海等城市执行计划生育较为彻底和严格，目前老龄化程度较为严重。此外人口净流出比重越高的地区，老龄化程度越高，如安徽、河南、四川等人口流出大省因年轻人的大量流出老龄化程度提高。

人口老龄化对社会经济发展的影响巨大，主要体现在劳动力供应和消费需求短缺两个方面。人口老龄化导致青壮年劳动力供给不足，劳动力价格升高，将增加实体经济的用工成本，甚至导致企业用工不足，影响正常的生产经营。此外，劳动者年龄的增长带来的体力和脑力退化将会导致劳动效率受到相应的影响，这在劳动密集型行业中体现得尤为明显。老龄人口数量大量增长将会给消费和投资带来负面影响，例如房地产行业的发展受人口因素的影响巨大，人口增长带来的刚需是房价的支撑点，一旦新增人口呈下降趋势势必会给房价带来下行压力，影响整体经济的发展。青壮年的赡养义务加重导致本为市场中消费主力军的人群不得不缩减开支，进而影响总体消费水平和生活质量。从政府

第三章 • "十四五"规划数字经济政策解读

角度来看，老龄人口的增加对医疗、养老金、退休金等社会保障的需求量将会显著上升，在生产力不足造成的经济发展减缓的共同作用下，将会出现更大的政府财政缺口。从企业的角度来看，企业年金和退休金的支出一定程度上影响了企业可用资金，不利于企业通过再投资和扩张进行生产。

数字经济带来的革新性改变可以通过赋能和代替两个方面解决人口老龄化带来的问题。2021年2月26日，人力资源和社会保障部表示，目前我国的退休年龄总体偏低，与人均预期寿命不匹配，不适应人口结构变化和老龄化发展趋势，不适应劳动力供求关系变化，造成了人力资源浪费。人社部提出通过延迟退休年龄来应对人口老龄化，[17]而数字经济所带来的技术支持正好可以通过赋能实现这一目标。以疫情期间出现的远程教育为例，平台软件的出现并未完全替代教师的职能，而是对他们的工作内容和形式进行赋能，使其可以不受地域和时间的限制，实现更为广大的价值。隔离期间的买菜平台也同样是技术赋能人的结果，如果没有数字平台和智能手机将供需集中起来，通过导航、分析等功能助力成单量，外卖员的送单效率就会降低。总体而言，数字经济帮助我们在疫情冲击和社交隔离的情况下，仍然可以维持一定的经济运行活动，帮助现有的劳动力提高工作效率，这点也可体现在人口老龄化的情况下。

在老年人体力、脑力有所下降的情况下，机器可以代替他们发挥一定的职能。以现代化农业为例，农作物成熟季需要进行快速高效的收割，如果使用人工的方式，那么缺乏体力的老龄人口将不能担负起这项职能。在引入数字技术之后，通过操作智能化收割机就可以完成相应工作，且效率提高数倍，而劳动者只需要进行机器的操作即可，这对老龄人口劳动力是十分友好的。再例如，导购也是通过数字技术赋能从而革新工作方式的职业，同样对于老年人较为友好。传统的导购在线下门店经营的过程中需要对客户进行接待、推销和试用等服务，许多情况下需要进行一整天的站立、走动和说话，对于导购员体力的要求较高。在线购物兴起之后，平台赋予导购更多元化的服务方式和服务内容，代替站在线下门店进行推销的是通过在线打字聊天的方式进行服务的工作方式。

总体来看，数字经济通过赋能传统行业从物理角度上改善劳动者的工作内容和工作方式，从而降低工作对于劳动者体力或者是脑力的要求，降低了工作门槛。在人工智能、大数据等技术对数字经济赋能的背景下，劳动力的退休年龄将可以得到延长，随着年龄增长逝去的体力和脑力可以通过机器进行补充，从而使老年劳动力拥有更有选择性的工作环境和工作内容。

数字经济带来的技术也通过代替人工的方式对因人口老龄化带来的劳动力缺口进行补充。近年来，劳动力的就业趋势和就业观念随着第三产业的迅速发展开始发生转移。以钢铁、纺织为代表的传统制造企业遇到了用工难、用工成本高的趋势。随着科学技术的不断进步，这类大型工业流水线上通过工业机器代替人工的环节越来越多。以智能生产流水线、生产车间为例的生产组织方面和以智能设计、工艺管理为例的产品流程方面均迈入了自动化、智能化的进程。工业机器人的推广和应用是传统行业为了适应新时期的市场需求和劳动力短缺的新形势而作出的选择。以纺织行业中的应用为例，落纱机器人和细纱机器人互为补充，把控着纺织生产线上的重要环节。[18]通过对细纱满管的监测，落纱机器人负责将满管替换成空管的工作，完全替代了人工拔管插管的过程。现发展阶段，一台落纱机器人可以配置多台细纱机器，完成8名操作工人的工作量，节省不低于50%的劳动成本，[19]降低了工人的劳动强度，提高了劳动效率。中国人口老龄化对企业的用工结构带来的影响持续而深刻，中国棉纺织行业协会数据显示，近五年棉纺织企业用工支出总额年均增长率高达7%，人均工资平均增长率为13%，而就业人数以5.7%的速度逐年减少。[20]一方面，人口老龄化给企业造成严重的经营压力，不利于行业后续的持续性发展；另一方面，人口老龄化对于传统行业的影响远大于高新技术行业的影响，传统行业在工资、工作环境和工作内容上在劳动市场中不具备吸引劳动者的竞争力。

传统行业工业方面机器人代替人工总体来看有三个好处。第一是长时间的体力劳动容易使人出现体力不济，产生疲劳，进而影响工作的正确率，机器人则可以做到24小时运行无休。第二是对于体力劳动强度大的行业，如码头卸货工人，或者是工作环境较为危险恶劣的工作，如煤矿钻井等行业，通过机器人代替人工可以大大降低人工出现危险的概率，实现以人为本的理念。第三是通过机器代替人工实现工作效率的提升和成本的下降，提高企业的营业收入和利润，促进经济社会的整体发展。在我国人口老龄化形势更加严峻的未来，社会的劳动力将呈现"紧供给"的趋势，企业用工成本将直线上升。通过数字技术带动机器人在各行各业中的普及，实现大面积代替人工，有望对冲人口老龄化为经济发展带来的负面影响。

三、解决地区贫富差距问题

中国的发展规律显示,经济越发达的省份,数字经济发展越成熟,同样数字经济的发展对地区整体经济的发展提供了强有力的支持,数字经济和地方经济互利互惠、相辅相成。我国的数字经济呈现明显的地域性,全国数字经济发展不均衡。数据显示,我国2019年数字经济对各省(区、市)GDP的贡献率差距较大,最高的北京的数字经济对全市GDP的贡献率为53%,最低的省份数字经济对于省内GDP的贡献率仅为16%。[21] 总体来看,数字经济发展较为优越的地区为北上广和江浙沪等地,全国呈现东部沿海地区数字经济发展优于中西部内陆地区的态势,经济越发达的地区,数字经济对GDP的贡献率也越高。北京、上海、广东、江苏、浙江等省市2019年数字经济增加值超过1万亿元,辽宁、重庆、江西等省市数字经济增加值也超过5000亿元,规模可观。其中,北京、上海等城市的数字经济对地区总体经济的发展起到至关重要的作用,数字经济的GDP占比超过50%,广东、江苏、浙江等省紧随其后,数字经济对GDP的贡献率也超过40%,可见数字经济对地区经济的发展有着不可替代的主导地位。目前贵州、福建等地的数字经济增长速度位居全国前列,而内蒙古、青海、甘肃等地区的数字经济增速位居全国末位,由此可见,数字经济的发展水平和国民经济的发展水平是正相关的。

我国各地区的数字经济发展与地区产业结构密切相关,这主要体现在数字产业化和产业数字化的分化上。

在数字产业化方面,广东和江苏2019年数字经济增加值均超过1.5万亿元,位居全国第一、二位。北京、上海、浙江等地数字经济增加值紧随其后,也均超过1000亿元。以信息产业、通信产业和数字技术服务产业为代表的数字产业化为地区经济发展和创新作出了重大的贡献。以北京、广东等信息化强地为例,数字产业化在GDP的占比高达15%,而发展程度相对较低的中西部省份,数字产业化在GDP中的占比多为5%~10%之间。值得注意的是,数字产业化在GDP中的占比在各省市之间并没有拉开过大的距离,主导的省市和落后的省市之间的差距控制在了15%以内。

在产业数字化方面,各省之间的差距则较大,广东、江苏、浙江等产业数字化增加值规模均超过2万亿元,上海、北京等省市产业数字化增加值也超过

1万亿元，体量较大。从占比来看，上海产业数字化占 GDP 比重最高，占比超过 40%；甘肃产业数字化占 GDP 总量最低，占比不足 20%，产业数字化在各省内发展的贡献率差距较数字产业化而言更为明显。

数字经济上细分来看，各省产业数字化占数字经济的比重明显高于数字产业化，2019 年各省（区、市）产业数字化对数字经济的贡献率均超过 60%，这种情况在中西部地区更为明显，如新疆、青海、西藏等城市更为明显，产业数字化对数字经济的贡献率接近 95%。

总体来看，产业数字化对数字经济的贡献强于数字产业化对数字经济的贡献，这点在数字经济欠发达地区体现得尤为明显。数字产业化是数字经济技术面的底层支撑，与数字技术基础设施的研发和制造紧密相关，对资金、投入时间和创新能力等方面要求较高。发达地区的社会和企业对数字技术的创新重视程度高，同时地区教育程度高，为数字技术的创新提供源源不断的人才资源。发达地区拥有较为先进的基础设施建设，政府和企业对于数字技术的投入资金量大，相对于欠发达地区容易形成较高的行业壁垒和较强的竞争优势。且发达地区的数字技术发展起步较早，行业形成的时间也较早，市场消费习惯培养得较为成熟，技术发展得较为先进。对于欠发达地区而言，在数字产业化方面的追赶是较为困难的，而产业数字化则呈现多样化的发展路径和发展模式。首先，产业数字化对基础设施和技术等需要大量资金投入的重资产依赖性较低，对于数字产业化欠发达的地区而言，想通过产业数字化带动经济整体发展的压力并没有那么大。其次，产业数字化与各地方实际经济优势和差异性要素关联性较强，可以实现所谓个性化的产业数字化定制。欠发达地区虽然经济整体落后于发达地区，但是在特定方面拥有不可超越的优势。这些相对稀缺的资源和要素可以在产业数字化之后对该地区的经济产生提振作用，缩小与发达地区的经济差距。[22]综合来看，欠发达地区通过数字经济，以及更为细化的产业数字化的发展，甚至可以实现对发达地区数字经济的追赶和超越，而数字经济互惠互利的特征将有利于从宏观方面解决我国发展不均衡的问题。

我国地区之间贫富差距较大，导致医疗、教育等方面存在显著的地区差距。随着数字技术的普及，越来越多的行业开始转移阵地，寻求线上线下同步发展。互联网平台的搭建打破了地域和时间的制约，使服务可以辐射到更多的客户群体。互联网医院的普及使患者不需要奔赴至大城市也可以享受优质医院的优秀医生资源,既可以减轻大城市医院患者过多造成的医疗负担,也可以帮助患者进行更加高效的诊疗。在线教育资源的发展给欠发达地区的学校注入更多新鲜的师资、资源力量,提振欠发达地区学生的教育水平,助力我国教育整体水平的上升。在数字经济的辐射下,各地区方方面面的发展鸿沟正日趋缩小。此外,数字技术与当地原有的优势传统产业相结合,因地制宜地发挥其提高经济效率的作用,可以改善当地产业结构,为传统行业注入新的发展动力,使得各地经济发展优势在数字经济的加持下得到最大化的作用体现,并保留各自的经济发展特点,实现真正的各美其美、美美与共,经济协同发展,缩小地区差距的愿景。

利用数字经济促进就业,拉动民生消费和产业转型升级,解决地区贫富差距问题,首先要解决目前信息化建设存在的突出问题和薄弱环节。经济欠发达地区通常存在基础设施支撑力不足、创新能力不足、信息化水平较低和产业转型驱动力较弱等问题。此外,部分欠发达地区政府对数字经济的重视度不高、缺乏资源协同共享机制等问题同样制约着数字经济的发展。充分发挥数字技术的普惠化特征来解决地方发展不均衡的问题需要通过加强欠发达地区基础设施的建设为数字科技的普及奠定基础。无论是通讯信息网络的搭建,还是数字技术研发中的建设都是发展的根基,是实现创新的必要前提条件。在社会资源投入意愿较低的领域,依托国家的战略部署进行前期投入建设,在实现盈利和产业链条成熟之后进一步引入市场化,实现新市场、新业态的创立和制度的制定。

"十四五"期间,各地方要抓住发展机遇,结合自身发展情况,因地制宜、乘风破浪,在新一代技术革命的各个领域趁势起航。此外,在数字经济发展的关键时期,数字化人才的重要性直线提升。数字化人才不限于数字技术的开发者、维护者、管理者,更包括千千万万数字技术落实到使用端的使用者,可以说最重要的就是数字技术使用习惯的普及和培养。欠发达地区缺乏培养人才配套的高校、研究所等地点和环境,应该在提供多元化条件吸引人才流入的同时,积极建设自己的人才培养系统,为数字经济的发展提供后援力量。以具备数字化思维与产业化实际应用结合为导向,培养具有技术层次的多元化人才,实现制造业实际情况与前沿理论相结合,打开地方经济发展的新格局。

四、数字经济天生就是普惠经济

数字经济是以数据要素为生产核心，依托于人工智能、云计算等更先进数字技术打破时间和空间限制的一种新型经济组织形式，以其独特的功能在线上线下联结互通、资源调配、发挥市场功能等方面起到重要的作用。平台化是数字经济最主要的产业组织形式，也是行业多元化发展的主要环境，更重要的是，平台化使得数字经济业态具有开放、平等和普惠化的特征，极大地改变了社会的生产和消费方式。

数字经济的平台化具有一定的公共属性和普惠性。首先，平台不自己生产商品，而是为供给和需求方搭建互联互通的桥梁，提供交易的场所，在减少供需双方在市场上寻求交易对象花费的时间和成本的同时，促成了交易的成功率。同时，在平台制度和功能不断完善的情况下，交易双方的利益可以得到更为稳妥的保护，对稳定市场秩序有较为重要的贡献。其次，大部分平台不限制使用者的访问，其快速、规模大和成本低的优势能够帮助交易变得更加高效、透明和安全。对使用者设置较低的准入门槛使得社会各界均可共享平台资源和数据，营造和谐的经济环境。以微信等社交平台为例，随着平台辐射群体的规模逐渐扩大，许多官方通过公众号的形式下发消息、政策和文件，并提供相应的咨询服务，助力信息的及时沟通。线上平台通过人工智能帮助设置自动回复和公众号内自助板块相关功能处理庞大的信息流，与线下设置服务窗口相比，在空间和时间上提供更为高效的服务，可见平台化为信息共享、政策的传递和组织管理起到重要的作用。

从我国三大产业发展来看，数字经济可以对各行各业进行赋能，帮助它们焕发出新的发展活力。目前，我国数字经济在不同行业、不同环节的发展差异性较为明显，呈现第三产业数字化渗透率较高，第一产业和第二产业渗透率较低的现状。2020年服务业数字经济渗透率为40.7%，相比2019年增加2.9个百分点，相比2016年增加11.1个百分点，是产业数字化发展最领先的领域。我国第二产业工业生产的数字化转型在近几年的发展突飞猛进，数字经济渗透率处于中等水平，2020年工业数字经济渗透率为21.0%，相比2019年上涨2.9个百分点，相比2016年上涨4.2个百分点，发展势头正在不断追赶第三产业。农业受制于行业生产环境和生产方式的特征，数字化渗透的推进较慢，业内供给端对数字化转型的热情不高，2020年第一产业内数字经济渗透率为8.9%，相比2019年只上涨0.7个百分点。

在三大产业之内的不同行业之中，各个环节的数字化渗透率也有较大的差异。服务业数字化对生产服务的方式改变较大，如券商行业的后端部门将大数据和人工智能运用到风控、估值、分析等过程中，作为对人脑的感性判断进行理性的补充。而在前段诸如营业部的理财顾问和营销等岗位则仍采用的是传统的服务模式，一方面，这与服务业以人为本的特性相关；另一方面，数字化在服务业的渗透和发展仍有较大的空间和潜力。工业化生产则在流通端数字化应用的比例较高，而在数字化生产方面渗透率较低，一方面是因为数字化转型的一次性支出成本较高，对于中小型企业而言成本压力较大；另一方面则是因为生产环节数字化的转型技术壁垒较高，仍待技术的推动和普及。从农业来看，我国农业生产地域较为分散，生产地区基础设施较为落后，农民整体受教育水平不高，对数字化一知半解，推广难度大。不过，我国农产品网络营销已经颇见成效，在各大电商平台上出现了许多农民开设的直销店铺，以及农产品直播带货，提高了农业生产端的利润，也为地区农业发展提供了新的高效方式。政策显示，农业的数字化改造是未来我国数字经济发展的重点方向之一。

"十四五"时期为数字经济提供了发展环境和新的挑战，数字经济将在推动我国供给侧结构性改革和产业结构转型升级方面发挥更加重要的作用。

第三节　数字化转型将会伴随"十四五"规划实施的全过程

一、地方政策导向

"十三五"期间，我国数字经济规模从2016年的22.6万亿元增长至2020年的39.2万亿元，占GDP的比重从30%增长至38.6%，[23]从过去的发展经验来看，我国数字经济基于中国庞大的潜在用户数量，依托于人口红利呈现爆发式增长。互联网的普及、4G基站等基础设施建设为行业内软件和硬件的发展提供了坚实的基础，随着手机及电脑的普及，越来越多的用户数据向可采集化、可分析化的方向发展。数字产业化企业将互联网思维渗透至营销、平台建设、产品设计、商业运营的方方面面，实现从后台至前台的全面覆盖，推动了我国数字经济的快速崛起。然而当前手机及互联网渗透率增长速度逐渐放缓，并且随着中国人口出生率的降低，互联网享受人口红利发展的时期已然过去。量变已不能支撑行业高速发展的需求，技术的提升将成为数字经济未来增长的核心驱动力。此外，数字技术在传统产业中渗透率的提高成为未来数字经济发展的主要方向，目前数字化控制、物联网等技术尚未对各行业的全产业链进行覆盖，以数字经济发展的先行城市北京为例，按照国家统计口径，2021 年北京数字经济增加值 1.6 万亿元，占 GDP 总比重达 40.4%。[24]2021 年，北京市信息服务业及软件业总营业收入 2.2 万亿元，数字化产业取得长足进展。截至 2020 年底，北京市规模以上工业企业的生产设备数字化率高达 65%，生产过程中的关键工序数字化控制率已达 70%，数字化生产设备的联网率为 60%，产业数字化的进程已经步入成熟阶段，可见数字产业化及产业数字化的互相作用和深入合作协同才能为进一步发展数字经济夯实基础。通过注重核心技术的发展和产业创新化的应用，未来我国数字经济建设将从量的增长走向质的提升。

从陆续出台的地方政策来看，各省区市围绕以数字经济基础设施建设为支撑，以数字化产业场景拓展为计划，实现数字经济城市标杆目标的战略方针布局发展计划。通过数字经济赋能实体经济，提升数据及技术作为生产要素的价值，优化相关政策体系，实现市场和谐健康发展。

从壮大数字产业化层面来看，各省各有侧重，但主要强调以创新为基础，以加快区域内发展布局，实现各地区协同合作为目标。江西提出数字经济"一号工程"，利用世界 VR 产业大会的平台实现 VR 行业的项目落地和应用推进，打造中国先进的 VR 产业集群。[25]安徽聚焦人工智能，建设数字经济创新先行区和人工智能产业发展试验区，充分利用协同效应带动相关产业发展。河北雄安发布《河北雄安新区规划纲要》，计划抓住数字经济发展的历史性重大机遇，建立数据管理体系，布局智能生态基础设施，实现智慧城市的规划和布局。[26]

综合来看，地方政策方面主要有三个导向：一是推动数字技术标准的制定。地方政府通过和高校研究院、行业协会等社会组织协同合作，推动对人工智能、互联网平台结构和大数据共享方面的标准制定，加快各行各业的互联互通。二是支持科技成果进行实际产业的应用和转化。在对地方科研院所进行政策和资金支持的同时，增强对科技研究成果转化的重视，提高企业和高校科研人员的积极性。不仅要提高我国科研技术在世界舞台上的话语权，推动在重点行业的关键技术突破，还要通过政府采购、国家重点工程等方式为新技术的实现创造早期市场。通过切实的利润驱动市场对数字技术更新迭代的需求，加快行业的建设和完善。三是实现技术集群效应，通过建设产业集群和创新园区等方式创造公平竞争发展环境，促进数据和技术之间的开放连接和共享，实现产业链上下游共同发展的和谐市场环境。

二、创新贯穿数字经济发展始终

2020年9月21日国资委官网发文表示要促进国有企业数字化、网络化、智能化发展，要把央企打造成为国家战略科技力量，争取解决一批卡脖子的关键核心技术。[27]在数据要素市场化政策引导的大背景下，让5G、人工智能方面的技术创新成为提高全社会运营效率、加速产业结构优化升级的重要手段。创新是数字化经济增长的原动力，要坚定不移地推动和支持基于信息科学理论基础形成的数字技术的发展。大数据、云计算、人工智能、物联网、3D打印等通过创新诞生的数字技术为数字化产业和产业数字化提供了坚定有力的支持。强化创新链一方面加大对于各大高校及科研院的研发投入，注重相关人才的培养和激励，从政策层面给予相关支持；另一方面鼓励企业针对实际需求进行市场化创新，围绕产业链部署创新链，激励资本主动创新。近年来，国家工业互联网大数据中心、国家网络安全产业园、国家新型工业化产业示范基地等研发中心不断地建成运营，中关村科技园、国家实验室等平台享受政策激励，为我国数字技术的发展及创新提供了坚实技术支持。同时，积极引入国外和国内战略科学技术的力量赋能于经济和产业，通过对高等教育、科研院所、稀有人才和高新企业的布局和政策支持，将中国打造成拥有世界一流创新生态的国家。

以长三角地区为例，2020年8月，浙江大学与上海市政府签署战略合作协议，共同建设上海高等研究院，推动人工智能和数字技术的创新发展。长三角地区作为我国数字经济的重点区域，2020年数字经济总量高达10.83万亿元，占全国数字经济规模总量约28%，其中数字经济为当地总经济贡献了44%的份额。[28] 而在数字经济产业链的强有力支持下,长三角地区在此次疫情中恢复得最为迅速,2020 年 7 月浙江数字经济核心产业制造业增加值增长 12.4%,增速比工业高 6.3%。这是长三角地区浙江、上海、江苏、安徽四省市重视创新,攻破卡脖子的核心尖端技术,打造具有竞争力的完整产业链的成果,也是政府与高校、与企业研究室的协同合作,通过政策打造新一代人工智能创新试验区反映在实际经济数据上的必然结果。

技术创新同其他创新一样,都需要掌握新事物创造的规律和动机,在数字经济的大背景下,企业数字技术的动力来源于现有的或是未来预期可拥有的资本和经营回报。创新不止是个体的行为,而是基于大环境的行业发展业态,是在产业链平台上的百家争鸣。创新一旦融入产业,可以深刻改变行业内的生产方式、生产关系和生产要素,乃至最后的产品与服务。企业的创新应该是由市场驱动的,基于需求的创新。有时可以获得颠覆性的创新进展,创造新产品线新业态;有时则可以进行改良性创新,对现有产品进行更新换代。创新是一个循序渐进的过程,而不是一蹴而就的,严格意义上来讲,创新的方向和量级是没有高低贵贱、对错与否之分的。不论是政府层面还是企业社会层面,人才创新的思维需要贯穿数字经济发展进程的始终,行业参与者需要在思想上拥有深刻的理解,对待阶段性的失败以及可能发生的错误应抱有开放包容的态度,在行动上充分贯彻知行合一的思想导向,才能不会被一时的得失绊住前进发展的脚步。

三、防疫离不开数字经济

在新冠肺炎疫情期间,数字技术在经济几近停摆时为我国社会各方协同合作搭建了桥梁,在非常时期的复工复产过程中通过防疫健康码、行程追踪、在线教育、远程办公等方式助力民众生产和政府管理的方方面面。可以说,中国在世界各国当中率先从疫情当中恢复,得益于上层国家对疫情整体的统筹规划和数字技术为底层抗疫行动的具体支持,是近年来我国数字技术基础设施的建设和数字经济生态和系统的普及取得的硕果。在未来防疫进入常态化的趋势下,数字抗疫将呈现出全面发力的发展态势,发挥出更强大的异地协同功能。

数字经济是对国民经济在抗疫过程中起到支柱性、稳定性的经济形势,数据显示，2020年1—5月的疫情期间，互联网相关的新产业、新业态层出不穷，实现了逆势增长。其中以在线医疗、在线教育、远程办公、电子政务等为首的综合性生活服务类场景表现得尤为亮眼。随着疫情短时间不会消失的客观事实影响，人们接受的不止是每天使用口罩的物理性改变，还有健康码、疫情追踪、在线消费、电子支付等移动App端应用的渗透，可以说在生活工作的方方面面，数字技术借此次疫情的机会更加深入地打入了中国社会。同时，市场的需求和消费者的消费习惯也进一步刺激着数字经济的发展，通过人工智能等数字技术与实体经济相互融合、互为补充，实现服务模式的创新和新产品的供给。通过线上线下的联动，数字经济在疫情防控的特殊背景下稳定就业、保障民生。以美团、京东买菜为例，通过平台上的联结让商家和民众保持联系，一方面保障了商业交易的正常进行；另一方面助力疫情防控的有序开展。此外，在不同场景下满足疫情防控个性化需求的同时，数字经济的新业态、新模式促生了许多新工作、新需求，稳定了特殊时期的就业率和民生。同时借助数字经济的平台，医疗资源可以加强点与点的供应，防疫物资也可以流通到更受需要的地方去。大数据和区块链的所具备的难以篡改属性帮助政府组织统筹规划重要物资的溯源和分配，实现安全可控、权责分明，有效地防范贪污腐败和资源浪费。通过定位系统和通信运营商的数据，疫情期间人员的流通可以得到追踪，帮助卫生组织对病毒传染者轨迹的追踪和监控，确认密切接触者的信息等，为建设大型疫情防控数据网络提供真实和准确的信息。

　　目前我国数字化经济的发展主要依靠数字技术的萌发而形成的数字化产业以及产业数字化的组织形态。同一数字技术可以发展出不同的数字化产业业态；同一数字业态也可应用到不同的产业中，形成产业数字多元化发展。例如，人工智能技术应用到金融业当中作为智能投资顾问，也可以应用到农业中进行天气预测等。这种隔而不离的天然特征和结构优势使得数字经济成为我国抗疫过程中最强的助力，未来数字经济依托技术优势在信息整合、数据共享、资源调配等方面将对整个社会起到更加重要的支持作用。

　　对于重点行业，如教育、医疗、交通运输等方面通过政策给予支持，在政府与行业龙头企业的协商合作下，制定行业内规定和制度。大力扶持中小企业和独角兽企业，保持行业内的竞争和创新活力，将场景优势充分转化为实际产业生产中的优势，释放技术带来的应用场景和发展动能，提振经济。在防控和社交隔离的物理限制下，打破空间和时间的约束，建立起农业、商业、工业等跨领域的交流桥梁，建成以大数据为联结的沟通网络。全世界第一部确立数字经济平台法律主体地位的法律《电子商务法》于 2019 年 1 月正式实施，为我国数字经济释放其更多潜力提供了制度性优势，随着《数字经济平台法》等法律制定工作的不断推进，开放、包容、健康的发展环境将帮助数字经济在抗疫的背景下更加茁壮地成长。

四、数字产业化和产业数字化深度结合

习近平总书记指出，要发展数字经济，加快推动数字产业化，依靠信息技术创新驱动，不断催生新产业、新业态、新模式，用新动能推动新发展。[29] 数字产业化是与数据生产、收集、分析相关的直接产业，是挖掘无序杂乱的数据当中蕴含的价值的过程。数字经济核心产业主要是指为数字经济的发展提供技术支持、产品服务和数字化解决方案的信息通信互联网产业，例如电子信息制造业、软件服务业、互联网业等。数字技术的发展使得更多的数据可以被采集，通过对海量数据的整理与分析得出不同的结论，助力产业化发展，进行数据经济价值的实现。"十三五"期间，大数据、人工智能、云计算等数字技术的蓬勃发展为我国数字产业化实力的提升奠定了坚实的基础。

成立于 2009 年的阿里云公司是数字产业化的代表公司之一，其以领先于全球的云计算及人工智能技术向主要由 B 端和 G 端组成的客户群体提供计算和数据处理能力。其可提供的重要产品集中在弹性计算、存储、数据库、安全、大数据和人工智能等几个方面。其中阿里的人工智能 ET（人工智能系统）具备图像识别、语音交互、情感分析等功能，可以代替交警、导购、金融投顾等多种岗位的工作，在销售服务、城市管理、金融理财服务等多个领域提供协助来提高效率。2016 年，杭州市政府采用阿里云 ET 人工智能技术内核的城市大脑作为杭州城市数据中枢进行安装和使用，通过大数据的计算和分析，选择最优方案分配公共资源。这是数字产业化的具象产品，是数字产业化切实可以提高城市治理效率的实际应用。

2020 年我国数字产业化增加值规模高达 7.5 万亿元，占 GDP 总量的 7.3%，同比增长 5.3%，云服务、大数据方面成立的公司数量显著上升，数字服务业

市场基本成熟。疫情的背景下,远程办公、在线教育等新业态不断涌现,跑腿买菜、外卖等服务规模不断扩大,成为数字经济新的增长点。数字化的互联网企业应运而生、层出不穷,在市场上话语权逐年提高,新兴龙头公司和企业,如阿里巴巴、腾讯、抖音等,都是基于提供数字技术服务而起家并逐渐分散辐射至各行各业。实践证明,加快推动数字产业化的核心是紧扣大数据的采集和数字技术分析的结合,通过加工、存储、分析向广大用户提供服务和平台建设。依靠创新驱动,抓住发展机遇,催生产业新模式新业态。未来建设服务于制造业的工业互联网平台,打造 5G 与工业互联网的整合是发展的方向之一。

习近平总书记指出,要推动产业数字化,利用互联网新技术新应用对传统产业进行全方位、全角度、全链条的改造,提高全要素生产率,释放数字对经济发展的放大、叠加、倍增作用。[30] 通过数字技术颠覆传统产业的运行模式、运行内容以及生产关系等因素的过程称之为产业数字化。2020 年,我国产业数字化增加值规模达 31.7 万亿元,同比名义增长约 10.1%,占 GDP 比重提升至 31.2%。全国开展网络化协同、服务型制造的企业比例分别达到 38.8% 和 29.6%。

从数字经济的内部结构来看,数字产业化的占比逐年下降,在数字经济中的占比由 2005 年的 50.9% 下降至 2020 年的 19%;相反,产业数字化在数字经济中的占比逐年提升,由 2005 年的 49.1% 提升至 2020 年的 81%。

产业数字化拥有诸多优点:一是产业数字化提高了资源配置效率。以货拉拉平台为例,过去的货车司机需要依靠个人资源多方寻找订单,在拉完货的回程中可能处于空车状态,运输资源遭到了浪费。货拉拉平台将货车司机和商户整合,通过移动软件的形式,为注册制的会员提供信息。商户可以发布运输任务,司机可以根据自身情况接受订单,解决了商户寻找货运司机难,货运司机寻找货物难的问题,大大提高了货运的效率。二是受益于产业数字化带来的效率提高和产业协同,企业生产经营成本得以降低。以数字化金融为例,对于券商来说,营业部和大量的投资顾问是吸引客源的主要来源,也是提供服务的主要平台,更是成本支出的重大组成部分。在券商公司引入数字化技术之后,大量业务被转移至线上移动 App 进行操作,分担了营业部的业务,节省了现实中提供服务需要的房租、水电等成本。此外,人工智能技术催生的智能投资顾问更是可以在 24 小时无休的情况下帮助客户进行理财分析,目前已经可以部分代替人工投资顾问的工作，减少了企业对于劳动力的需求，降低了人工成本且提高了服务效率。三是产业数字化的大背景下，涌现出了众多新模式、新市场、新业态。在线办公软件就是在疫情背景的居家办公的需求和数字技术成熟的双重作用下诞生的新业态；智慧物流则是对快递追踪的需求与日益发展的物联网技术相互碰撞的市场产物；5G通信技术的支持下，数字医疗使得偏远地区的病患不用来到大城市也可以享受其医疗资源。在产业数字化的不断推进下，人的衣食住行方面的产品和服务需求都可以通过手机等移动设备得到满足，社会产业链通过数字化的信息网络可以进行连接、共享和协同合作。

目前我国产业数字化仍处于初级试行阶段，过程中产生的许多困难及思想转变的问题仍需解决。其中中小企业普遍数字化进程较为落后，不仅是对数字化重要性的认知不足，还有数字化转型成本高昂的原因。中小企业在我国经济发展中起至关重要的作用，中小企业贡献我国近50%的税收、60%的GDP、70%的技术创新和80%的就业，[31]可以说是我国经济的半壁江山，因此这些主体的数字化对我国打造数字经济强国的重要性不言而喻。此外，在许多高新技术的产业链上我国仍处于被技术卡脖子的阶段，主要依靠国外的技术和设备进口。以半导体产业链为例，用于制作芯片的重要设备光刻机完全依赖进口，我国在芯片的制程上也落后于世界最先进的制程两代，这直接导致了我国下游诸多电子设备方面发展受限，从而影响数字经济的整体发展。我国应坚持两化融合标准体系的建设推广，一方面通过先进技术在产业链上下游打造多层次、系统化的工业互联网平台体系；另一方面通过市场化需求推动企业数字化创新，加快新一代信息技术的转型和发展，形成数字化及实体经济互相促进、互利互惠、合作共赢的局面。政府层面对中小企业加强数字化战略重要性教育，政策扶持购买相关数字化服务，建设投资数字化实验开发中心等，助力中小企业数字化转型。

五、小结与展望

展望"十四五"，数字产业化有望再上新台阶。基础设施方面来看，5G的普及和建设将4G时期的许多设想转化为可实现的机遇，在更为完善的通信基础设施的基础上，数据的传输速度将上升一个量级，与之带来的同突破性创新的数字技术相结合的产品和服务将越来越丰富。技术方面来看，大数据、云计算、人工智能等数字技术的创新速度不断上升，市场的需求和资本的热情与日俱增，创新环境良好友善，制度完备发达，未来融合创新的新技术新成果将会不断增长。随着技术的成熟，相应使用数字技术的成本和门槛将会降低，数字技术将拥有更强的普惠性和社会性。业态方面来看，新一代技术将会涵盖更多人群，通过在医疗、教育、生产、公共服务等方面的多种合作模式提高经济发展的效率。

数字经济的发展将贯穿"十四五"规划的始终，我国将围绕三个方面抓住战略发展机遇：一是要夯实数字产业集群的建设规划，为数字及经济的进一步推广提供坚实的后盾。二是要推动核心技术的创新，解决技术卡脖子的问题，为数字经济不断注入新的活力。三是要引导鼓励实体经济与数字技术相结合，促进生产结构及生产关系的变革，切实提高生产效率。在提升政府治理能力，加快数字政府的建设，及时解决发展过程中诞生的新问题，适应与企业交流的新方式的大背景下，促进数字经济在未来五年的蓬勃发展。

[1] 中国共产党中央委员会.中共中央关于制定国民经济和社会发展第十四个五年规划和二〇三五年远景目标的建议 [EB/OL]. 新华社 .http://www.gov.cn/zhengce/2020-11/03/content_5556991.htm, 2020-11-03.

[2] 科技日报.中央文件将数据纳入生产要素有何深意 [EB/OL]. 中共中央网络安全和信息化委员办公室 . http://www.cac.gov.cn/2020-04/11/c_1588149692584407.htm , 2020-04-11.

[3] 中共中央国务院.中共中央国务院关于构建更加完善的要素市场化配置体制机制的意见 [EB/OL]. 新华社 .http://www.gov.cn/zhengce/2020-04/09/content_5500622.htm, 2020-04-09.

[4] 蓝鲸财经.2020 天猫双 11 订单创建峰值每秒 58.3 万笔 [N/OL]. 搜狐网 . https://www.sohu.com/a/430959047250147, 2020-11-11.

[5] 程实，王宇哲.数据要素的经济价值 [N/OL]. 新浪财经 . https://baijiahao.baidu.com/s?id=1664457673125625611&wfr=spider&for=pc, 2020-04-20.

[6] Tianyi Gu.2020 全球移动市场报告 [R/ON].newzoo.https://newzoo.com/insights/articles/insight-posts-global-mobile-market-report-2020-chinese/ , 2020-09-28.

[7] eMarketer.2020年全球电子商务销售额突破4万亿美元[R/OL]. eMarketer. http://www.199it.com/archives/1191410.html，2021-01-16.

[8] 中国商务部电子商务和信息化司.中国电子商务报告2020[R/ON]. 中华人民共和国商务部. http://dzsws.mofcom.gov.cn/article/ztxx/ndbg/，2021-06-08.

[9] 万事达卡，美国塔夫斯大学弗莱彻学院.2017数字化进程指数报告[R/OL]. mastercard. https://newsroom.mastercard.com/asia-pacific/zh-hans/press-releases，2017-07-13.

[10] 习近平.中国国际数字经济博览会致信[N/OL]. 人民日报. https://baijiahao.baidu.com/s?id=1647075831603908774&wfr=spider&for=pc，2019-10-21.

[11] 中国信息通信研究院.2020年12月国内手机市场运行分析报告[R]. 中国信息通信研究院，2021-01-11.

[12] 中国信息通信研究院.2021年3月国内手机市场运行分析报告[R]. 中国信息通信研究院，2021-04-12.

[13] 中国信息通信研究院.中国5G发展和经济社会影响白皮书2020年[R]. 中国信息通信研究院，2021-12-15.

[14] 工信部.已开通5G基站69万个，提前完成2020年5G基站建设目标[N/OL]. 新华社. https://www.sohu.com/a/426563860_114774?sec=wd，2020-03-31.

[15] 肖亚庆.三组数据为"十三五"划上了圆满的句号[N/OL]. 国务院新闻办公室.http://www.scio.gov.cn/ztk/dtzt/44689/45024/45032/Document/1699679/1699679.htm，2021-03-01.

[16] 国家统计局.人口数据[DB/OL]. 国家统计局. http://www.stats.gov.cn/tjsj/pcsj/，2019.

[17] 周頔，王心馨.关于延迟退休，人社部最新回应[N/OL]. 环球时报. https://m.thepaper.cn/baijiahao_11473240，2021-02-26.

[18] 中国棉纺织行业协会.从数据看棉纺优势企业特点[J]. 纺织服装周刊，2011(15).

[19] 殷骁."机器换人"换来了什么[N/OL]. 安徽日报. http://m.haiwainet.cn/middle/3541839/2016/0823/content_30247799_1.html，2020-08-23.

[20] 中国棉纺织行业协会.2020年棉纺织行业生产运行情况[OB/OL]. 中国棉纺织行业协会. http://www.ccta.org.cn/zcfg/，2021-02-02.

[21] 中国信息通信研究院.中国数字经济发展白皮书[R]. 中国信息通信研究院，2021-04.

[22] 中国信息通信研究院政策与经济研究所.中国数字经济就业发展研究报告：新形态、新模式、新趋势[R]. 中国信息通信研究院，2021-03.

[23] 李政葳，孔繁鑫.我国数字经济规模占GDP比重超过36%[N]. 光明日报，2020-11-17.

[24] 北京市统计局.北京市2021年国民经济和社会发展统计公报[R]. 北京市统计局，2022-03.

[25] 卢福财.全面推进数字经济"一号工程"建设[N]. 江西日报，2021-03-31(10).

[26] 中共中央国务院.关于报请审批《河北雄安新区规划纲要》的请示[EB/OL]. 新华社. https://baijiahao.baidu.com/s?id=1598319442640287416&wfr=spider&for=pc，2018-04-21.

[27] 国务院国有资产监督管理委员会.关于加快推进国有企业数字化转型工作的通知[EB/OL].科技创新和社会责任局.http://www.sasac.gov.cn/n2588020/n2588072/n2591148/n2591150/c15517908/content.html,2020-09-21.

[28] 中国信息通信研究院,浙江清华长三角研究院,长三角数字经济发展报告[R].2021-09-29.

[29] 石治平."十四五"背景下建筑企业信息化转型升级之路[J].中国勘察设计,2020(10):35-37.

[30] 习近平.全国网络安全和信息化工作会议讲话[N/OL].新华社.http://www.gov.cn/xinwen/2018-04/21/content_5284783.htm,2018-04-21.

[31] 工信部.中小企业贡献我国60%的GDP[N/OL].中国政府网,2010-08-16.

第四章

在线模式改变生活

互联网的重要作用就是解决信息获取不对等、资源分配不均衡等问题,随着搜索引擎、视频技术、智能手机、4G、5G的普及,互联网的触角由纯线上的门户网站起步,渐渐地拓展搜索、社交等领域;随后,以电子商务领域为突破,互联网开始向物理世界渗透;之后"吃喝玩乐""衣食住行"等各个领域逐渐都被互联网渗透、改造,我们的生活也因为互联网和移动互联网而更便捷、丰富、自由。

时至今日,我们看到产业数字化的普及愈演愈烈。如图4-1所示,以我国居民人均消费支出构成分类看,"吃喝玩乐""衣食住行"等私人物品领域已形成比较完善的数字化产业特征,而教育、医疗等政府主导的公共品消费产业,以及居民收入端的办公领域极可能成为在线模式改造的下一站。而2020年新冠肺炎疫情正是这一过程的"催化剂"。

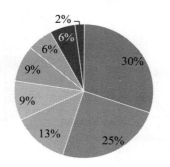

图 4-1　2020 年全国居民人均消费支出及构成

资料来源：国家统计局

第一节　在线医疗助力普惠民生

新冠肺炎疫情让餐饮、酒店、旅游等行业经历"寒冬"，而一直不温不火的在线医疗行业却迎来了"春天"。

疫情前，在我国提到行业产出对于 GDP 的贡献，我们可能最先想到工业、房地产、金融等产业，这些产业要么总体量大，要么产业链较长，要么调节各产业的运行效率。医疗卫生行业近几年仅占 GDP 的 6% 左右，排名靠后，但在疫情期间，6% 的医疗支出可以说是全国 GDP 稳定的基石，没有这 6%，其他产业根本无法正常运转。

对于个人和家庭而言，医疗的作用更加不言而喻。以 2020 年 2 月疫情高峰期为例，全国人民居家隔离，令绝大多数经济部门停摆，但是 2 月份有两项消费数据保持增长，一项是食品粮油饮料等生存必需品，另一项就是中西药品。2020 年 3 月份消费部分恢复，中西药品也是恢复速度第二，仅次于食品粮油，如图 4-2 所示。

疫情带给人们的不只是对疾病的恐慌，还有对于医疗认识的改变，更重要的是行业内部运转模式和生态的重构。

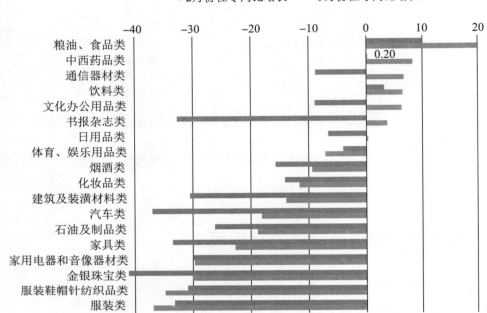

图 4-2　2020 年 2—3 月社会消费品零售总额分项的同比增长（单位：%）

资料来源：Wind

一、商业模式：在线问诊引流，在线售药、医疗设备和保健品盈利

近几年"互联网医院""互联网药房"等概念热度不减，2015 年前后陆续有大资本进入在线医疗产业，如阿里系的阿里健康、平安系的平安好医生等。我国医药产业与其他行业不同，各利益方几十年来已形成稳固的利益链，加上患者线下看病买药的传统思想影响，在线医疗经历数年发展，直到 2020 年疫情期间，在线医疗的商业模式才真正得以验证。从各公司财报看，实际客群爆发式增长是在 2017 年以后，首次盈利普遍在 2020 年疫情期间，几大在线医疗平台悉数扭亏为盈。

在线医疗的参与方分为患者或顾客、医生、医疗机构、药企、医药流通企业、支付平台等，2020 年新冠疫情让医药产业几十年的稳固利益链松动，医疗产业也因此迎来一次全方位的进化。表 4-1 表示的是在线医疗客户群分类和业务模式。从患者角度，能被互联网化的环节包括预约挂号、在线问诊、慢性病用药续方、在线购药等。从医生角度，可以借助互联网满足提升收入、扩大知名度、论文研究、降低医患矛盾、持续跟踪病例等。从医院角度，医院管控系统深度绑定互联网，提高医院挂号诊疗系统效率，缓解医患分配不均等问题。从药企和器械企业角度，在线医疗从精准营销和辅助研发两个角度带来价值。从保险公司角度，在线医疗的丰富数据可以协助其更精准定价，设计更合理的保险产品，节约用户保费支出。本书所述的在线医疗均属于目前最成熟的模式，即以患者和顾客为客户，以线上问诊吸引流量，依靠在线售药、医疗设备和保健品盈利，目前在线医疗上市公司平安好医生、阿里健康、京东健康、1药网都属于此类。

表 4-1　在线医疗客户群分类和业务模式

客户群	业务模式
患者或顾客	以患者或顾客为主要目标用户，另一端连接医院、医生或专业人员、医药等，并提供相应的服务，服务又可以进一步分为医患沟通（细分为平台类和垂直类，并逐渐演变为互联网医院）、医药电商、预约挂号、健康消费等细分类别
医生	以医生为核心用户，医生作为医疗行为的最核心生产者，有大量的需求未能得到有效的满足，比如学习教育、考试晋升、科研创新等。如肿瘤资讯，从肿瘤领域的医生内容和培训切入，专注肿瘤医生服务，覆盖中高端肿瘤医生超过16万人，已成为国内最大的肿瘤垂直领域药企精准数字营销服务商
医疗机构	以各级医疗机构为核心客户，针对不同层级医疗机构不同场景的信息化、数据化和智能化升级需求，提供产品和解决方案，进一步细分包括传统信息化厂商、新型信息化公司、AI系统、智能设备等。如百洋智能科技，服务医院场景信息化
药企或器械企业	以药企和药店为核心客户，围绕医药研发、经销、零售等环节进行服务，可以进一步细分为药企研发、医药流通、药店赋能等方向。比如易复诊，作为一家第三方处方流转服务平台提供商，通过医疗机构处方信息、医保结算信息与药品零售消费信息互联互通、实时共享
支付方	以保险支付方为主要客户，包括医保服务、商保TPA以及互联网保险等。比如健保科技，是中国商保TPA领域的领导企业，国内PBM行业的先行者，利用信息化平台服务于商业保险客户的直付理赔、健康管理等

资料来源：动脉网

以京东健康为例，京东商城凭借多年积累形成了中国最大的自营电商平台、供应链管控体系、物流网络之一，京东健康完美复制这些技术基础设施。如表4-2所示，京东健康两项主业务为零售药房业务和在线医疗健康服务，一方面打破传统医药产业利益链，将用户、药房、药企和健康产品供货商、医院、医学专业人员等医疗健康领域的主要参与者联系起来，提高医疗健康价值链的效率和透明度；另一方面，零售药房业务与在线医疗健康服务相辅相成，在医疗健康价值链上形成协同的闭环商业模式。零售药房将用户群导向京东健康的医疗健康服务，进行在线问诊和处方续签。通过提供慢性病管理和家庭医生等服务，加上高质量的服务和品牌认知度，在线医疗健康服务又将用户流量重新导向零售药房业务，购买其他健康产品，如体检、医美服务、保健品和医疗设备等。

表4-2 京东健康业务概览

	线上零售药房	在线医疗健康服务业		
	中国收入规模第一的在线零售商			
	京东大药房	互联网医院		
自营业务	11个药品仓库，超230个其他仓库	在线问诊	慢病管理	家庭医生
线上平台	1. 拥有超过9000家第三方商家 2. 提供更加多样化的医药和健康产品，与京东大药房形成良性互补	消费医疗健康服务		
全渠道布局	1. 覆盖中国超过200个城市 2. 按需求为用户提供当日达、次日达、30分钟、7×24小时快速送达服务	体检服务	医学美容	口腔齿科	疫苗预约

资料来源：京东健康招股说明书

二、机遇：健康开支自然提升和人口老龄化

我国医疗产业正面临前所未有的机遇，包括5G等技术因素、医改政策因素等，更重要的是人均收入增长和老龄化加速的因素。

人均收入的增长的背景下，医疗消费的增幅居各项消费开支的首位。根据

诺贝尔经济学奖得主、美国芝加哥大学福格尔教授追踪英国 1780 年到 1979 年近 200 年、美国 1875 年至 1995 年 120 年间的居民消费结构变化后的发现，在吃饭、穿衣、住房、医疗、教育、休闲及其他等 7 项消费开支中，吃、穿、住 3 项消费的增长低于同期收入增长；而医疗、教育、休闲及其他的增长则超过同期收入增长，其中医疗消费的相对增长幅度最高，其相应的收入弹性为 1.6，即随着居民收入每增长 10%，居民用于健康医疗的消费占总消费的比重增加约 16%。

如图 4-3 所示，我国 2022 年进入老龄化加速期，慢性病管理和家庭医生服务进入高速增长期。从我国出生人口趋势看，我国第一波出生人口高峰在 1961—1973 年，随着这部分居民陆续进入 60 岁，我国老龄人口进入快速增长期，相应的慢性病管理和家庭医生等老龄经济进入高发期。

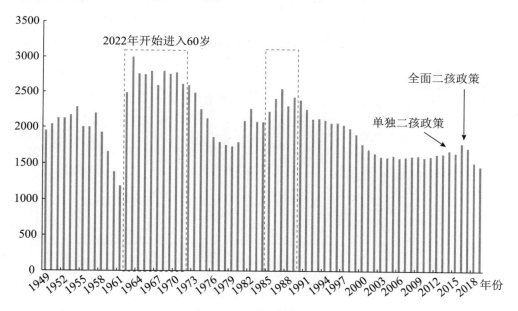

图 4-3　我国每年出生人口数量

资料来源：Wind，笔者测算

三、赋能：互联网平台入局催生医药产业重构和商业模式重塑

我国传统医疗卫生体系几乎都是围绕公立医院开展的，上到药品、耗材的流通，中游医护、病床、医疗设备资源，下到医保保障，不同环节和服务项目

之间的信息流、资金流、物流、人才流必须通过医院，系统运转缓慢。这与医疗行业的特殊性有关，药品和患者之间高度分散是医药产业本质问题，传统医疗体系中，实体医院和诊所是医患之间的唯一交汇点，因此实体医院成为医疗产业的绝对中枢。

在线医疗的出现以互联网专业化运营的方式解构这一体制，如图4-4所示，公立医院的部分功能被一一拆解，眼科、齿科、医美等消费属性较强的科室由专科医院取代，外卖送药+在线问诊的高效和便捷分流医院药房客户，第三方体检和专科诊断中心弥补医院诊疗设备等资源不足、医疗生态运转效率低下的顽疾。

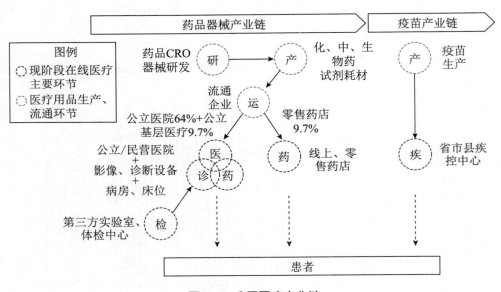

图4-4 我国医疗产业链

此外，发展在线医疗，释放线下资源，做好网上门诊，延伸医疗服务空间、内容，构建覆盖诊前、诊中、诊后的线上线下一体化医疗服务新模式，增加优质资源供给，网上预约挂号、帮助导诊、线上诊疗，形成互联网上挂号、缴费、检查化验、取药等医疗流程和医保定价、支付等闭环管理，是推进区域医疗资源整合共享、促进优质医疗资源下沉、降低患者就医成本的重要举措，进一步破除当下以公立医院为中心的医疗体系存在几大顽疾：医疗资源地域性分布不均、优质医疗资源供给不足；新技术和理念推展慢，线上化服务不足，以北京地区为例，2020年才完全普及三甲医院线上挂号；医保支付体系待完善，药店医保支付覆盖不足，异地就诊医保支付流程复杂等。

四、问题：在线医疗哪些能做，哪些不能做

疫情发生以来，平安好医生、京东健康等在线医疗平台"流量井喷"，而对于未来在线医疗如何走，业界似乎存在两种泾渭分明的观点。

乐观者如平安好医生董事长兼CEO王涛，"对未来我们无比激动和兴奋"，"中国互联网医疗的瓶颈正逐渐打开"，"这对整个行业是根本性，长期的利好"。[1]字里行间流露出对行业前景的乐观。

谨慎者如腾讯医疗副总裁张猛[2]，"医疗是相对来说比较长的业务模式，并不是短期资本能够催熟的"，"要讲究服务，讲究科学正常规律"，"医疗消费行为属于低频行为，且人为不能诱导，也具备一定的特殊性"。其对疫情后的在线医疗的看法更多是谨慎和克制。

我们仔细观察和思考就会发现，在线医疗服务取代公立医院并不现实，至少未来10年不现实，"在线问诊平台+公立医院"的合作模式更加适合双方。从内容层次上，医疗行业不像其他科技赛道，其具有疾病种类繁复、用户需求分散、基础知识更新速度快的特点，互联网平台很难短期积累类似三甲医院的专业、口碑和信任感。从服务层次上，在线问诊平台无法为重症患者提供太大帮助，ICU病床、大型医疗设备集中在医院，短时间在线平台服务很难由"轻"转为"重"，颠覆传统医院更是不可能的。因此，未来实体医院和在线平台的关系是合作，而不是取代。

传统医院"触网"，与在线问诊平台合作，可能是未来在线问诊的主要发展趋势。借助在线平台的信息优势，传统公立医院改善医生（就诊）、大型医疗设备（检查）和床位（住院）三类核心资源分布，以在线问诊、远程诊断、智能分诊、报告推送、线上+线下诊疗、移动支付、康复管理有效降低医疗费用，向患者提供全生命周期健康管理[3]。

在线药店完全取代线下零售药房也同样不现实。目前在线医疗机构的主要盈利模式是线上问诊吸引流量，依靠在线销售药品、医疗设备和保健品盈利，但药品和患者之间高度分散的根源问题，决定了线上药店也很难完全取代线下

药店。老话说"病来如山倒",相比次日达、多日达的快递送药,就近的线下零售药店有无可比拟的效率优势。

淘宝、京东、拼多多、顺丰速运、菜鸟网络等电商和物流企业经过 10 多年的耕耘,已经建立全球领先的物流系统,基本实现"村村通快递"。但是物流的边际成本最小化只有在人口密集的城市能实现,换句话说,国内很多农村地区因运送成本太高的原因,药品物流很难做到当日送达。这种情况下,线下零售药店在可得性有无可取代的优势。

此外,在线医疗还有问诊项目收费缺乏定价机制、项目收费未纳入医保等问题,未来在监管侧的改革道阻且长。

五、趋势:研发、诊断全面数字化医疗时代

未来在线医疗形成的数据资产如果进一步发掘,反哺上下游产业,有望改写药品器械研发、诊断行业的传统模式。互联网公司拥有更强大的数据分析能力,规模化的在线医疗平台可以提供用户数据和需求分析,反向指导药品研发、临床疾病研究,甚至医保控费的监管政策制定,使其能定制和改进产品,以满足用户多样化和不断发展的需求。

以远程影像诊断为例。如今医学影像已经全面数字化,如表 4-3 所示,AI 阅片有客观、成本低、无遗忘、重复性高等优势,而且国内人工智能企业如依图科技、云从科技,在静态图像识别领域遥遥领先于世界,具备技术迁移至医学影像领域的基础。但是医疗影像 AI 阅片技术想要达到商用准确度,需要大量影像数据锻炼算法,在线医疗平台的相关影像数据资产大有可为。一旦影像实现完全在线诊断,可能是在线医疗由"线下"向"线上"迁移的一大助力。

表 4-3 人工阅片与医疗影像 AI 阅片对比

人工阅片	医疗影像 AI 阅片
主观性难以避免	较为客观
知识遗忘	无遗忘
信息利用率低	信息利用度高
重复性低	重复性高
定量分析难度大	定量分析难度低

续表

人 工 阅 片	医疗影像 AI 阅片
知识经验传承积累难度大	知识经验传承容易
耗时、成本高	成本低

资料来源：健康界

第二节　替代写字楼的远程办公

2020年3月，美国共享办公室独角兽公司Wework IPO失败，估值从巅峰时期的470亿美元到IPO前后只剩下29亿美元。Wework成立于2010年，是一家共享办公公司，公司主要业务是为初创公司、微商企业、自由职业企业家提供办公场所，Wework的本质上更像是二房东，收入大部分靠租金差来实现。

2016年到2019年这四年内，WeWork累计亏损近100亿美元，2020年新冠肺炎疫情成为"压死骆驼的最后一根稻草"。受各国防疫政策影响，共享经济受到严重冲击，大量居家办公导致共享办公室出租率暴跌，2020年WeWork亏损高达32亿美元，前路未知。

巅峰时期在全球140座主要城市拥有739个办公地点的Wework，如今资本避之不及，是否一定程度上意味着本地办公的没落，远程办公的崛起呢？

一、优势：距离产生美，员工通勤时间短、企业节能降费

远程办公是指员工在雇主运营的集中办公地点以外的位置完成工作，此类位置可能包括员工的家、共用办公空间、咖啡厅、书店等传统企业办公大楼或园区之外的任何其他地点。

疫情期间，个人和企业或被动或主动选择远程办公，相比传统的现场办公，远程办公对员工和企业而言优势明显：减少或消除员工通勤时间、减少高成本办公空间需求、招聘无须考虑地域因素。

员工通勤时间方面，远程工作人员一般会选择离家更近的位置办公，甚至居家办公因此往返工作地点的时间更少。尤其对于居家办公工作人员而言，远

程办公可以节省大量通勤时间用于生活和学习。根据百度地图慧眼数据,如表 4-4 所示,我国主要一二线城市平均单程通勤时间都在 35 分钟以上,北京以单程平均通勤时耗 47 分钟居全国主要城市榜首,有 26% 的人通勤时间超过 60 分钟。而在家办公或者就近办公意味着每周可节省 5 小时以上的时间,此外还能节省交通成本。

表 4-4 2020 年全国主要城市单程平均通勤距离与时耗

城市规模	城市	平均通勤距离(千米)	平均通勤时耗(分钟)
超大城市	深圳市	7.6	36
	广州市	8.7	38
	上海市	8.9	40
	北京市	11.1	47
特大城市	西安市	8.1	34
	杭州市	7.4	35
	沈阳市	7.2	36
	郑州市	8.0	36
	南京市	8.4	38
	天津市	8.4	39
	武汉市	8.3	39
	成都市	9.0	39
	青岛市	8.0	39
	重庆市	8.9	40

资料来源:全国主要城市通勤检测报告,百度地图慧眼

企业运营成本方面,远程办公为企业主节约办公场地租金,以及办公场地的其他日常维护费用。人力招聘方面,聘用远程员工可以大幅扩充潜在应聘者,企业也无须考虑求职者的归属地,以及户口等安置因素,一方面降低企业招聘的时间成本和机会成本;另一方面公司可以以较低的薪资水平聘请到更优秀的人才。

二、生态:信息流不同步是远程办公软件的核心逻辑

现场办公转型远程办公需要解决的首要问题就是信息流的不同步。我们日常办公室的简易雏形,是由工位、电脑、打印机、会议室等具体存在的集合,

如果员工不需要限制在特定地点，只能借助手机、笔记本电脑等设备进行工作与交流，首要需要解决的就是线上沟通和协作的问题，也就是让天各一方的团队及时知道要干什么、彼此在干什么以及完成得如何，从功能拆解下来就包括即时通讯、文档协作、会务系统、任务管理等部分，这也是钉钉、企业微信、飞书等协作工具的设计理念。

从中国市场来看，企业级综合协作工具主要以各大互联网企业开发的以即时通讯为中心的移动办公软件为主，如企业微信、钉钉、飞书等产品；文档协作的市场出现了腾讯文档、金山文档、石墨文档等产品；音视频会议是远程办公的主要需求，除了企业微信、钉钉自带的视频会议功能之外，Zoom 的用户认可度较高，华为云 WeLink、小鱼易连等企业也纷纷入场这一领域；而涉足任务管理方面的企业有 Trello、Tower、Teambition 等。App Store 免费应用排行榜上，钉钉、企业微信力压快手、抖音等各类视频 App，牢牢占据免费榜第一、第二的位置。[4]

除了层出不穷、功能优异的各种远程协同工具外，更重要的是疫情催生了远程办公对于应用层面的需求不断提升。在外部需求刺激下，一方面，云服务厂商扩容压力不断增加，进一步带动了 IDC、服务器等底层资源需求上升，为互联网相关产业和服务进一步线上化做准备；另一方面，视频、工作文档协作的频次提升，也刺激了云服务安全性进化需求。或许这些网络基础设施和系统的进化，才是远程办公甚至数字化生活的决定因素。

三、顾虑：认知偏差、部分行业数字化不足、管理制度不完善

相信经历过疫情期间远程办公的员工都深知，远程办公可能还有很长的路要走，原因可能有以下几点：

一是沟通习惯上的偏差。人类几百万年来的群居生活习惯已经烙印在你我的基因中，即使如今实时视频沟通已经如此清晰、低延迟，这种隔着屏幕的疏离感仿佛时刻提醒我们彼此的距离。此外，面对面沟通的神态、动作、语调等等信息在视频中都会或多或少地损失，沟通的效率因此大打折扣。也许未来 VR、AR，或者是全息投影技术普及之后，远程办公才可能完全实现。

二是远程办公对工作数字化程度要求高。远程办公天然适合互联网行业，

因为互联网行业本身数字化程度高，而且绝大多数工作是通过电脑完成。反观实体企业，特别是制造业企业，本身有很多工作内容难以实现数字化，比如运转中机器设备的维护保养和安全监测都需要线下完成，这一定程度上降低了远程办公的普及度。未来工业机器人进一步普及，自动化水平进一步提升，物联网进一步完善，不排除实体企业也有实现数字化远程办公的可能。

三是缺乏远程办公配套管理制度的问题。居家远程办公往往面临更多的诱惑，但并不适合那些自律性较差与活泼好动的人，如家人琐事的打扰、无人监督的惰性、工作时间时长不规律等。如果雇主远程监控员工办公状态，又会涉及隐私等一系列问题。想要远程办公员工实现高效产出，不仅是考验人性，也是对企业管理者，以及管理制度的重大挑战。

总之，全面远程办公道阻且长，其在技术上和管理制度上都有很长的路要走，一是需要 VR、AR 或者全息影像技术消除远程沟通的疏离感；二是个别行业需要工业机器人和物联网技术的进一步发展，实现工作流程的全面数字化；最重要的一点是管理制度的进化，如何在避免过多干涉员工隐私的前提下，有效监督远程办公员工效率，需要企业从上层出发为远程办公量身打造对应的管理机制。

四、案例：远程办公可能拖累团队沟通效率？

远程办公其实并不是个新鲜的概念。早在 20 世纪 80 年代，IBM 为缓解总部主机拥堵问题，允许员工在家办公；到 2009 年，对于大部分公司而言，远程办公还只存在于概念中时，IBM 全球 38 万名员工已有 40% 实现在家工作，甚至被 IBM 收购的公司的员工完全不用迁往 IBM 的中心办公地工作。[5]IBM 官方数据声称，远程办公共节省了 700 多万平方米的办公空间和每年 1 亿美元的支出①。

无独有偶，雅虎和美国大型零售企业百思买也曾是远程办公的拥趸，雅虎员工甚至视远程办公为"最珍视的特权之一"。然而 2013 年雅虎和百思买陆续宣布放弃远程办公，要求公司所有员工回归传统的每周 40 小时、朝九晚五的工作形态。时任雅虎 CEO 玛丽莎·梅耶尔（Marissa Mayer）解释为"偶发

---

① IBM 公司采取远程办公可能有其他因素，IBM 本身是服务器和远程协同软件的佼佼者，以身作则推广远程办公可能是为了更好地推广相关业务。

的会议，乃至基于某单个事项的合作无法催生真正意义上的灵感和创新"。

2017年，远程办公的鼻祖IBM也正式废除远程办公，公司首席营销官米歇尔·培鲁索（Michelle Peluso）在一个企业内部视频中向整个营销事业群的同仁宣布：到现场办公，要么你选择走人（Move on site, or move out）。

为什么几家公司对远程办公的态度大幅度转向呢？从CEO的只言片语看，可能是员工之间物理距离可能会拖累整个团队的沟通和创新效率。对此，麻省理工教授托马斯·艾伦曾提出过著名的"艾伦曲线"。

1977年，艾伦在 Managing the Flow of Technology 一书中，提出人与人之间交流、协作的可能性或频率与两人之间的物理距离呈现出指数级下降的趋势，并总结形成"艾伦曲线"，如图4-5所示。通俗地讲，员工与工位相距2米以内同事的沟通频率，是跟20米以外同事的约4倍。该理论成型于20世纪80年代互联网出现之前，但即使是现代社会，网络拉近人们的物理距离，艾伦曲线仍然具有相关性和适用性。

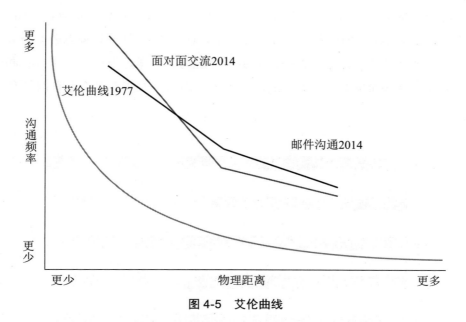

图4-5 艾伦曲线

资料来源：Managing the Flow of Technology（1977）[6]；Workspaces that Move People（2014）[7]；The Technology Workplace Webview；笔者整理

注：图片描述同事之间的距离与沟通频率的关系，包括网络沟通。

距离之间、地域之间、组织之间存在一道"无形的隔阂",人类目力、耳力有限,如果仅仅是线上交流,再清晰的摄像头也无法完全包含声调、语气、表情、动作等信息,隔阂因为这些被屏蔽的信息而放大,协作效率也无从谈起。

五、趋势:远程办公因行业而异、因人而异

长期的、完全远程办公实用性低。IBM、雅虎的远程办公实践案例已证明长期的、完全的线上办公影响沟通和创新效率,或许未来线上线下结合的办公形式会成为常态。2019 年 8 月,微软日本公司面向 2300 名正式员工试行"上四天休三天"的新工作制度,新制度施行后,劳动生产率与之前相比提高了39.9%。德国应用软件巨头企业 SAP 的数据显示,其员工在家中工作的时间占总工作时间的 26%,而有 79% 的员工认为远程工作可以改善他们的生活质量和工作质量。

我们这里统计了三类行业更适合远程办公:①IT、互联网企业。如图 4-6 所示,根据 LinkIn 2019 人才趋势报告统计,软件和 IT 行业远程办公率最高为 72%,程序员天然适合远程办公。②金融、咨询、翻译、设计、文案人员和网店客服等,这些岗位多是单兵作战,对于团队协同要求低,理论上有网络和通

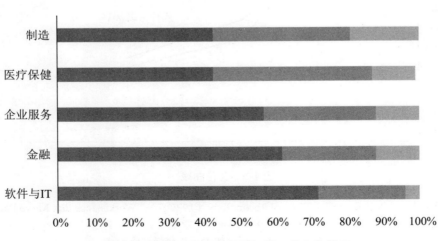

图 4-6 领英统计的各行业远程工作允许情况

资料来源:领英 2019 人才趋势报告

信就能办公。③记者和销售人员,这两个职位长期奔波在各地,或在新闻现场,或在客户地,对办公室的依赖程度低。同样地,远程办公也不适合所有行业。很多公司招聘中都会提到弹性工作制,但并非每个行业适用远程办公。最不适合远程办公的也有两类:①制造业工人和医生等工具依赖者;②餐饮、司机等场景服务工作者,前者工作实现依靠生产线、手术室等工具,后者背靠各种服务场景,都不可能远程办公,也不能随意改变工作日程安排。

　　此外,远程办公并不适合所有人,特别是自律性较差者。携程创始人梁建章与美国斯坦福大学商学院学者曾做过实验,[8] 将携程网的 225 名员工分为两组,一组在家办公,另一组在办公室工作,这些员工都是负责机票和酒店预订的客户代表,主要工作是回复电话、下订单、解决客户预订的问题。实验结果表明,9 个月时间里,"在家办公"提高了员工 13% 的绩效,员工具有更高的满意度,工作离职率下降 50%,同时每年每位在家办公的员工节省约 1.4 万元人民币成本。当然,实验样本集中在携程网一家公司的一个工种,不能代表所有远程办公者。疫情期间,经历了近期居家办公的人们,大多会有这样的感受:干扰因素太多,自己很难集中精力去完成工作,生活和工作没有了界限,有些人感叹"远程办公一周,要比上班一月还累",其实是自律能力差,导致工作时间因效率低下而延长。

[1] 秦越,余浩樑等. 平安好医生 (1833 HK)-19 年业绩实录及摘要:运营向好,疫情机遇. 中泰国际证券. [DB/OL]. http://www.ztsc.com.hk/upload/20200213/20200213171522979.pdf(最后访问日期:2021 年 6 月 14 日).

[2] 唐唯珂等. 专访腾讯医疗副总裁张猛:疫情再次激发资本热情互联网医疗不能靠短期催熟. 21 世纪经济网. [DB/OL]. http://www.21jingji.com/2020/9-16/zNMDEzODFfMTU5MTEzNQ.html.

[3] 聂丽丽,陈妍妍,李刚等. 基于应急机制的大型公立医院新型冠状病毒肺炎 (COVID-19) 在线问诊应用模式研究与效果评价 [J]. 中国医院,2020, 24(7):9-11.

[4] 郜若璇,徐思彦. 远程办公时代范式转换后的三大核心变革 [J]. 互联网经济,2020(03):68-73.

[5] 托马斯·史班达. 大公司为何放弃"远程办公"[J]. IT 经理世界，2017(22):66-67.

[6] Allen, T. J. Managing the flow of technology: Technology transfer and the dissemination of technological information within the R&D organization[M]. Cambridge, MA: MIT Press, 1997.

[7] Waber, B., Magnolfi, J., & Lindsay, G. Workspaces that move people[J]. Harvard Business Review, 2014(10), 68-77.

[8] Nicholas Bloom, James Liang, John Roberts, Zhichun Jenny Ying. Does Working from Home Work? Evidence from a Chinese Experiment [J]. The Quarterly Journal of Economics, 2015, 130(1).

第五章 **数字化重塑产业生态**

数字化技术的发展重构了生产要素体系。生产要素是社会生产经营中所需的各种生产资源,在农业经济社会中,农业技术、劳动力、土地组成生产要素组合;在工业经济社会中,除劳动力和土地之外,生产要素组合中增加了工业技术和资本;在数字经济中,数字技术和数据替代了工业技术和资本、劳动力、土地,组合成了新的生产要素组合。数字技术和产业的结合重构了经济社会的生产力,数字产业化和产业数字化也是数字经济发展的核心所在。

第一节 数字化治理催生城市大脑

数字化治理是建设现代治理体系的关键,是数字经济发展的重要保障。从治理主体来看,数字化治理将治理主体从分离的各个层级、各个部门转变为一个信息通畅的协同治理体系;从治理方式来看,数字化治理改变了过去"经验主义""主观判断"的模糊治理方式,转变为"精细管理""综合评判"的数字化治理；在治理手段上，大数据、云计算、人工智能使治理变得高效、准确。

一、数字化治理的内涵

要了解数字化治理的内涵，需要将数字化治理分开来看。数字化治理一词可拆分为数字化和治理两个部分，数字化即信息化，计算机通过0和1两个数字编码来传输和储存所有信息，文字、图像、声音等所有人类表达信息的方式都可以经过数字化处理转变成数字编码的形式。

何谓治理？《荀子·君道》中对于治理的内涵有过一段阐述："然后明分职，序事业，材技官能，莫不治理，则公道达而私门塞矣，公义明而私事息矣。"这句话的内涵其实是儒家关于治理的思想，有明公义、达公道的意思。《老子注·五章》中提到"天地任自然，无为无造，万物自相治理"，阐述了道家无为而治、道法自然的治理准则。在《辞海》中，对治理一词的其中一条释义是统治、管理。

数字化治理也可以说是数字化管理，数字化是手段、方法，治理是目的。数字化治理这一概念的出现是科技进步的结果。18世纪60年代，第一次工业革命到来，开创了机械替代劳动的时代，这一时期，古典经济学正在萌芽阶段。19世纪70年代，第二次工业革命到来，世界由"蒸汽时代"进入"电气时代"，这一时期，新古典经济学茁壮发展。20世纪四五十年代，第三次工业革命到来，电子计算机迅速发展，开辟了信息时代，这一时期，现代经济学百花齐放。

经济学的研究大多是围绕三个基本问题：第一是生产什么，这涉及如何配置资源的问题。第二是怎么生产，主要涉及对资源的利用效率。第三是为谁生产，涉及产品分配的问题。每一次科技的跨越式进步都带来生产力的飞跃和经济产业结构的变化，经济学界也随之跟进相关方面的研究，提出一些新颖的概念和观点。

21世纪初，这是利用信息化促进产业变革的时代，也可以说是第四次工业革命的时代。在这个高度数字化的时代，数字化治理的概念随着数字经济一起应运而生。

数字化治理的内涵本质上是一场社会管理体系的革命，数字化治理解决了传统社会管理的痛点——信息不对称。社会中普遍存在三个问题：第一是公权力滥用,主要表现在以权谋私、不作为等方面;第二是社会的各个领域仍存在较多的不公平现象;第三是社会诚信体系不完善。这些问题背后的共性就是信息不对称。公权力滥用是因为权力得不到监管,即便滥用职权也仅有当事人知情;不公平现象的背后是信息不公开;社会诚信体系不完善,是因为没有形成一套完善的个人诚信记录体系。数字化治理能够从根源上解决这些问题。

2018年的全国政策咨询系统干部研修班问卷调查显示,社会治理的关键点包括建设法治社会、公民素质的提升、公共服务的有效均等供给、社会主体的培育壮大四个方面。而社会治理的难点也体现在四个方面:第一是社会法制理论滞后、第二是政府治理能力的不饱和,第三是多元共治体系尚不完善,第四是化解社会矛盾的机制仍有欠缺。

二、数字化治理的发展及问题

数字化治理最突出的作用是能够有效解决城镇化过程中可能出现的各种问题。

《中华人民共和国国民经济和社会发展第十四个五年规划和2035年远景目标纲要》[1](下称"十四五"规划)中提到完善城镇化空间布局,其内容包括推动城市群一体化发展、建设现代化都市圈、优化提升超大特大城市中心城区功能、完善大中城市宜居宜业功能和推动以县城为重要载体的城镇化建设五个方面。

"十四五"规划对于完善城镇化空间布局的规划方面具有高度的连贯性。首先,战略格局方面,推动城市群一体化发展,全面形成"两横三纵"的城镇化战略格局,形成多中心、多层级、多节点的网格型城市群。其次,在建设现代化都市圈的同时优化提升超大特大型城市中心城区功能,培育发展一批同城化程度高的现代化都市圈,统筹兼顾经济、生活、生态、安全等多元需求,转变超大特大城市开发建设方式。再次,完善大中城市宜居宜业功能,充分利用综合成本较低的优势,主动承接超大特大城市产业转移和功能疏解。最后,推动以县城为重要载体的城镇化建设。

"十四五"规划从宏观层面的全国城镇化战略格局到具体层面的特大城市、

大中城市、县城的发展协同一应俱全。在顶层设计对我国城镇化布局的持续推进中，我国城镇化水平在改革开放以来已经得到了显著的提高。

经过多年的城镇化布局，我国城镇化水平已经接近发展中国家的头部区域。根据 2020 年第七次全国人口普查数据，我国 2020 年常住人口城镇化率已经达到 63.89%，较 2010 年提高 14.21%。[2] 推进城镇化进程在我国是一个持续进行的国家战略，对比世界主要发达国家的城镇化率水平，根据我国城镇化率水平和发展趋势，我国的城镇化率水平有望在第八次全国人口普查期间达到 70%以上。

城镇化率的提高以及特大超大城市的出现一方面体现了我国经济实力的增强，另一方面也暴露出特大超大城市的治理问题。随着近些年我国城镇化进程的迅速推进，城市发展出现"大城市化"趋势，同时也出现了"大城市病"这样的新名词。所谓"大城市病"，指的是大城市中由于人口过度膨胀导致的交通问题、住房问题、环境问题、资源问题。"大城市病"是各个国家城镇化进程中都出现过的问题。一般来说，大城市病是城市化进展到了一定阶段，城市人口的集中速度超过城市工业化和社会经济发展水平，因此大城市病也可以在一定程度上理解为某一时期的"过度城市化"。

大城市可能会出现"大城市病"的现象，但并非所有的大城市都会出现"大城市病"。"大城市病"的成因复杂，核心原因是城市快速扩张与社会经济发展之间的矛盾。社会经济的发展是一个螺旋式上升的过程，社会经济的发展有快也有慢，社会经济的发展不是一个匀速的过程，同时城市的扩张也不是一个匀速的过程，当城市进入一个扩张的高速期，而这一时期社会经济的发展速度相对较缓慢，导致城市规划、意识形态、基础设施建设等方面未能紧随城市扩张的结构，就很可能会出现上述的"大城市病"。

事实上，对于"大城市病"的问题在率先完成城镇化进程的西方国家已经有过相关的研究。20 世纪英国著名的城市学家埃比尼泽·霍华德在其 1898 年出版的书[3]中针对城市规模迅速膨胀导致的各类问题提出了解决方案，霍华德的解决方案主要包括三点：①疏散过多的城市人口，让居民重返农村；②结合城市和乡村的特点建设新型田园城市，让若干田园城市环绕中心城市，形成城市组群；③改革土地制度。

即便历史上已经有较多研究人员对于超大城市治理问题有了较为深刻的理

解,但在现实中由于超大特大型城市人口密度极大,再加上人口频繁的流动、治理体系的乏力,导致这些城市在面对一些突发性的风险事件时显得不堪一击。例如,全球范围性大流行疾病这一类事件的出现,显现出现代城市社会治理的缺陷,部分国家特大城市的治理体系更是在这一类突发性的公共卫生事件中显得千疮百孔、毫无作用。

我国"十四五"规划中提出完善城镇化空间布局的同时也提到了全面提升城市品质。全面提升城市品质的内核包括四方面内容:转变城市发展方式、推进新型城市建设、提升城市治理水平、完善住房市场体系和住房保障体系。

关于提升城市治理水平的部分,"十四五"规划中提到四个方面的要求:一是推进市域社会治理现代化,二是改革完善城市管理体制,三是加快建设现代社区,四是运用数字技术推动城市管理手段、管理模式、管理理念创新。解读"十四五"规划对于提升城市品质的内在要求,其中非常重要的一点就是提升城市的治理水平,而提升城市的治理水平关键词是"现代化"和"创新","现代化"和"创新"的内核即是数字化治理。

事实上,"十四五"规划中之所以提到提高城市治理水平,也对应我国发展的实际情况。自我国改革开放以来,社会经济迅速,社会人口流动较多。根据全国人口普查数据,1982年,全国城镇人口仅21082万人,2020年,全国城镇人口已经增至90199万人。数以亿计的农村人口向城镇迁移,成为常住城镇人口,加上由于经济发展较快使得社会上各个群体之间的贫富差距拉大,阶层分化明显,使得社会治理的难度呈指数级增加。因此,提升地方政府的社会治理能力,充分解决社会矛盾,保障社会经济的有序发展成为近几十年来一个重要的研究方向。"十四五"规划中对于提高城市治理水平的规划要求也是顺应我国社会发展过程中的内在需要。

我国对于数字化治理的发展方式已经有了较多的创新探索,其中最突出的是全国普遍推广的网格化社会治理系统。网格化治理,顾名思义,是一种网格式的治理模式,是指依托城市管理的数字化平台,将城市管理辖区按照一定的标准划分成为单元网格进行管理。数字技术的优势是对信息的高效处理,能够将人力需要处理几天甚至是几个月的庞大信息在几分钟内完成初步的处理,并得到一个初步的结论。就传统的治理方式而言,单纯的人力难以将社会治理细致到单元网格的程度,在社会治理中往往存在很多覆盖不足的

"真空地带"。网格化治理对数字技术的高效利用解决了传统治理中的问题。网格化治理不仅通过数字技术加强了对于单元网格的管理，还建立了一套监督和处置分离的机制，使得处置结果能够更加公平公正。2004年，北京东城区首创了网格化管理新模式，运用数字技术，实行城市部件管理和万米单元网格管理相结合的方法，通过建立数字化管理平台，对网格内发生的事情实现了精准、高效的精细化管理。

网格化治理的创新之处有三个方面。一是从多头治理到精细化治理。网格化治理通过数字化手段完成了精细到单元网格的治理方式，实现了从粗犷式的分散多头管理到精细化的具体单元网格管理。二是闭环管理体系的建立。网格化治理对单元网格的划分将监管和治理步骤分离，建立了一套发现、立案、派遣、结案的闭环治理系统，完善了治理体系。三是从事后管理转变为事前管理。过去传统的治理方式通常是被动地应对问题，网格化治理的模型能够通过数字技术提前锁定可能发生的问题，将事后管理转变成事前管理。

网格化治理模式作为数字化治理的主要发展模式，在全国各个城市近些年的发展中已经取得了较为明显的成效。网格化治理对于维护社会基层秩序和推进政务服务便利发挥了重要作用。以广东佛山南海区网格化管理的实践为例，佛山南海区将该区划分为近千个单元网格，收集各个单元网格的实时数据，通过数字化平台统一处理民政、卫生、消防、安监、流动人口管理、人社、城管、环保、国土等涉及多个职能部门的问题。

三、数字化治理的发展趋势

数字化治理的主要发展方向就是城市大脑。所谓城市大脑，是指为城市治理打造的数字化界面。以杭州市城市大脑为例，杭州城市大脑起步于2016年4月，建设体系为"531"。"531"包含三部分内容，其中"5"即"五个一"：一张网、一朵云、一个库、一个中枢、一个大脑。"3"指"三个通"："第一通"是市、区、各部门互联互通，"第二通"是中枢、系统、场景互联互通，"第三通"是政府与市场互联互通。"1"即"一个新的城市基础设施"。杭州城市大脑架构分明，"531"中"1"是城市大脑的运作基础，一个完善的数字化基础设施之于城市大脑就类似于交通网络之于经济发展，要推进城市大脑式的数值化治理方式,数字化基础设施是最基本也是最重要的保障。"3"是城市大脑的核心纲领,即互联互通,在数字化治理的推进中,数据孤岛是一个需要长期克服的问题,"3"实质上就是一条解决数据孤岛问题的纲领,数据信息的互通能够真正意义上让数字化治理催生出一个迅捷高效的城市大脑。"5"是城市大脑能够顺畅运行的关键器官,是必不可少的一部分。以"1"为保障,"3"为纲领,"5"为支撑,城市大脑才能完整地实现其数字化治理的功能。

数字化治理的发展是建设服务型政府的重要方式。数字化治理的改革始于政务,雏形是"互联网+政务"。1999年以来,我国开始探索政务服务中心一站式办公的发展模式。2011年,中共中央办公厅、国务院办公厅印发了《关于深化政务公开加强政务服务的意见》[4],文中提到服务中心是实施政务公开、加强政务服务的重要平台。在这之后,政务服务中心的建设成为我国政府改革的一个重点方向。数字技术和政府治理的结合将变革政务服务中心的发展模式,重构社会治理体系。

城市大脑能够有效解决决策者在社会治理中遇到的问题。决策者在社会治理问题的决策中往往面临着信息不充分、权责不清、协调不足的情况,要利用数字技术为决策者的决策赋能至少需要解决三方面的问题:一是信息足够充分。决策者需要获取足够充分的信息,才能够在已有信息的基础上做出合理的决策,也就是说信息孤岛的问题需要得到解决。二是各部门能够信息共享,互联互通。这意味着各个层级和部门之间存在的推诿责任、渠道不同的情况需要得到解决。三是存在一个统筹各方面行动的平台。当需要多个政府部门配合行动时,一个能统筹各方面行动的平台能够有效地提高行动效率。

大数据、云计算、区块链、人工智能等新一代数字技术的发展正对社会经济的发展产生着深远的影响,现有的社会形态和秩序在新生的数字技术的推动下不断重塑,与此相伴随的治理变革正在进行。城市既是孕育新技术的场所,自身治理也面临着技术挑战。北京、上海等城市已经开始探索数字技术与社会治理的深度结合。用数字化手段解决城市治理问题将成为各大城市的长期课题,城市大脑的发展模式也将成为各个城市未来数字化治理的主要发展方向。

第二节 高效集约的产业互联网

一、产业互联网的内涵

产业互联网与消费互联网的概念相对应,消费互联网是商家通过面向互联网的渠道向消费者提供服务,产业互联网则是产业链条上下游的企业之间通过互联网的渠道实现协同。

消费互联网起步于我国互联网发展浪潮的初期,经过二十多年的发展,消费互联网已经与社会经济、个人消费密不可分,普通百姓的生活也因为消费互联网的快速发展迎来了巨大的变革。与此同时,经过了多年的发展,互联网人口红利逐渐消失,消费互联网市场从高增长市场转变为平稳增长的市场,产业链的有效供给不足成为制约消费互联网发展的障碍,产业互联网在这一背景下应运而生。

产业互联网的形成是随着现代供应链的出现而发展的。进入 21 世纪,大数据、云计算技术的突破为物联网和人工智能应用的普及提供了充足的养分。互联网对经济的影响在新技术的缓步推进之下已经不再仅限于消费领域,新技术的应用逐渐向各行业产业中渗透,制造行业、医药生物行业、家电行业等诸多行业已经不仅仅将数字技术运用于下游消费端,而是将数字经济运用于行业发展的全流程。

综合来看,产业互联网和过去的消费互联网的差别较大。第一,两者用户主体不同。消费互联网的主体包括市场中的消费者和出售商品的商户。产业互联网的主体是产业链上不同的生产者,生产者们通过产业互联网在交易、融资等环节大幅提高了效率,降低了成本。第二,发展动力不同。消费互联网的发展动力是我国经济高速增长的背景之下,消费者对于消费需求的升级。消费互联网的发展满足了市场上的消费者对消费服务升级的内在需求,因此得以迅速发展。产业互联网的发展动力来自各个行业内的中游、上游企业对于减少成本、提高利润率的内在需求。第三,发展目标不同。消费互联网的发展目标是尽可能挖掘消费者的潜在消费需求,在改善消费者消费体验的过程中挖掘潜在的消费市场。产业互联网的发展目标是为了解决供需错配和交易效率问题,最终形成现代化的供应链体系。

产业互联网是技术创新、模式创新、逻辑创新等多维度创新成果相融的产物。技术创新方面,产业互联网的建设采用了大数据、云计算、物联网、人工智能等新一代信息技术创新手段。模式创新方面,产业互联网的模式创新包含了技术模式、商业模式、服务模式、应用模式、融资模式、管理模式、经营模式等创新。产业互联网运用互联网思维的商业模式,分享经济、平台经济在产业互联网中成为主流,线上线下等新商业模式正日趋成熟。逻辑创新方面,产业互联网突破了消费互联网中以消费者为中心的逻辑,形成了以生产者为中心的逻辑体系。

二、产业互联网的发展和问题

产业互联网的发展是消费互联网之后新的发展趋势,是刺激经济增长的一个新的驱动力,因此,近些年来我国陆续出台了与产业互联网相关的政策。2017年10月,国务院办公厅印发的《关于积极推进供应链创新与应用的指导意见》(以下简称《指导意见》)[5]中提及了对供应链创新发展的全面部署。文中提到了六个方面的重要任务:一是推进农村一二三产业融合发展,二是促进制造协同化、服务化、智能化,三是提高流通现代化水平,四是积极稳妥发展供应链金融,五是积极倡导绿色供应链,六是努力构建全球供应链。《指导意见》中还提到提升产业集成和协同水平,打造大数据支撑、网络化共享、智能化协作的智慧供应链体系的指导思想。

事实上,产业互联网的快速发展一方面是随着大数据、云计算、物联网等技术的突破解决了产业互联网发展上的技术难点,另一方面也是因为产业互联网解决了诸多产业链条上企业的痛点,越来越多的产业领域加入了产业互联网的框架之中,如高端制造、交通运输等。

产业互联网的发展离不开供应链物流和供应链金融的助力。供应链物流是传统物流的互联网化,也是保障产业互联网通畅运作的血脉。传统物流指在产品出厂后的包装、运输、装卸、存储,只关注于让产品能够到达指定地址,整个物流过程粗犷而低效。供应链物流的出现使整个物流过程变得精细化、智能化。一方面,供应链物流采用大数据、边缘计算、云计算等数字技术实时分析物流状态，测算并制定最优的物流过程，指导实际的物流进程。供应链物流的发展大幅提高了物流过程的效率，减少了传统物流大量存在的无效物流和冗余物流。另一方面，物流和物联网的结合推动了物流智能化的进程，提高了物流管理的效率，促进产业链中信息的无缝传递，推动产业链一体化发展。

产业互联网的发展离不开供应链金融的支持。供应链金融是在传统金融+互联网的基础上发展起来的，产业互联网对产业链的价值重构离不开金融服务的支持。在供应链金融中，银行通过对新型数字化技术的应用把控整个产业供应链的数据流、商流、物流、资金流，将单个企业不可控的信贷风险转变成产业供应链整体的可控风险。供应链金融的发展一方面为银行业务开辟了新通道；另一方面也为产业链上下游的企业提供了更多的融资渠道，从而促进了产业互联网的发展。

产业互联网的发展重塑了各个产业的价值创造模式，改变了产业链原有的发展方式。产业互联网对全产业链业务活动的变革体现在三个方面：首先是对大数据、云计算、人工智能技术的应用助推产业的智能化转型，促进智能产业生态的发展，同时对物联网技术的应用推进了产业工艺流程的改进和智能制造的发展。其次是生产供给能够精确匹配少数需求。产业互联网的发展使得产业链中的企业能够对接个性化的需求，一方面可以减少产业中多数需求的供过于求，另一方面也能够满足产业中少数需求的供不应求。最后是产业链各环节的紧密协同。产业链的各环节通过产业互联网紧密协同，促进生产、质量控制和运营管理系统全面互联，同时也能促进创新资源、生产能力、市场需求的集聚与对接，提高产业链资源整合能力。

三、产业互联网的发展趋势

21世纪的前二十年，消费互联网是互联网最主要的应用场景，消费互联网已经覆盖了人们的衣食住行等日常消费需求，不过随着互联网人口红利的结束，消费互联网的发展已经从初期的高增长期进入稳增长阶段。随着我国"互联网+"战略进入纵深阶段，产业互联网正在成为我国互联网应用场景中的关键组成部分。

在产业互联网的发展中，制造业领域、农业领域、交通运输领域、文化领域成为产业互联网发展的重点领域。

制造业领域,产业互联网改变了产业上下游的生产方式,重构了产业价值链。2015年5月,国务院印发了《中国制造2025》[6],这是一份部署全面推进我国实施制造强国的战略文件。《中国制造2025》的目标是让中国制造从中国创造、中国速度向中国质量、中国产品、中国品牌转变,使我国在2025年迈入制造强国的行列。我国目前正处于从制造大国向制造强国的转型阶段,产业互联网的发展将成为我国迈入制造强国行列的关键一步。产业互联网对制造业领域的变革体现在三个方面:首先是制造业研发模式的变革。产业互联网打通了产业链中上游到消费端的通道,研发和消费者需求直接对接,研发模式从封闭转向开放,生产商能够优化研发生产资源的配置,生产商能够最大程度地产生有效供给,弥补消费市场中的缺口。其次是制造业生产模式的变革。产业互联网的发展改变了过去制造业中大规模标准化生产的模式,制造业的生产向智能化转型,柔性定制生产模式的占比快速提升,逐渐成为制造业的主要生产模式。最后是制造业组织模式的变革。随着产业互联网的发展,制造业企业为了更快影响市场需求,将组织架构扁平化、网络化,以更好地提高企业效率。

农业领域,产业互联网改变了产业各个环节的价值创造方式。传统农业产业存在较多的问题,如供需错配、农产品销售困难等问题。产业互联网在农业领域的应用打破了传统农业原有的发展模式,拓宽了与农业生产相关企业的发展边界,形成了一体化农业产业格局新产业链条。例如,北大农集团的"猪联网",能够为产业链下游的养猪户提供饲料、疫苗、动保、技术培训、专家指导等全方位的综合服务。

交通运输领域,产业互联网颠覆了传统交通运输行业的发展模式。产业互联网对交通运输领域的变革体现在两个方面:一方面是居民出行方式的变革,居民出行的实时需求与交通运输行业的供给匹配,传统交通运输行业向现代服务业转型升级;另一方面是交通物流方式的变革,产业互联网打通了物流运输上下游的沟通渠道,覆盖了物流运输订单、运输、交付、清算的整个流程,减少了无效物流和冗余物流的情况,大幅提高了物流运输的效率和服务质量。

文化领域,产业互联网改变了传统文化产业格局。产业互联网在文化产业的应用,拓展了文化产业的价值链,互联网与文化产业融合推动文化产业运营模式创新,提升了文化资源整合效率和精准营销能力,促成了文化产业链的开放融合。

产业互联网对实体产业的赋能远不止上述四个产业领域,党的十九大报告中提到推动互联网、大数据、人工智能和实体经济深度融合,支持传统产业优化升级。产业互联网的发展对于推动产业优化升级的成效斐然,在旅游、能源、环保、教育、医疗等领域都展现出广阔的前景,产业互联网的推进正为实体经济的发展注入了新的动能。

第三节 数字化推动传统产业腾笼换鸟

2020年,我国产业数字化增加值约31.7万亿元,占GDP比重为31.2%。产业数字化的发展赋能实体经济,使各个传统产业发生深刻变革。大数据、云计算、人工智能等前沿数字技术与各个传统产业深度融合不仅使传统产业腾笼换鸟,更成为经济发展的新动能。

一、数字化推动传统产业转型的内涵

进入21世纪,智能化时代到来,大数据、云计算、物联网、人工智能、区块链等新一代数字技术蓬勃发展,数字经济正在成为全球经济增长的新动能。根据中国信息通信研究院发布的《全球数字经济新图景(2020年)——大变局下的可持续发展新动能》[7]数据,2019年全球数字经济规模已经达到31.8万亿美元,占当年全球GDP的41.5%。2019年全球名义GDP增速3.1%,而数字经济增速达到5.4%。数字经济已然成为全球经济发展的重要组成部分和驱动力。

数字经济规模的快速扩张为传统产业的转型发展带来了新的机会。传统产业和数字化的结合,可以概括为产业数字化,产业数字化是数字经济发展的主要方向,指传统产业运用前沿的数字化技术改造传统产业,实现生产效率和生产规模的提升。传统产业运用数字化技术之后新增的经济产出部分是数字经济的重要组成成分。

中国信通院发布的《中国数字经济发展白皮书(2021)》[8]显示,2005

年至 2020 年，中国数字经济增加值规模从 2.6 万亿元增加至 39.2 万亿元，占 GDP 的比重从 14.2% 升至 38.6%。2020 年产业数字化增加值规模达到 31.7 万亿元，同比增长 10.1%，2020 年的产业数字化增加规模占数字经济规模的比重从 2005 年的 49.1% 提升至 81%。数字经济的发展在为传统产业转型升级带来机会的同时，传统产业的数字化转型也成为数字经济蓬勃发展的主要动力。

数字经济的发展是数字产业化拉动产业数字化的发展模式。中国信通院发布的《中国数字经济发展白皮书（2021）》对中国数字经济规模的核算分成数字产业化和产业数字化两个部分。数字产业化是数字技术的产业化，包括但不限于大数据、云计算、5G、集成电路、软件、人工智能。数字产业化是数字经济的先行者，为产业数字化的发展提供技术、服务和解决方案。产业数字化是各个传统产业与数字技术的融合，技术的升级带来生产效率和规模效应的提升。产业数字化立足于实体经济各个传统产业，以前沿的数字技术赋能传统产业，形成了数字经济发展的主阵地。数字化技术产业化，赋能传统产业，并推动传统产业的数字化转型升级。

数字技术在各个产业领域的应用，改变了原有的产业格局，变革了原有的商业逻辑。传统产业数字化转型带来了生产效率和协同方式的变革。首先，产业数字化提高了产业内各个公司在业务流程、业务沟通的效率。波士顿咨询公司对超过 100 家实施数字化转型的公司 2002 年至 2016 年的数据进行分析，结果显示这些公司经过数字化转型后，在业务流程、业务沟通方面的效率提高了 50%～350%。其次，产业数字化提高了产业的生产效率，传统产业数字化后，技术的升级使企业在数据获取、分析方面的能力增强，创新力强的企业将表现为更积极的姿态。最后，产业数字化改善了产业中存在的供需错配问题。产业数字化转型后，企业通过数据挖掘能够实时分析产业链中的数据，按需分配、个性化定制企业产能，改善产业价值链中的低效和冗余环节。

二、数字化推动传统产业转型的发展和问题

党的十九大报告中提出我国社会的主要矛盾已经转化为人民日益增长的美好生活需要和不平衡不充分的发展之间的矛盾。落后的社会生产作为我国社会

发展中的主要矛盾长期存在，经过改革开放四十多年的发展之后，我国逐渐建立起完整的工业体系，社会生产力得到极大的提升，"不平衡不充分的发展"已经替代"落后的社会生产"成为我国社会发展中的核心问题。之所以是"不平衡不充分的发展"，原因有多方面，包括发展质量和效益还不高，创新能力不够强，实体经济水平有待提高，民生领域还有不少短板，生态环境保护任重道远等。

对于"不平衡不充分的发展"这一问题，传统产业数字化转型是部分解。传统产业通过数字化转型提高了生产效率，改善了供需错配问题，打通了产业中上游和居民之间的通道，在一定程度上解决了产业发展质量和效益不高以及群众在就业、教育、医疗等行业面临的部分问题。

产业的数字化转型就是在产业升级的过程，产业数字化转型带来的经济效益甚至可能超过其本身的产业价值。为促进数字化时代背景下的产业转型升级，我国先后出台了《中国制造2025》《国家信息化发展战略纲要》[9]等一系列文件。中国制造2025的整体规划可以概括为"一二三四五五十"："一"是一个目标；"二"是信息化和工业化两化融合发展来实现目标；"三"是三步走的战略；"四"是四条原则；"五五"包含两个"五"，一个是五条方针，一个是五大工程；"十"是十个重点领域。整个规划中，"二"中的信息化，"五"中的结构优化和智能制造工程，"十"中的新一代信息技术产业都与产业的数字化转型升级息息相关。产业数字化转型已经成为我国迈入制造强国的一个重要驱动力。

埃森哲和国家工业经济发展研究中心合作发布的《2020中国企业数字转型指数研究》[10]对我国数字转型的情况进行了综合的评估。埃森哲从智能运营、主营增长、商业创新三个方面构建了中国企业的数字化转型指数。数据显示，2020年中国企业数字化转型平均成绩为50分，较2019年提高了5分，转型领军者占比达到11%，较2019年提高了2%。在2020年初，新冠肺炎疫情暴发之后，中国企业的数字化转型步入快车道。在疫情背景下，80%的企业开展了远程办公、远程会议，63%的企业强化线上渠道，53%的企业提供线上服务，50%的企业开展员工在线培训。根据国际数据公司（IDC）的调查结果，截至2018年，中国排名前1000名的大企业中，超过70%的企业都将其核心战略定位为实现数字化转型。

三、数字化推动传统产业转型的发展趋势

2014年以来,我国经济增长调速换挡,在经济增速边际递减的同时面临着"产能过剩"和"供给缺口"的供需结构性问题,推动产业升级是迫在眉睫的现实问题。面对数字技术的发展所带来的机遇,通过数字化转型赋能产业组织升级,推动产业高质量发展的战略转型模式成为传统产业的发展趋势。

传统产业的数字化转型在提升了产业效率的同时也改变了传统产业的竞争格局,为我国产业结构的变革提供了一个新的方向。传统产业数字化转型的过程中,产业内部的生产要素加速流动、产业效率提升、产业内部的竞争格局被重塑。传统产业的数字化转型始于产业内单一企业的数字化转型,止于全产业的数字化。产业数字化转型升级的本质一方面在于提高了产业内企业的生产力,另一方面则是激发了传统产业的活力。传统产业的数字化转型升级包括四个方面的体现形式:实现以用户价值为导向、提高全要素生产率、增加产品的附加价值和促进现代产业体系的培育。

(一)产业数字化转型将实现以用户价值为导向

传统的产业普遍以供给侧为导向,随着产业数字化转型的推进,企业经营的中心将从供给端转向需求端,传统产业中纯粹的大规模量产模式将转变为统一规模化生产和个性化定制生产并行的模式。产业的数字化转型打通了从生产企业到消费端、用户端之间的渠道,企业能够根据消费端、用户端的价值需要调度生产要素和生产活动的开展,降低了传统营运成本,减少了冗余库存现象。传统产业的数字化转型连通了供给端到需求端的同时,也通过需求端倒逼供给端的变革,促进产业的升级。

(二)产业数字化转型能够提高全要素生产率

传统产业的数字化转型能够显著提升全要素生产率,在前沿的数字化技术的助推下,土地、资本、劳动等传统的生产要素能够准确迅速地转向高效创造价值的区域,并且实时追踪产业数据,在产业价值区域发生变化之后,对生产要素进行重新分配。作为核心生产要素,数据在驱动产业效率提升的同时,优化了传统生产要素的配置,提高了全要素生产率。

（三）产业数字化转型增加产品的附加价值

数字化转型打通了消费者和生产企业间的连接，促进了两者的共创体验。消费者与生产企业互动频率的提高使得生产企业更易于把控消费者的需求趋势，企业在与消费者互动的过程中也能对应消费者的需求情况增加产品的附加价值。数字化转型推动了制造业服务化以及现代制造服务业的发展，对于产业结构的调整和增强制造业自主创新能力都具有重要意义。

（四）产业数字化转型将促进现代产业体系的培育

数字化转型对传统产业结构升级的推动有助于提升我国企业在国际市场中的竞争力，加强创新能力开放合作。长期以来，我国的多数产业在全球价值链中一直处于中低端区域，缺乏足够的国际竞争力。长期以来，处于全球价值链中高端区域的发达国家在核心技术方面的壁垒是我国绝大多数企业难以逾越的鸿沟。当下，随着大数据、云计算、区块链、人工智能等新一代数字技术和传统产业的结合，全球价值链正发生着深刻的变化。我国企业应该把握新一轮科技革命带来的机遇，利用数字化连接整合全球资源，发展数字化业务以及重大技术，加快数字技术在现实场景中的商业化应用，推动产业合作网络、产业链与价值链的创新组合，建立新的比较优势，实现产业发展的乘数效应。

第四节 塑造坚不可摧的数字化供应链

数字化供应链实质上就是传统供应链的数字化转型升级。传统供应链的转型升级首先须经历供应链内部企业的数字化转型，打破企业内流程数据孤岛；随后须打破企业间的数据孤岛，实现供应链企业之间的互联网化；最后须打破产业链数据孤岛，实现产业链的数字化转型升级。

一、数字化供应链的内涵

对于供应链的研究由来已久，美国全国采购管理协会编撰的手册中将供应链定义为由多个组织整合的联合体。英国的马丁·克里斯托弗将供应链定义为诸多组织形成的网络。事实上,供应链的概念可以定义为一条由上下游多个存在产品采购、销售需要的企业组成的长链。对于供应链中的一家企业而言,它购买商品和服务的公司属于它的上游,它出售商品和服务的公司属于它的下游。

数字化供应链本质上是对传统供应链的数字化转型升级。传统供应链向数字化供应链的转型首先是供应链中企业的信息化,其次是各个供应链企业之间的互联网化,最后是整个供应链的数字化。企业内流程孤岛、企业间孤岛、产业链孤岛,是供应链数字化转型要跨越的三座孤岛,并且只能从前到后逐步跨越,这也是传统供应链向数字化供应链转型的必经之路。

二、数字化供应链的发展趋势

第四次工业革命的关键词是智能化,大数据、云计算、物联网、人工智能、区块链等数字化技术掀起的革新浪潮正在从根本上改变产业链、价值链、资产链,以供给为核心的规模化生产模式逐渐转变为以需求为核心的个人定制与规模生产并行的生产模式,全球制造业的根本规则正在被数字技术改写。集合了物联网、云计算、大数据、人工智能等数字技术的数字化供应链的发展是推动这种变革的主干力量。不同企业都在摸索自身的数字化转型之路。产业互联网是企业数字化转型的赋能者。产业互联网的数字化能力对企业价值链的各个环节有不同的提升,甚至能够创造新的价值、产生新的业态,从而保持企业竞争优势。

大量研究表明,产业的数字化转型成功的关键是供应链的数字化转型,这也意味着产业中所有企业的数字化转型成功。董明关于数字化提升对价值链各段影响的文章指出,供应链数字化水平的提升有望提高客户满意度达30%～50%,缩短设计和工程前置时间达20%～50%,降低库存持有成本达20%～50%,降低采购成本达3%～10%,降低生产成本达20%～40%,提高人员生产效率达20%～50%,降低物流成本达10%～30%,降低售后维护成本达10%～40%,如图5-1所示。

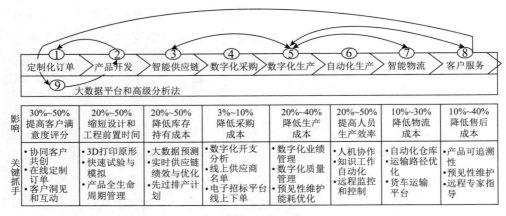

图 5-1 数字化提升对价值链各部分的影响 [11]

产业互联网是推动产业数字化转型升级的中坚力量，与产业供应链深度结合，集成供应链管理数字技术，对供应链数字化转型赋能非常重要。转型智能制造的企业仍然使用传统的供应链管理技术是不可想象的。传统制造业企业数字化转型战略的最终目的在于实现智能制造和服务，这也要求其供应链战略必须完成数字化转型，两者的完全匹配才能保证企业数字化转型战略的成功。

[1] 中华人民共和国中央人民政府. 中华人民共和国国民经济和社会发展第十四个五年规划和2035年远景目标纲要 [EB/OL]. http://www.gov.cn/xinwen/2021-03/13/content_5592681.htm, 2021-03-13.

[2] 国家统计局. 第七次全国人口普查公报 [EB/OL]. http://www.stats.gov.cn/ztjc/zdtjgz/zgrkpc/dqcrkpc/.

[3] 埃比尼泽·霍华德. 明日——真正改革的和平之路 [M]. 北京：中国建筑工业出版社，2020.

[4] 中共中央办公厅，国务院办公厅. 关于深化政务公开加强政务服务的意见 [EB/OL]. http://www.gov.cn/govweb/gongbao/content/2011/content_1927031.htm, 2011-06-08.

[5] 国务院办公厅. 国务院办公厅. 关于积极推进供应链创新与应用的指导意见 [EB/OL]. http://www.gov.cn/zhengce/content/2017-10/13/content_5231524.htm, 2017-10-13.

[6] 国务院. 中国制造 2025[EB/OL]. http://www.gov.cn/zhengce/content/2015-05/19/content_9784.

htm, 2015-05-08.

[7] 中国信息通信研究院. 全球数字经济新图景（2020 年）——大变局下的可持续发展新动能 [R]. 北京：中国信息通信研究院，2020-10.

[8] 中国信息通信研究院. 中国数字经济发展白皮书（2021）[R]. 北京：中国信息通信研究院，2021.

[9] 中共中央办公厅，国务院办公厅. 国家信息化发展战略纲要 [EB/OL]. http://www.gov.cn/xinwen/2016-07/27/content_5095336.htm, 2016-07-27.

[10] 埃森哲，2020 中国企业数字转型指数研究 [EB/OL] https://www.accenture.com/cn-zh/insights/consulting/china-digital-maturity-index, 2020.

[11] 董明. 数字化关键要看供应链 [EB/OL].https://www.sohu.com/a/219452317_372988.

第六章 数字化推动创业创新的深度实现

第一节 灵活用工优化劳动力供求关系

一、灵活用工的范畴

灵活用工和灵活就业其实是就业市场的一体两面,前者针对的主体是劳动力需求方——企业,后者针对的主体是劳动力供给方——劳动者。在数字经济和平台经济高速发展的过程中,灵活用工模式所具有的高效、灵活、低成本的用工特点恰恰迎合了新业态的发展需求,已成为餐饮、物流、互联网、金融等诸多行业数字化转型过程中所广泛接受的新型用工模式。

2020年初突发的新冠肺炎疫情意外激发了灵活用工的模式创新。为抗击新冠肺炎疫情,普通居民均尽量减少外出和流动,导致传统线下餐饮行业遭遇"寒冬"。而与此形成鲜明对比的是,以盒马鲜生为代表的新零售企业的线上订单却呈爆发式增长并出现用工短缺。随后盒马鲜生宣布联手云海肴、西贝等传统餐饮企业开启了灵活用工的新形式——共享员工模式,鼓励赋闲待业的餐饮行业员工临时加入订单激增的新零售企业。"共享员工"模式作为灵活用工的模式之一，在疫情期间有效调节了局部劳动力供求不平衡的矛盾。[1]

目前，法律层面、政策层面以及学术界都没有对"灵活用工"给出一个统一的范畴界定。本书采用是否有专门法律进行规范，以及相关规定是法律中的一般规定还是特别规定的标准来对目前社会上已有的用工关系进行分类，则可大致归为三类用工关系。[2]

第一大类，可称为标准劳动关系，即《中华人民共和国劳动合同法》（以下简称《劳动合同法》）中除第五章"特别规定"以外一般意义上所指的劳动合同用工。《劳动合同法》第六十六条规定："劳动合同用工是我国的企业基本用工形式。"《劳动合同法》对标准劳动关系所指的劳动合同用工的合同订立、履行、变更、解除和终止等内容都作出了较为详尽的规定。按照劳动合同约定，劳动者在遵守用人单位规章制度的前提下完成工作任务，用人单位直接向劳动者支付劳动报酬，体现出劳动者与用人单位之间存在的人身依附关系和经济依赖关系。

第二大类，可称为非标准劳动关系，即《劳动合同法》第五章"特别规定"所规范的"劳务派遣"和"非全日制用工"这两种劳动关系。

劳务派遣是一种涉及劳动者、用人单位和用工单位的三方劳动关系，劳务派遣单位（用人单位）应当与劳动者订立二年以上的固定期限劳动合同，劳务派遣单位与实际用工单位订立劳务派遣协议，劳务派遣单位应当将劳务派遣协议的内容告知被派遣的劳动者。《劳动合同法》第六十六条规定："劳务派遣用工是补充形式，只能在临时性、辅助性或者替代性的工作岗位上实施。"

非全日制用工是相对全日制劳动关系而言的，具有立约灵活的特点。劳动者可同时与多个用人单位签订非全日制的劳动合同，工作时间短，用人单位只须为劳动者缴纳工伤保险，双方可随时终止劳动关系。

第三大类，是指除上述两类劳动关系以外的所有用工关系，本书将第三类用工关系统称为灵活用工关系。例如，常见的顾问、实习、业务外包、退休返聘等用工模式，以及新出现的由第三方灵活用工平台作为信息撮合方而形成的三方灵活用工模式。之前常见的灵活用工模式一般由劳务需求方和劳务提供者两方构成,而三方灵活用工模式顾名思义则涉及三方当事人:一是有劳务需求的企业(即发包方),二是专门提供信息撮合业务的第三方灵活用工平台公司(即灵工平台),三是在平台注册为用户并最终提供劳务的就业者(即接活方)。但第三大类用工关系均体现的是平等民事主体之间的合作关系,而非《劳动合同法》中所规范的劳动关系,故而涉及本文所指的第三类用工关系都是由《民法典》所规范调整的。

二、灵活用工在国外的发展

美国的灵活用工模式发展于20世纪70年代前后,在20世纪90年代之后进入快速发展时期。20世纪70年代,美国失业率高涨,固定工资增长速度不及通货膨胀增长,迫使人们将目光转向更为灵活变通的灵活用工方式以增加收入来源。到了20世纪80年代,美国政府意识到灵活用工行业不只是可以发挥"失业减震器"的作用,而且可以在经济发展中持续发挥作用,因此美国政府开始逐步完善相关法律,为之后灵活用工模式的快速发展提供了制度保障。进入20世纪90年代,美国制造业和服务业开始复苏,劳动自由化的思想逐渐在蓝领和白领阶层散播,商业企业也意识到灵工服务的重要战略意义,美国灵工行业迎来了爆炸式增长时期。

欧洲的灵活用工模式同样在20世纪70年代迎来发展。当时的欧洲出现了经济滞胀和大规模失业,欧洲多个国家为降低失业率而放松了对工资、工作时间和就业保护的限制,以此改善劳动力市场的僵化,恢复了劳动力市场的活力,缓解了欧洲国家的失业压力。随后,欧洲国家进一步放开对各种灵活用工模式的限制,使欧洲的灵活用工模式得到了长期发展。

日本的灵活用工模式由美国公司在20世纪60年代率先引进,之后日本的两次修法极大地促进了以劳务派遣为代表的灵活用工模式的长期发展。在20世纪60年代中期,随着日本外贸的迅速发展和外企的陆续进入,形成了对打字员、话务员、翻译员等专业人才的供需缺口。1966年,美国万宝盛华人才公司率先在日本成立了具有劳务派遣性质的人力公司,之后多家美国公司跟进。但当时日本施行的《职业安定法》明确禁止有偿职业介绍,这类公司只能以"业务承包者"的名义存在。直到1985年,《劳动者派遣法》首次对灵活用工的就业体制在法律上进行了局部合法化，使当时的日本人才公司终于摘掉了"承包"的幌子，正式以劳务派遣的名义从事有限的商业运作。1999年，《确保劳动者派遣业合理运行及改善劳动者就业条件的法律》（即《劳动者派遣法》修改案）首次对灵活用工进行了全面合法化。1999年之后，日本的灵活用工开始真正繁荣发展，并催生了Recruit、Persol等灵活用工龙头企业。[3]

三、灵活用工在中国的发展

在改革开放后的20世纪80年代，我国正在从计划经济体制向市场经济体制转轨，诸如劳务派遣、临时工、小时工等灵活用工形式在我国重新开始萌芽，但彼时的法律法规对新型用工关系和就业形式的规范尚未完善。2008年，我国正式施行的《劳动合同法》首次辟专节明确了劳务派遣和非全日制用工的合法地位和权利义务关系，首次突破了全日制劳动合同关系的单一劳动模式，为后来进一步探索和发展第三类灵活用工模式奠定了创新基础。

灵活用工模式因其具有降低劳务成本的优势，受到企业欢迎。近两年，随着新个人所得税法及社保入税政策的出台，企业的用工成本进一步提升。而灵活用工模式中的劳务需求方和灵活就业人员是平等的劳务合作关系，因而一般不要求企业与灵活就业人员签订全日制劳动合同，也不要求企业为灵活就业人员缴纳全部的社会保险，此种人力资源按照需求随时使用、随时停止，企业不需要为解除用工关系而支付补偿金等费用，大大降低了企业的用工成本。在此背景下，灵活用工模式所具有的用工成本低、订解灵活的优势使其成为新零售、餐饮、互联网等企业探索低成本运营的方式之一。

近几年，我国的灵活用工的市场规模迅速扩容。由上海交通大学行业研究院联合北大纵横管理咨询集团等机构发布的《人力资源服务行业"第二曲线"研究报告》的数据显示，我国灵活用工市场规模在2017年至2019年三年间得到了显著增长，市场规模从2017年的389.4亿元增到了2019年的476.4亿元，预计到2020年将增长到590.8亿元的规模。2020年8月7日，人力资源和社会保障部副部长李忠表示，我国灵活就业从业人员规模已达2亿人。

虽然灵活用工模式近几年在我国得到了快速发展，但与国外相比仍然处于初级阶段。灵活用工模式在国外已经是一种非常成熟的用工关系，根据民间职介机构国际同盟（CIETT）的统计数据表明，截至2017年的数据，日本的灵活用工模式在其整个用工市场中已占到42%，美国的占比达32%，而我国灵活用工的占比仅为9%，与日本和美国相比差距较大，如图6-1所示。

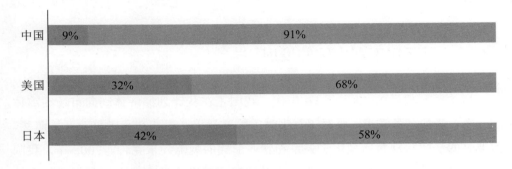

图6-1　2017年中美日三国的灵活用工比例对比

资料来源：CIETT

预计，灵活用工模式未来将成为我国人力资源行业的重要形态之一。依据有二，首先，中国劳动力人口的拐点已经到来，未来一段时间国内劳动力资源的供给将逐渐减少，供给关系的变化将带动用工成本的上升，而灵活用工模式成为企业减负的有效途径。其次，根据《数字经济2.0报告》的预测，8小时工作制将会在未来20年内被打破，多样化的线上平台将为求职者提供了多样化的工作选择，同时也为企业和就业者的个性化需求提供精准对接，预计在中国将有高达4亿的劳动力（相当于总劳动力的50%）通过互联网实现灵活就业。

四、灵活就业存在的问题

在劳务关系治下，灵活就业人员的社会保障尚显不足。在前述对灵活用工的范畴进行界定时曾提到，《劳动合同法》作为上位法，仅对全日制劳动关系、劳务派遣和非全日制用工作了规范，而其他灵活用工模式由于体现的是平等主体间的民事劳务关系，因此由《民法典》加以调整，而《民法典》中并不要求用工单位为灵活就业人员缴纳社会保险。面对花样繁多的灵活用工岗位，不少就业者并不十分清楚自身的权利义务在民事劳务关系和劳动关系之下有何异同，也不清楚自己究竟处于哪种关系之中，往往是在遇到纠纷之后才反过头来查证自身所处的法律地位，从而造成了维权被动的局面。

有些企业为了规避承担劳动关系下所需承担的用人单位义务，恰恰利用就业者的无知，假借灵活用工之名诱导就业者将劳动关系转变为劳务关系，出现了"核心员工合伙化、非核心员工合作化"的趋势，使就业者丧失了作为劳动者所应享受的劳动保障。由此引发的大量灵活用工纠纷案件，给灵活用工的健康发展造成了负面影响。

正在壮大的三方灵活用工行业本就是建立合作型灵活用工关系的天然场所，因而也天然地成为发生用工关系纠纷的新的主战场。为方便下面讨论三方当事人的法律行为，对三方称呼进行简化：一是发包方——有劳务用工需求的企业，简称为"B端企业"；二是专门提供信息撮合业务的第三方灵活用工平台，简称为"灵工平台"；三是接活方——在平台注册为用户并最终提供劳务的就业者，简称为"C端用户"。

根据已有的相关统计研究显示，2018年至2020年期间，在中国裁判文书网共检索到38起与灵活用工相关的劳动关系争议案件。其中，C端用户提起确认劳动关系案件的起因主要有两类：一是由B端企业解除用工关系而引发的经济补偿纠纷，占到总数的89%；二是因C端用户在工作中受伤后引发的工伤认定纠纷，占到总数的11%，如图6-2所示。

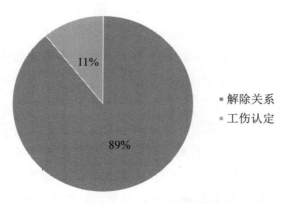

图6-2　38起灵活用工相关案件的起因占比 [4]

在三方灵活用工模式中，普遍存在灵工平台引导 C 端用户以个体工商户的身份与 B 端企业建立劳务关系的现象。因为个体工商户与 B 端企业在法律地位上更像平等主体，容易形成 B 端企业与 C 端客户之间是合作关系而非劳动关系的表观印象。在 38 起案件中，C 端用户以个体工商户的身份提供服务的有 27 起，占比高达 71%，如图 6-3 所示。

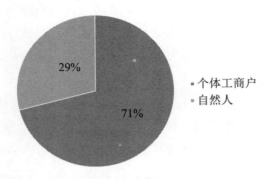

图 6-3　38 起灵活用工相关案件的 C 端用户形式 [4]

当前的司法实践中，法院主要从以下三方面综合考量是否存在事实劳动关系。

（1）考量 C 端用户是否受 B 端企业的实质性管理。三方灵活用工模式中，B 端企业很少直接与 C 端用户签订用工合同，因此法院在判断是否构成劳动关系时，多会援引劳动和社会保障部于 2005 年 5 月 25 日发布的《关于确立劳动关系有关事项的通知》的规定，综合考量 B 端企业制定的各项劳动规章制度是否适用于 C 端用户、C 端用户是否受 B 端企业的劳动管理等因素，来判定 B 端企业是否对 C 端用户形成实质性的管理。一般而言，如果 B 端企业要求 C 端用户严格遵守 B 端企业的作息时间、休息休假、考勤请假等各项公司规章制度，则可能被法院判定为与 C 端用户之间的关系符合"人身依附性"和"组织隶属性"的特征。

（2）考量 C 端用户与灵工平台签署的协议是否有效。B 端企业在抗辩与 C 端用户不存在劳动关系时，往往会提出已将相关业务转包给第三方灵活用工平台，且 C 端用户与第三方灵活用工平台有另行签署相关转包协议，从而论证其与 C 端用户并不存在事实劳动关系。对此，法院会审核 C 端用户与第三方灵活用工平台所签署协议的效力。

如果 C 端用户系以个人名义签署协议，法院则会通过 B 端企业与第三方灵活用工平台签署的协议、转包款打款情况等要素，综合考量 B 端企业是否确系将业务转包给第三方灵活用工平台，与 C 端用户不存在直接事实劳动关系。

如果 C 端用户系通过第三方灵活用工平台注册成为个体工商户，并以个体工商户的名义签署协议，而协议签署时间在个体工商户注册时间之前，则会被判定为无效协议，从而否认了 C 端用户与第三方灵活用工平台之间的转包关系。

（3）考量 C 端用户的报酬支付主体是否为 B 端企业。在未签订劳动合同的情况下，法院在考量双方是否存在劳动关系时会参考工资支付凭证或记录（职工工资发放花名册）、缴纳各项社会保险费的记录等。当 B 端企业每月固定地向 C 端用户转账且备注为"工资"的情况下，有利于证明 B 端企业与 C 端用户之间可能存在事实劳动关系。但如果 C 端用户自带工具，且未与 B 端企业约定底薪，在无相反证据证实的情况下，则司法实践中一般不会判定二者之间存在事实劳动关系。

最终，在不同的案件环境下，法院判定 B 端企业与 C 端用户存在劳动关系的案件总共 13 起，占到总数的 34%，如图 6-4 所示。这样的统计数据一方面反映出社会上确实存在一些企业假借灵活用工之名逃避对劳动者应负的保护责任；另一方面也可以预见到一些灵活就业人员在遇到用工关系解除或工伤的情况下，无处寻得社会保障的艰难处境。目前，我国劳动关系治理正处在一个传统劳动关系治理体系不断完善，新就业形态劳动关系尚需规制的阶段。

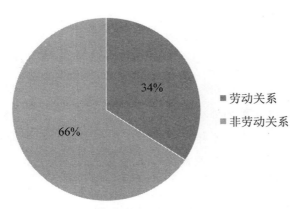

图 6-4　38 起灵活用工相关案件的裁定结果 [4]

五、我国发展灵活用工的政策指引

面对灵活就业人员在劳务关系中的社会保障尚显不足的问题,我国已在政策层面引导探索解决灵活就业人员的制度保障问题。《国务院关于支持多渠道灵活就业的意见》中指出,"维护劳动保障权益:研究制定平台就业劳动保障政策,明确互联网平台企业在劳动者权益保护方面的责任"。《发改委关于支持新业态新模式健康发展激活消费市场带动扩大就业的意见》中指出,"强化灵活就业劳动权益保障,探索多点执业。探索适应跨平台、多雇主间灵活就业的权益保障、社会保障等政策。完善灵活就业人员劳动权益保护、保费缴纳、薪酬等政策制度,明确平台企业在劳动者权益保障方面的相应责任,保障劳动者的基本报酬权、休息权和职业安全,明确参与各方的权利义务关系。结合双创示范基地建设,支持建立灵活就业、'共享用工'服务平台,提供线上职业培训、灵活就业供需对接等就业服务。推进失业保险金的线上便利化申领,方便群众办事"。[5] 2021年3月11日,李克强总理进一步指出,应给予灵活就业人员社保补贴,用机制办法解决职业伤害问题。

第二节 自我就业催生"去单位化"

一、何为自我就业

我国的就业模式正在呈现"去单位化"的趋势。近年来,在数字经济快速发展的背景下,"雇主—雇员"和"员工—单位"之间的雇佣关系逐渐模糊,淘宝商户、滴滴司机、美团外卖小哥、抖音直播等"平台+个人"形式的自我就业模式迅速兴起,其不同于传统个体经济所代表的自我就业模式,双方更接近一种合作关系。该模式让就业人员在面对竞争日益激烈的就业市场环境时,可以实现"去单位化"的自我就业。

自我就业,也称自我雇佣(self-employment),顾名思义就是依靠自己实现的就业,与受雇于他人的就业方式相对立。陈立兵(2018)认为,自雇就是劳动者经营自己的业务,独自承担风险和享受收益,其本质上是劳动者基于自身人力资源禀赋而选择的就业方式。[6] 自我就业实现的形式既包括自己雇佣自己,也包括自己与其他组织或个人形成合作关系实现的自我就业。前者的典型形式如个体工商户等个人或家庭经营者,后者的早期代表形式如个人合伙,但在互联网平台经济兴起后,后者又出现了淘宝商户、滴滴司机等线上平台合作式的自雇新形式。自我就业也属于灵活就业的范畴。

二、自我就业在国外发展

自我就业是全球各国常见的就业形式,陈立兵在研究了北美、欧洲、亚洲等地区发达国家的自雇情况后发现,发达国家在过去半个世纪普遍呈现自雇率总体下降并趋于稳定的发展态势。以美国为例,1955年至1967年,美国自雇率从18%快速下降至11%,之后降幅逐步收窄,2016自雇率稳定在6%以上,如图6-5所示。陈立兵认为,这期间造成美国自雇率总体下降的原因大致有两方面的因素。一是美国社会主流商业模式的变迁。美国19世纪初开始的工业革命吸引了大量农村闲置劳动力和海外移民涌入城市,但在就业岗位有限的情况下,开杂货铺等自我就业的方式成为其在城市生存的手段。而在20世纪中叶,超级市场和连锁经营的商业模式席卷美国,对个体经营的零售模式造成巨大冲击,自雇人员要么主动向大型商超求职,要么在市场上被动失业。二是对自雇者征收过高税赋。1984年,美国对个体经营者的个人所得税税率提高到受雇者个人所得税率的两倍,很多自雇者为了避免被过度征税便放弃了自雇转向受雇。

不可否认的是,美国在同时期也存在使自我就业率上升的因素。例如,在20世纪70年代之后,美国的产业性质由资本密集型转向技术密集型,部分受雇人员由于年龄偏大、教育水平较低等原因无法适应技术升级的要求,下岗之后无法再就业,而被迫从事自雇活动。同时期,美国的制造业向发展中国家转移也造成部分工人下岗,也会促使自雇率上升。但总体来说,美国的自雇率是趋势性下降的。

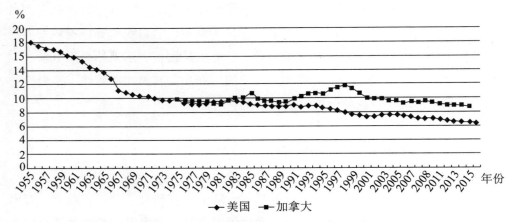

图 6-5　1955—2016 年美国和加拿大的自雇率变化趋势 [7]

加拿大自雇率变化与美国并不同步，但也总体呈现下降的趋势，如图 6-5 所示。在 20 世纪 80 年代中期和 90 年代末期，加拿大的自雇率曾出现短暂上升。20 世纪 80 年代，加拿大的经济结构出现调整，农业部门和工业制造业部门的占比都有所下降，金融和公共服务的占比明显上升，而从农业和制造业挤出的闲置劳动力又无法被金融和公共服务机构所吸纳，25～54 岁人口的平均失业率高达 8.4%。为了生存，这部分失业人口开始从事个体经营活动，从而推升了自雇率。到了 20 世纪 90 年代，世界性的经济危机也不可避免地对加拿大的金融和制造业造成负面影响，失业问题再次严重，自我就业模式再次成为受雇失业人口的减震带。进入 21 世纪后，随着宏观经济的好转，受雇岗位的增加又吸引部分劳动者从自雇转向受雇，自雇率随之下行并趋于稳定。

观察近半个世纪以来美国、加拿大等国的自雇率变化可知，自我就业模式在经济结构调整、商业模式变迁、技术迭代等时期，成为帮助失业人员继续参与社会劳动的有效途径。但在经济发展进入稳定阶段后，由于阶级的固化以及社会资源不断向大利益集团聚集，倒逼自雇者放弃自雇，加入比自己掌握更多资源的社会组织，从而表现出自我就业率下降的趋势。

三、自我就业在国内的发展

在预判未来我国自我就业市场的形势时，并不能简单照搬美、加等发达国家过去的经验,而断定我国的自我就业市场一定呈现总体下降的趋势。西方发达国家进入工业化发展的时间远早于我国,过去半个世纪是西方发达国家第三次工业革命从繁荣走向稳定的发展阶段,也表现为社会资源不断向头部集中、普通个体占有的社会资源逐渐减少的过程,在此背景下自雇率呈现出了总体下降的趋势。应注意到,我国的新生代劳动力的受教育程度普遍提高,社会文化更加开放包容和尊重自我,我国引领的数字经济发展浪潮已走在世界前列,这些因素极有可能推动我国的自我就业模式在高水平上不断发展。

个体经济这一典型的自我雇用模式曾在计划经济时代急剧萎缩甚至消失,直到改革开放后,随着农村剩余劳动力涌入城市自主谋生和"下海"浪潮的出现,个体经济才又重新兴起。随后,国企改革过程中形成的无法再就业的大量下岗工人又成为第二波自主就业的主力军。个体经济的重新兴起不仅释放了计划经济体制下被压制的市场活力,也缓解了经济体制转轨过程中失业再就业的压力,发挥了市场在资源配置中的主导作用。

2004年之后,自我就业模式在我国已不再只是发挥失业减震带的作用。由于市场上并没有全面的自我就业人数数据,我们姑且以国家统计局公布的个体就业人数情况来窥见我国近一个时期的个体经济就业情况。纵观图6-6所示的1992年至2019年我国个体就业占比情况可见,我国经济增速对个体就业占比的影响已明显分化为两个阶段。第一个阶段为1992年至2004年,GDP增速变化趋势与个体就业占比的变化趋势具有明显的负相关性。这印证了发达国家过去出现过的规律,即在经济下行时期,传统就业部门可提供的全日制岗位总体上减少,失业人口增加,此时自我就业方式就发挥了失业减震带的作用,个体就业人数在总劳动人口中的比例增加;但随着经济的向好,传统就业部门重新加大了对劳动力的需求,个体就业占比随之减少。但这一规律在2004年之后发生了变化,我国经济增速在2004年至2007年同比上行的时期,我国个体就业人数占比也随之上行。第二个阶段为2007年之后,在GDP增速总体下行的过程中,我国个体就业人数占比依然保持了上升趋势。由此得出一个初步结论,我国个体经济所代表的自我就业模式不再单纯是经济下行所造成的初次就业困难和失业再就业困难人群为生存所迫而作出的无奈就业选择,而是与传统受雇模式一样,正在成为我国多种就业形态中的一种重要形式。

图6-6 1992—2019年中国GDP增速和个体就业人数占劳动人口的比例

资料来源：国家统计局
注：劳动人口按15—64岁人口数计算

我国自我就业规模的不断发展壮大离不开两大因素的助力：一是人力资源优势，二是信息通信技术优势。除我国在城市化进程中，农民工和下岗工人组成的生存型自雇群体以外，我国高等教育的普及也推升了创业型自雇群体的比例，两者共同构成了自我就业模式不断壮大的人力资源优势。1999年，教育部出台了《面向21世纪教育振兴行动计划》，全国高校开始连续扩招普通高等教育毕业生数逐年升高，如图6-7所示，使我国接受高等教育的人口占比不断提高。但由于前期的高校扩招过于急促，以及高校专业设置与市场需求有一定脱节的原因，劳动力市场的供需关系既存在总量上的矛盾，又存在结构上的矛盾，这也造成传统就业市场上"用工荒"和"就业难"同时存在的现象。学者的研究表明，虽然高等教育与推升自我就业的关系比较复杂，但高等教育可以增强劳动者的经营能力、激发企业家精神。同时，当代大学生成长于互联网快速发展和国际一体化的时代，他们的价值取向更加多元化，择业时也更加注重与个人兴趣的结合和工作体验的优化，不再拘泥于公务员、国企和事业单位等有限的岗位。这些因素共同促使部分未找到受雇机会的高学历劳动者有能力也有意愿从事自雇经济活动，这部分人群形成了创业型自雇群体。

第六章 • 数字化推动创业创新的深度实现

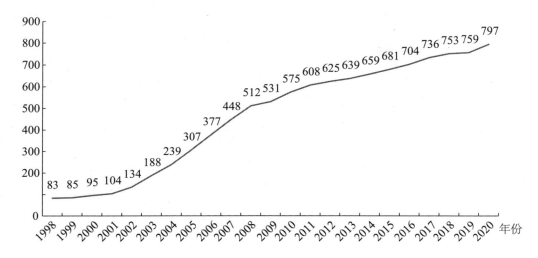

图 6-7 普通高等教育毕业生数（单位：万人）

资料来源：国家统计局，教育部

数字经济时代，平台经济的颠覆性意义在于"平台+个人"的商业模式赋予了每一个人实现自我就业的可能。2003 年，淘宝网成立，寓意在这个网站上没有淘不到的宝贝，没有卖不出的宝贝。淘宝网的意义在于以互联网为平台，让销售端通过这个平台与世界上任何一个消费者直接建立商业联系，最大程度地缩小了在纯线下经营时代，个体经营者与大型企业在销售渠道和受众上的巨大差距。原先只能面对一个小区、一个街道、一个天桥的个体经营者，可以通过电商平台将商品卖给全中国甚至全世界的消费者。这无疑极大地促进了自我就业的实现。此后，我国的专业电商平台不断涌现，并逐渐走上经营范围的差异化和精细化发展道路。在电商平台上，每个人都可能成为销售者，每个人也可能是消费者。如今，"电商"一词已不再是电子商务的专用简称，也可能是电子商户的简称，每个通过开网店实现自我就业的个人都可以被称为电商。如图 6-8 所示，2020 年末，阿里巴巴的年度移动端活跃用户数超过 9 亿人，京东商城的年度活跃用户数量超过 4 亿人。

在信息技术不断发展的过程中，"平台+个人"的商业模式被不断发掘，微商、外卖骑手、网络主播、网约车司机等平台模式下的新型职业实现快速发展。2013 年，微信增添了公众号、微信支付等功能，一批嗅觉灵敏的人开始了海外

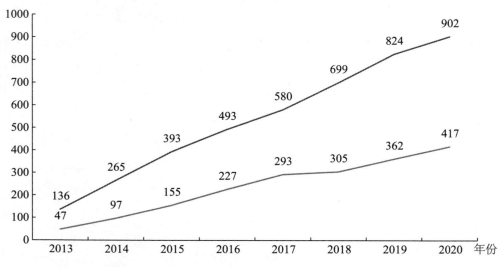

图6-8 阿里巴巴和京东商城年度移动端活跃用户数（单位：百万人）

资料来源：wind

代购业务，微商应运而生。中国互联网协会发布的数据显示，在2015—2017年期间，国内从事微商行业的人数分别为1257万、1535万、2018万。前瞻产业研究院在《中国在线外卖商业模式与投资战略报告》中提到，我国2015—2018年外卖行业交易金额总体呈逐年增长态势，年均复合增速达50.69%。2018年，我国外卖行业的交易金额约为4613亿元，较2017年增长了55.37%，并进一步估计2019年外卖行业的交易金额将达6035亿元。外卖行业的蓬勃发展当然离不开外卖骑手，而外卖骑手也是当前典型的自我就业方式之一。2019年，饿了么App显示其已拥有骑手约300万人，美团《2019年度企业社会责任报告》表示，其合作的骑手人数高达399万人。

平台经济成为稳就业的中坚力量。据不完全统计，2018年，阿巴巴创造了4082万个就业机会；滴滴平台全产业链带动1826万人就业，其中网约车新就业总量超过千万人。2019年，我国平台经济的市场规模达到30万亿元左右。我国蓬勃发展的平台经济，创造了千万级的增量就业，平台经济企业创造的新就业岗位成为吸纳我国经济转型过程中产生的结构性失业人员的"蓄水池"。

四、自我就业存在的问题

"平台+个人"的模式在为社会创造出众多自我就业机会的同时,劳动安全保障不足也一直是困扰自雇者稳定从业的难题。虽然自雇者比传统受雇者在生活方式及工作选择上有更多的自由,但由于自雇者并不存在与他人建立劳动或劳务关系的情况,所以无法享受到法律强制用人单位为劳动者提供的劳动保障和福利。我国现行《工伤保险条例》规定,有雇工的个体工商户应依照该条例规定参加工伤保险,而对于无雇工的个体工商户或自然人在自我就业过程中甚至没有缴纳工伤保险的资格,在"平台+个人"模式下就业的自雇者就属于这种情况。

2020年,"外卖骑手猝死后仅获赔2000元的人道主义补偿、3万元保险理赔"的消息引起了社会关于自雇者劳动保障问题的广泛关注。在了解外卖骑手与外卖平台是否存在劳动或劳务关系之前,我们须先了解"众包"的概念。众包的概念发端于互联网,百度百科对众包的解释为"一个公司把过去由员工执行的工作任务,以自由、自愿的形式外包给非特定的大众志愿者的做法"。"外包"隐含的是合作关系,而非雇佣关系。在外卖行业中,外卖平台通常将外卖骑手的招聘和管理业务外包给一个众包平台。当外卖骑手在工作中发生伤亡事故而提起认定与众包平台存在劳动关系的诉求时,劳动仲裁委员会或法院一般很难支持该诉求。因为,任何自然人均可在众包平台注册为C端用户(即骑手),众包平台仅是在骑手和顾客之间提供信息撮合服务,骑手可根据意愿随时抢单,也可随时终止抢单。众包平台对骑手不规定出勤时间,不分配工作任务,不限制抢单时间、数量。虽然众包平台对骑手的顾客满意度、投诉等问题进行管理,但此属业务质效方面的管理,是企业基于经营而必然采取的措施,此管理与《劳动法》上的用工管理有根本区别,很难判定双方具有人身依附性。根据《关于确立劳动关系有关事项的通知》判定,骑手与众包平台之间不存在事实劳动关系,骑手也就无法享受劳动关系治下的工伤保险待遇。"平台+个人"模式下,自雇人员缺失的工伤保障问题值得关注。[8]

五、我国发展自我就业的发展前景

平台经济对自雇者社会权益保护不足的问题已引起了不少专家学者的广泛讨论,有专家呼吁应理性看待这一问题。一方面,无论劳动者选择哪一种自雇,都是基于自身人力资源禀赋而作出的理性决策,是劳动者在劳动力市场上进行的主动性人力资源优化配置的行动,应肯定平台经济为个人实现自我就业提供了现实路径;另一方面,应从立法层面加强对骑手等自雇群体的社会权益保护。对此有学者建议,一是拓宽劳动关系的界定,将平台经济的用工者包括在内;二是把自雇者纳入到社会保险和工伤保险的保障范围中来。

对于自我就业模式在我国的未来发展,《发改委关于支持新业态新模式健康发展激活消费市场带动扩大就业的意见》中指出:"积极培育新个体,支持自主就业。进一步降低个体经营者线上创业就业成本,提供多样化的就业机会。支持微商电商、网络直播等多样化的自主就业、分时就业。"

第三节 副业创新鼓励职业化兼职

一、副业创新的应用和趋势

在 2020 年的新冠肺炎疫情影响下,许多传统行业受到冲击,摩擦性失业和结构性失业人数增多,不少失业者开始尝试发展副业或兼职以缓解经济压力。在此背景下,"副业创新"一词开始走入人们的视野。副业创新虽是个新提法,但网络外卖、网约车、网络直播等常见的副业创新形式已经融入了许多人的生活,从事副业者利用自身的资源、技能和思想见解等要素实现了劳动变现。

(一)网络外卖

据中国互联网络发展统计调查显示,截至 2021 年 12 月,我国网上外卖用户的规模约为 54416 万人,约占全体网民的 52.7%,如图 6-9 所示。

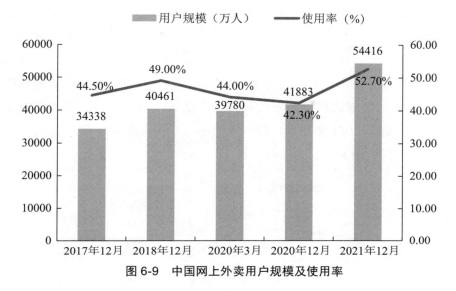

图 6-9 中国网上外卖用户规模及使用率

资料来源：中国互联网络发展状况统计报告

《2018 年度中国生活服务电商市场数据监测报告》的统计显示，2018 年我国网络外卖市场规模约为 2480 亿元，较 2017 年的规模增长了 18% 左右。根据艾媒咨询（iiMedia Research）的估计，2019 年我国网络外卖市场规模约为 2845 亿元，2017 年至 2019 年的复合年均增长率约为 16.5%，若按此增速预计未来五年的市场规模增长，则 2025 年中国网上外卖的市场规模将达到约 7114 亿元。

预计网络外卖行业将从供需两端不断深入发展，行业将进入提质阶段。从供给端看，外卖平台对其合作餐饮店的支撑作用不断加大，并不断扩大对传统餐饮行业的吸引力，主要体现在两个方面：一是加速推动传统餐饮行业的数字化转型，二是促进外卖产品和外卖服务质量持续提升。从需求端看，外卖平台不断扩展服务边界，不断推动市场下沉和新的消费增长点，主要体现在两个方面：一是网络外卖市场正加速从大城市向乡镇市场下沉；二是外卖的需求内容呈现多元化发展态势，从餐饮需求不断向新的细分需求场景扩展。

（二）网约车

中国互联网络信息中心的统计调查显示，2020 年受新冠肺炎疫情导致的公众减少外出影响，2020 年我国网约车用户数量较 2019 年有明显下降。截至

2020年3月，我国网约车用户规模约为3.62亿，较2019年6月下降0.42亿，网民使用率也从2019年6月的47.3%下降至40.1%。尽管疫情给网约车行业的运营带来了困难，但网约车仍然为抗"疫"作出了积极贡献，在疫情重灾区的公共交通停运背景下，多家网约车平台主动承担起了接送医生病患的重任。2020—2021年，随着我国疫情防控取得重要进展，网约车需求和用户数量已经触底反弹，截至2021年年底，我国网约年用户规模为4.53亿，占网民整体的43.9%，如图6-10所示。

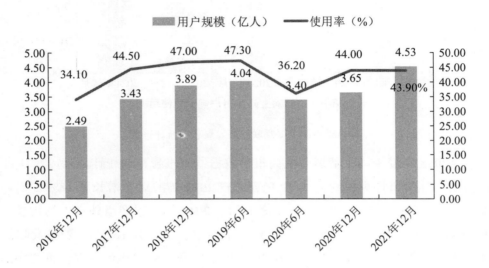

图6-10 中国网约车用户规模及使用率

资料来源：中国互联网络发展状况统计报告

2020年，受疫情影响，网约车市场规模小幅下降。2021年随着疫情得到有效控制，经济复苏，网约车市场回暖，市场规模恢复到疫情前水平，达到3581亿元。据威尔森智能决策发布的《2021出行行业市场洞察》报告，2022—2025年市场规模将保持10%的复合增速，照此预计2025年市场规模约为4341亿元。

预计，网约车行业未来的合规化进程将加速推进。在行业规范方面，监管层对网约车行业采取包容审慎的监管态度，在坚守安全底线的基础上合理放宽限制，完善准入条件和审批流程，建立健全身份认证和预警机制，加强运用信息技术助力执法。

（三）网络直播

中国互联网络信息中心发布的第 49 次《中国互联网络发展状况统计报告》显示，截至 2021 年 12 月，我国网络直播用户的规模约为 7.03 亿，较 2020 年增长了 8652 万，占到全体网民的 68.2%，如图 6-11 所示。其中，游戏直播的用户规模约为 3.02 亿，较 2020 年底增长了 6268 万，占全体网民的 29.2%；真人秀直播的用户规模约为 1.94 亿，较 2020 年底增长了 272 万，占全体网民的 18.8%；演唱会直播的用户规模约为 1.42 亿，较 2020 年底增长了 476 万，占全体网民的 13.8%；体育直播的用户规模约为 2.84 亿，较 2020 年底增长了 9381 万，占全体网民的 27.5%；在 2019 年兴起并实现快速发展的电商直播用户规模约为 4.64 亿，占全体网民的 44.9%。

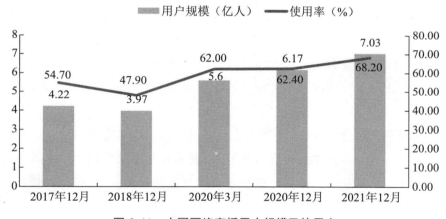

图 6-11　中国网络直播用户规模及使用率

资料来源：中国互联网络发展状况统计报告

据统计数据显示，中国网上直播的市场规模由 2015 年的 64 亿元增长至 2019 年的 1082 亿元，复合年增长率为 103.0%。考虑到网上直播行业的爆发期已过，乐观估计至 2025 年将保持较平稳增长，2021 年至 2026 年，市场规模预计以 23.4% 的复合增长率增长，则至 2026 年市场规模将约为 4722 亿元。

预计网络直播行业未来的发展将呈现三方面的发展特点：一是网络直播将与线上销售更紧密地结合，成为网络直播的主要变现方式；二是随着市场对网络直播行业的投资回归理性，网络直播平台的集中度将逐步提升；三是监管层将逐步完善对网络直播行业的监管机制，促进网络直播质量的提升。

二、职业化兼职存在的问题

当前副业创新已经走上了快车道，但是职业化兼职作为鼓励副业创新的一种形式却仍然存在制度上的"堵点"。例如，医师行业是国家较早在制度层面推动"多点执业"探索的职业领域，然而实践中仍存在约束，执行效果并不理想。

2009年，原卫生部印发的《关于医师多点执业有关问题的通知》就首次提出了多点执业的概念。但文件规定，医师受聘到其他医疗机构进行多点执业之前须获得原所在单位同意，这实际上限制了医师选择多点执业的自主权，因此医师多点执业的推广效果并不明显。

2014年，原国家卫计委等五部委联合印发的《关于推进和规范医师多点执业的若干意见》，取消了医师跨执业地点增加执业机构前需通过原医疗机构向卫生行政部门申请注册的要求，改为医师直接向批准该机构执业的行政部门申请增加注册即可。此举意在将多点执业的主动权放在医生自己手里，而不需要再像以往一样征得原单位同意。2017年，《医师执业注册管理办法》实施，医师注册的执业地点范围扩大至医疗机构所在地的省级行政区划，多点执业被进一步放开。

2021年的"两会"期间，全国人大代表何琳建议将《执业医师法》中的"执业地点"删除，进一步鼓励医生多点执业，以此弥补基层医疗机构技术薄弱问题。她指出放开多点执业有三方面的积极意义：一是基层医院可以更多地聘请上级专家到基层现场教学，提高基层的医疗技术水平；二是基层患者不用奔波到大医院就可以挂到专家号；三是合理流动的机制能促使医务人员钻研业务、提高医疗技术水平，并获得合理报酬。

理论上看，删除"执业地点"可以使医生有更多"自选项"，但在实际执行中，医生多点执业一直处于"叫好不叫座"的尴尬境地，其主要原因还是医师的"单位人"身份。其实，医生多点执业的难点并不在于医生有多少选项，而在于单位持有什么样的态度。长期以来，医院都是按照事业单位制度来进行管理，对于医生来说，拥有"事业编制"意味着相对稳定的工作，也意味着要接受单位的管理。相比起执业地点限制，单位管理规定对医生的限制无疑更具约束力。虽然多点执业理论上不必通过单位提交申请，但在传统"单位人"的管理模式中，医生的日常考勤、职称晋升等权力都牢牢掌握在单位手中，哪位"体

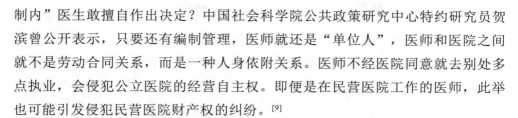

制内"医生敢擅自作出决定？中国社会科学院公共政策研究中心特约研究员贺滨曾公开表示，只要还有编制管理，医师就还是"单位人"，医师和医院之间就不是劳动合同关系，而是一种人身依附关系。医师不经医院同意就去别处多点执业，会侵犯公立医院的经营自主权。即便是在民营医院工作的医师，此举也可能引发侵犯民营医院财产权的纠纷。[9]

客观来看，医生"多点执业"在落实中遇到的阻碍，一方面是医院担心自身长期培养的优秀医生外流造成损失，因而并不情愿放手本院医师多点执业；另一方面，简单地放开对医师执业地点的限制，实际也并不利于管理和保证医疗过程的安全。对此，参与了《医师法（草案）》修订过程的中国卫生法学会副会长、北京市华卫律师事务所主任郑雪倩公开表示，应全面考虑医生多点执业过程中权责明确的问题。例如，如果一个医师可以任意选择到任意医疗机构进行诊疗活动，一旦这过程中发生了医疗纠纷，就涉及法律责任该如何分配的问题。另外，还存在医师的社保、劳保等各项社会基本保障由谁来缴纳，医师与其执业医院的劳动关系该如何界定，医师进行诊疗活动时的质量、工作纪律等又该由谁来管控等一系列现实问题。[10]

对于如何解决当前医生多点执业遇到的阻碍问题，光明网时评曾提到，公立医院与其各自"严防死守"，不如在明确培养成本分担与责任义务划分的基础上，完善人才流动的约束与管理机制，从而最大限度实现人尽其才，共享"人才红利"。

三、副业创新的政策展望

在数字经济和平台经济的推动下，新的业态不断被创造出来。同时，人们完全可以借助信息通信技术的力量打破僵化的工作时间和工作空间的束缚，这一点已经被疫情期间大规模远程办公场景的成功运用所验证。可以预见，未来人们并不会局限于一个雇主或仅从事一种行业，而是根据自己的兴趣爱好和资源禀赋，在多种职业之间自由切换或同时兼顾，人们脑海中对于主业和副业的思维定式将被打破，主业和副业之间的鸿沟或将不复存在。

兼职的概念在未来可能不再作为副业的别称，而是指同时兼顾多种职业，职业之间不存在主业和副业之分，全部的社会劳动者都会走向职业化兼职的道路。但副业是形式，创新才是实质。我国在发展职业化兼职过程中，至少需要取得两方面问题的创新突破：一是如何平衡既得利益集团对固有稀缺资源的共享问题；二是如何完善相关方对劳动者保护和权责分担的问题。《发改委关于支持新业态新模式健康发展激活消费市场带动扩大就业的意见》也已提到，强化灵活就业劳动权益保障，探索多点执业。探索适应跨平台、多雇主间灵活就业的权益保障、社会保障等政策。探索完善与个人职业发展相适应的医疗、教育等行业多点执业新模式。

第四节 高效信用的无人经济

一、无人经济的兴起

2016年，亚马逊开设的无人超市体验店 Amazon Go 首先引爆了全球对"无人经济"的关注，此后无人经济模式在全球得到快速发展。

支付宝和微信移动支付功能的出现，深刻改变了中国人的支付习惯。中国居民从习惯的现金支付，到现在不分老幼都在使用的手机支付，已经在全社会形成了良好的数字经济生态系统。随着中国的"80后""90后"成为消费的主力军，成长于互联网高速发展时代的他们敢于追求个性也热衷于追求新奇，已然成为推动中国消费升级的主力军，同时也是中国无人经济的主要需求端。

中国信息技术的高速发展为无人经济提供了坚实的科技基础。无人经济发展是以互联网络为基础，借助人像识别、商品识别、无感支付、大数据分析、物联网（IoT）、区块链等集成的"黑科技"系统，实现了以数据为载体，打通人与物的联接，减少信息交流成本，从而大幅度降低交易成本，促进了无人经济的跨越式发展。未来，人工智能技术的不断提升必将对无人经济产生更为深远的影响。

目前，无人经济通过深入应用人工智能技术，已经可以做到实时分析消费者的使用习惯与行为状态，智能推测消费者的即时需求，并根据需求第一时间从云端数据库提取数据并形成最有针对性的服务方案。无人经济能够促进生产、流通、服务环节的降本增效,为企业降低经营成本的同时,也给消费者带来便利和实惠。未来,无人经济必将全方位覆盖社会生产和生活。[11]

二、无人经济的应用

随着人工智能的发展、大数据的全方位应用,以及国内移动支付发展的成熟,无人零售逐渐成为全球零售业的未来发展方向。无人零售无疑是无人经济项目下,发展最为火爆的。新疆出现了无人彩票机,顾客扫码付款就可以取出相应金额的彩票,刮出的奖金,可通过扫码领取。杭州出现了无人智能加油站,这里没有服务员或者其他任何工作人员在现场操作,也没有人到车主面前收钱,连油箱盖子都不用车主自己动手去拧,一切都由智能机器人机械操作完成。无人零售作为新的经济业态,具有节约人力物力成本的优势,成为传统实体经济转型升级的重要选项。

随着人力成本的不断上升,酒店等服务业的经营成本也不断攀升,无人经济的出现,成为酒店等劳动密集型服务业降低人力成本的一个机遇。成都出现的无人酒店,从预订到退房全程智慧操作,手机开房,刷脸入住,无人服务,提高了酒店私密性,改善了消费者的入住体验,同时还可以大规模减少人力成本与能耗成本。

近两年,5G、人工智能、云计算、物联网等技术的共振极大促进了无人经济在交通物流领域的发展。随着无人驾驶技术的日趋成熟,北京、上海、广州、武汉等多个城市逐步放开了无人驾驶载人测试许可,无人驾驶将是未来交通的主流方式之一。百度、滴滴出行、高德打车已经尝试面向公众测试无人驾驶出租车服务。无人机运快递、无人机送外卖,正成为物流新模式,物流仓储的无人化与智能化,成为物流行业转型升级的鲜明特点。2020年新冠肺炎疫情期间,京东在河北白洋淀附近搭建了一条无人机航线,用Y3-max无人机为这些村庄送去生活物资。京东的"亚洲一号"无人仓库,24小时工作且分拣精准度极高,整个系统几百个机器人同时工作且不会出现混乱,无人仓储模式不仅降低了人力成本,还大大提高了运行效率。

工业机器人在制造业的大规模应用,使无人经济在工业生产领域占据了重要地位。工业机器人在工业生产中能够代替工人完成许多单调、重复和频繁的作业，并能在高危生产环境中开展作业，因而被广泛应用于汽车制造、电子电气等行业中。

三、无人经济存在的问题

（一）无人经济是否会带来大规模失业潮？

在无人经济快速发展的当下，人们越来越多地开始讨论机器大规模代替人的后果，无人经济对就业会产生何种影响，是否会造成新一轮广泛的失业潮？对此疑问，有评论指出这可以从历次重大经济变革中找到答案。回顾历史上三次工业革命，新的生产力既会淘汰一些落后低效的岗位，但也会创造出大量新的岗位需求。播种机、拖拉机、收割机等现代农用机械极大地提高了耕种效率，因此从土地上解放了大量农民，农民进入城市转化为产业工人。电商的崛起对线下实体店造成了极大冲击，但也带动了网络营销和物流产业的快速发展，并创造了大量电商销售员和快递员等新的岗位需求。

无人经济的发展不可避免地会减少一些简单、重复、繁重的工作岗位，但也能创造新的就业机会。比如，机器人取代了一些工人，但也需要新的工人对机器人进行运营维护。2020年7月，人社部和工信部联合颁布了一项新兴国家职业技能标准——工业机器人系统运维员，为相关岗位的人才培养指明了方向。

机器无法替代人提供带有温度的服务。创新工场董事长兼CEO李开复在推介《AI未来》一书时曾评论，在未来15年的时间里，人工智能会推动机器接管我们现在一半的工作，那些容易被机器所取代的工作一般同时具备低技能和弱社交的特点。而在现实生活中，需要人性化服务的职业是无法被取代的，比如高级餐厅的厨师、高级礼宾人员、驯狗师等职业。滴滴创始人程维曾提到，司机有温度的服务是不会因为自动驾驶技术的出现而消失的，同时自动驾驶也会创造新的职业需求。

事实上，无人经济并不是传统经济模式的对立面。无人经济的发展并不是以消除有人经济为目的。科技创新虽然短期内会替代一些简单重复的劳动岗位，但长期内它又可以创造新的就业机会，关键在于替代和增加的比率是多少。

不管是有人经济还是无人经济，其本质都是为"人"服务，都是为了让消费者满意，所以无人经济和传统的有人经济并无根本矛盾。作为新的生产和生活方式，无人经济的出现是经济发展的大势所趋，有人经济需要与无人经济相伴而行。

（二）无人经济业态中的法律问题

无人经济目前还只是处在发展的初级阶段，未来还会有更多新的业态大量涌现，但是目前已经存在不少处在法律的边缘、模糊地带，甚至空白地带的问题，亟待在法律和监管上补位。比如，无人零售贩卖机出现故障，投币后掉落的商品超出消费者原本的支付范围，如果消费者全部拿走是否构成违法？再比如，无人驾驶的车辆发生交通安全事故后，无人驾驶技术的提供方是否需要承担赔偿义务，事故责任的比例该如何分配？这些问题目前在法律法规上都是空白。

因此，需要尽早深入分析无人经济业态中涉及的权利与义务关系，厘清伦理道德和法律法规上的问题，以便给无人经济的长期发展提供法律基础和监管依据。一方面，要建立健全相关法律法规，明确无人经济的业态性质、经营者义务、消费者权利、责任范围边界等问题，填补调整无人经济的法律空白。另一方面，应尽早建立健全监管机制、监管机构、监管范围，明确准入条件，对于履行义务不到位、侵犯消费者权益、触碰法律底线的经营者依法采取监管措施。[12]

四、我国发展无人经济的政策规划

国家发展改革委等13个部门联合发布的《关于支持新业态新模式健康发展激活消费市场带动扩大就业的意见》对无人经济的发展指明了方向，文件明确鼓励发展基于新技术的"无人经济"，通过充分发挥智能应用的作用，促进生产、流通、服务降本增效。文件支持建设智能工厂，发展智慧农业；支持建设自动驾驶、自动装卸堆存、无人配送等技术应用基础设施；发展危险作业机器人，满足恶劣条件应用需求；试点探索完善智能公共服务新业态涉及的交通、食品等领域安全发展政策标准。

参考文献

[1] 叶梦洁. 灵活用工创新形态"共享用工"模式的发展研究 [J]. 大众标准化，2020, No.332(21):140-141.

[2] 余清泉. "灵活用工"核心辨识与实务运用 [J]. 人力资源，2020, No.470(17):40-43.

[3] 平力群. 浅析日本《劳务派遣法》的沿革及其影响 [J]. 日本学刊，2009, 000(003):83-95.

[4] 灵活用工百科：从38起劳动争议案件看灵活用工的真实法律关系 [EB/OL]. https://new.qq.com/omn/20201231/20201231A08N0H00.html.

[5] 国土资源部，发展改革委，科技部等. 国土资源部发展改革委科技部工业和信息化部住房城乡建设部商务部关于支持新产业新业态发展促进大众创业万众创新用地的意见 [J]. 国土资源通讯，2015, 000(017):14-18.

[6] 陈立兵. 弱势群体自雇的必然性：原因与特征 [J]. 贵州社会科学，2018, 01(No.337):120-125.

[7] 陈立兵，黄斌斌. 发达国家自雇发展规律的比较研究 [J]. 亚太经济，2017, 000(004):85-92.

[8] 陈大林. 兼职外卖小哥逆行撞人用人单位应担责 [N]. 中国商报，2020-10-29(P03).

[9] 徐文，陈光国，沈琴. 新医改背景下医师执业注册管理工作现状分析及思考 [J]. 江苏卫生事业管理，2021, 032(002):171-173.

[10] 医学界智库. 删除医生执业地点，可以推动多点执业吗 [EB/OL]. https://www.sohu.com/a/455273200_467288.

[11] 靖明. "无人经济"开启加速模式 [J]. 工会博览，2020, No.834(33):63-64.

[12] 吴学安. "无人经济"创新发展不能缺少"规矩" [N]. 中国商报，2019-10-26.

第七章 **共享时代的新生活**

🏆 第一节 共享生活改善社会效率

一、走近共享时代，走入共享生活

（一）高屋建瓴，共享引领时代潮流

1. 什么是共享经济？

共享经济，又称分享经济，是指利用互联网等现代信息技术，以使用权分享为主要特征，整合海量、分散化资源，满足多样化需求的经济活动总和。目前来看，信息革命已经发展到了相对成熟的阶段，共享经济作为整合零散资源、满足多样化需求、优化供需匹配度的新型经济形态应运而生，这种提升闲置资源利用效率的经济新模式具有平台化、高效化、开放性和分布式等特征，能通过改变资源配置机制来盘活存量资源、提升供给效率，能在帮助实现经济可持续发展的同时，也带来更优的市场供需体验。

2020年新冠肺炎疫情突袭全球，也在新中国历史上添上了极不平凡的一笔。一方面，国际政治与经济形势严峻复杂，逆全球化凸显，世界正处于百年未有之大变局；另一方面，国内经济正处于增长速度换挡期、结构调整阵痛期、前期刺激政策消化期"三期叠加"阶段，改革发展稳定的任务艰巨繁重。另外，疫情对世界经济造成严重冲击且影响深远。这种情形下，我国在党中央的坚强领导下，多措并举、力排众难，成为了2020年全球唯一实现经济正增长的主要经济体，展现出强大的抗风险能力。在此过程中，以共享经济为代表的新业态、新模式为国内的经济恢复与民生保障作出了重要贡献，显示出十足的韧性与巨大的发展潜力。共享经济企业充分发挥平台优势，在满足人们日常生活需要的同时，持续推进出行、住宿、生产、教育、医疗等领域的变革，成为经济社会数字化转型的重要推动力。

2. 重要性体现

共享经济的兴起是国家战略导向推动的结果，是集约化意识普及的必然，是促成"美美与共，天下大同"的途径，也是产业发展的重要模式创新之一。

对于政府管理来说，智慧化城市的建设加快。共享经济通过互联网平台帮助政府更好地实现治理，实现城市的管理，实现城市智能化发展。在疫情期间，政府体会到大数据应用在经济发展过程中的价值，特别是大数据在精准分析方面发挥了非常重要的作用，精准掌握疫情期间人员的流动、复工复产。利用用户手机位置移动的信息，在家和工作岗位之间停留时长等的判断多少人开始进入到工作状态，这样的数据要比统计局通过线下的层层统计得到数据又快又精准。所以，我们在复工复产的过程中怎么样稳定就业、支持就业、加快就业的恢复，成为中国政府优先政策选项。

对于大量的企业来讲，在疫情期间，很多企业通过云上办公、云洽谈，实现了订单的快速恢复。此外，在数字化发展的过程中，特别是在疫情期间，企业实现了很多供应链的创新，甚至供应链的重塑。比如电商，过去主要是依靠淘宝、京东等大型互联网平台，但疫情之后更快发展的是原本线下的连锁社区商店，它们通过互联网平台进行销售，通过线下的社区配送实现了门到门的便捷服务，打造了新的电商供应链。通过这样的电商供应链，更多老百姓能够享受到数字经济的高效服务。

对于居民来说，社会生活的效率大大提高。过去人们需要什么就必须要购买，而现在共享单车、共享汽车、共享雨伞、共享充电宝……共享概念结合互联网技术，使得人们可以随时根据需要扫车就走，手机没有电扫码就可以借充电宝。网络购物、网上外卖、网络支付……共享时代的生活方式转变给居民生活的各个方面提供了便利。

（二）共享理念"飞入寻常百姓家"

1. 行业规模的估计

随着共享经济相关政策的规范性逐渐加强，共享平台机构的投资布局逐渐增多，共享理念被越来越多的人所接受和认可，共享经济在近十年来从无到有，市场规模持续扩大，如今已经成为了社会经济发展的重要新动能之一。据国家信息中心分享经济中心数据显示，中国互联网共享经济市场交易规模2021年达3.69万亿元，同比增长9.2%，从市场结构上看，生活服务、生产能力、知识技能三个领域共享经济市场规模位居前三，分别为17118亿元、12368亿元和4540亿元。据测算，行业将在未来三到五年内继续保持稳健扩张的发展态势，2022年我国共享经济市场交易规模预计将达3.97万亿元。

就共享经济产品的使用情况而言，服务覆盖范围较广，交通出行相对火热。截至2019年9月的统计数据显示，40%以上的中国网民使用过共享单车和网约车的服务，20%以上使用过知识共享、共享充电宝和共享住宿的服务，10%以上使用过二手交易平台和共享汽车的服务，如图7-1所示。共享经济产品层

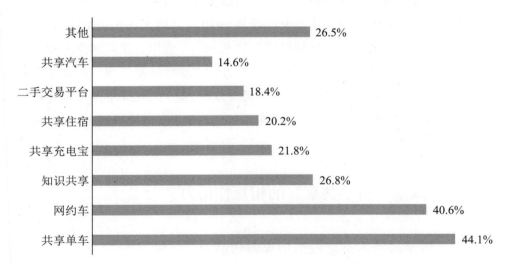

图 7-1 中国网民对共享经济产品的使用情况

资料来源：iiMedia Research，联储证券战略研究部

注：数据截至2019年9月

出不穷，创新服务质量也不断提升，开始全面渗透社会生活。随着公众认知的深入以及行业的制度完善与规范发展，共享经济产品将在更多的细分领域进行渗透，对消费者需求的准确挖掘将更加迅速，资源整合与供给的效率也将进一步提升。

就共享经济的服务提供者而言，实现总量增长的同时，从兼职到专职的转变趋势较为明显。从总量上来看，随着共享经济的规模发展与多领域渗透，从交通出行、饮食住宿等生活领域，到农业种植、工业制造等生产领域，新的共享平台不断涌现，平台企业数和就业规模都齐齐攀升。据《共享经济发展报告（2021）》数据显示，2020年我国共享经济参与者人数约8.3亿人，其中约8400万人是共享服务的提供者，同比增长7.7%；平台企业的员工数达631万人，同比增长约1.3%。从结构上来看，多数共享经济的服务人群初始多以兼职方式参与尝试，后随着市场对共享服务质量要求的提升，加之平台企业增强自身竞争力的需要，部分领域服务提供者的专职化趋势愈发凸显，催生出一批基于共享平台的专职运营、调度员、司机、骑手等岗位。[1]

2. 未来行业市场规模

按照艾媒咨询测算，2020年中国共享经济行业规模约为9.35万亿元，观察2012年至2018年的共享经济行业规模增速发现，市场经过前期爆发式增长后，行业规模增速逐渐回落。考虑到我国从2020年开始大规模开始以5G、人工智能为代表的新基建，同时区块链底层技术的推广使用会使共享经济的交易过程更安全可靠，新型信息技术的推动将会推动共享经济稳步增长。本报告中性假设，共享经济行业在2021—2025年间将按照2019—2020年同比增速的平均值稳步增长，按此预估，2025年中国共享经济行业规模将超过17万亿元，如图7-2所示。[2]

二、"数字"与"共享"的相互作用力

（一）数字经济为共享经济增添时代活力

数字经济能为共享经济增添时代活力，这贯穿于共享经济发展的始终，是促进共享时代稳健快速发展的主要推动力。

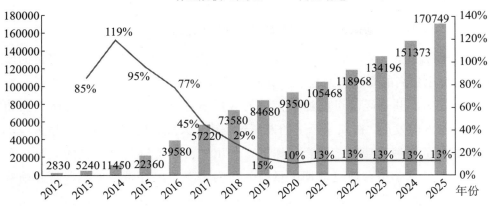

图 7-2　我国共享经济规模预测

资料来源：iiMedia Research，联储证券战略研究部

注：2022—2025 年为预测值

一方面，数字经济能为共享经济的发展夯实基础、提供保障。共享经济不仅是基于市场供需双方对资源整合配置、优化利用的需求而产生，更是基于当前各类网络平台的兴起和大数据、云计算等技术的支持而产生的，互联网的广泛应用为共享经济打开了走数字化发展之路的窗口。共享经济在不断发展壮大的过程中，正是因为能将数字经济进行有效融合，才能保障交易平台的稳定运营与降本提效，才能实现共享经济在信息共享、资源交互层面的畅通无阻，才能快速渗透到社会生产生活的多个领域中去。

另一方面，数字经济能为共享经济继续向纵深推进注入强大动力。随着共享经济的市场规模不断扩大，平台与产品的不断涌现，共享经济迈入创新发展阶段就在不远的将来，而其持续向纵深推进的助力也将与数字经济的内容息息相关。从硬件上来看，数字技术的更新迭代将成为共享经济平台树立行业壁垒、塑造竞争优势的关键因素之一，通过逐步贴近并改变大众的生活习惯进而影响大众对共享服务的消费频率与偏好，能否与数字经济的发展趋势"相处"融洽甚至产生"1+1>2"的效果，可能会在某种意义上决定共享经济在不同应用领域的"存亡"。从软件上来看，数字经济的发展能够助推共享理念深入人心，号召更多的人积极参与到共享经济中去，成为共享时代创新创业的新生力量，为共享经济提供源源不断的新动能。

（二）共享经济为数字经济营造发展环境

共享经济在"乘风借力"的同时，也"反哺"数字经济，对数字经济的服务能力提出更高的要求，为数字经济的发展营造有利环境。

一方面，共享经济可以提供大量的数据信息资源，推动数字经济向大数据产业的方向发展。在共享经济的发展过程中，大数据的价值越来越被重视，逐渐变成了一种可搜集、整合、探究、利用的有效资源。以常见的共享单车为例，共享单车平台通过前期大量投入，为消费者出行带来便利，培养消费习惯，进而扩大市场消费者整体规模，搜集基本的信息数据，再运用这些数据处理分析后的结果，为后续的精细规划、高效运营打下坚实的基础，可以大大提升自身盈利能力，抑或是从数据共享和数据交易中挖掘新的盈利模式、吸引新的资本投入。由此可见，共享经济可以在创造、收集信息资源的过程中，凸显数据价值，拓展数据分析的内涵和外延，加速数字经济与物联网、云计算和人工智能等技术的融合，最终推动数字经济向大数据产业方向不断优化发展。

另一方面，共享经济可以通过服务质量提升的要求和实时反馈消费者需求变化，进而推动数字经济商业模式的创新优化。随着共享经济的发展的壮大，消费者们对服务质量的要求会促使共享经济平台对数字经济产品要求的提升，能够帮助数字经济更接地气地为共享时代提供服务，数字技术的研发与创新产出的效率得以提升，数字模式的平台运营也将不断优化完善。而共享时代中数据资源共享的特点更是可以实现数据的公开和最大化利用，共享数字平台为消费者提供信息，方便其依据自身需求选择服务，消费者亦可以通过共享数字平台反馈其需求信息。这种信息资源的双向对接在推动数字经济的市场化发展的同时，也将促进数字经济在不同领域之间的交流和互动，商业模式的转变也就水到渠成了。

三、共享时代的数字经济＝鸡蛋？

"鸡蛋，从外打破是食物，从内打破是生命。人生亦是，从外打破是压力，

第七章 • 共享时代的新生活

从内打破是成长。"共享发展如同孕育着强大生命力的鸡蛋，数字经济则是助其破除发展掣肘，进而茁壮成长的坚实力量。

（一）发展趋势

共享经济与数字经济两者紧密融合、互相渗透、共同进步，区分界限将逐渐模糊。随着对大数据共享价值的挖掘、合作中竞争与可持续发展理念的深入人心，以及数字技术的纵深化发展，共享经济与数字经济覆盖领域的重合度也将逐渐提升，两者之间交流融合的机会也会越来越多，商业模式的不断创新模糊了产业链的界限，未来两者可能成为难以分割、各有侧重、互为支撑的发展模式。数字经济的发展将更多地纳入共享经济的运行理念与实际反馈，通过数字化服务平台实现数字技术与信息资源的共享；共享经济也将夯实数字经济底层技术运用的基础，更深入地与社会产业相融合。

就共享时代的数字经济发展而言，其发展趋势一方面取决于数字技术的研发进度和创新优化程度，这关系到数字经济的可持续发展；另一方面取决于平台的建立和服务的进步，无论是面向个人或是面向企业的服务平台，都需将数字技术精准嵌入并不断升级，在不断探索消费者需求变化、提供针对性服务的同时，也收集更多的数据信息以助力社会资源共享和效率提升的实现。

（二）"欲穷千里目，更上一层楼"

共享时代中的数字经济发展较传统模式有较多新的变化，会产生许多新的需求与发展动力，且在未来可预见的较长一段时期内，规模持续扩张、覆盖领域不断增多的可能性较大。因此，为更深入地分析探究共享经济与数字经济相互融合促进的发展脉络，助力行业的规范化运行和良好有序发展，帮助创新发展理念的贯彻与实践，从而将这种新发展模式的实惠性真正落实到公共生产生活中去，真正落实到我国经济的全面转型和升级中去，政府部门的助力不可或缺，重视和强化顶层设计、完善监管体系、出台鼓励措施等将成为必不可少的一环。

1. 重视和强化顶层战略设计

对共享时代数字经济的发展从国家层面上进行战略规划，可以为其长远发展保驾护航。一方面，政府应当从市场发展的实际情况出发，认真分析共享时代数字经济发展的基础背景和支撑条件，将其提升到国家战略的层面进行统筹规划，经济发展重点应向大数据、云计算等数字产业倾斜，厘清发展目标和发展思路，制定系列发展策略，出台指导性的文件，强化顶层设计，更好地迎接"数字强国"时代的到来；另一方面，政府应以主动引导的方式，建立规范性的共享数字平台，在跨区域、跨部门、跨行业的运营模式上进行探索创新，起到示范引领作用，协调共享经济与数字经济两者间的共同发展，深入推进我国经济结构的调整和完善。

2. 完善我国数字经济的监管体系

在共享时代下的数字经济发展在给社会生产生活提供便利的同时，也会产生一些新的问题，其中最为重要的当属信息安全和隐私保护问题。数据共享平台的便利性容易给一些不法分子可乘之机，对个人信息数据的保护需要受到足够的重视，这既是对消费者的保护，也是对共享数据平台良性发展的保护。这就需要政府方面能从以下几点加强综合治理：一是要优化完善现有的监管体系，加快覆盖监管空白，创新监管方式与监管工具；二是引导成立行业协会等社会性组织，联合市场共治，对于行业展开分级保护，加强对各个行业数据的信息安全防护；三是要推进法制建设，结合实际不断细化监管政策，严厉打击信息安全领域的犯罪行为，提高犯罪成本。

3. 鼓励共享经济的拓展和延伸

未来共享时代数字经济的创新发展需要政府鼓励共享经济的拓展和延伸。首先，政府可以出台相关的产业政策支持共享经济向社会各个领域的应用进行积极探索和快速渗透，推进传统产业的数字化转型之路，为数字经济发展创造更多的机会。其次，政府应助力各行业大数据共享平台的搭建，完善网络基础设施建设和公共服务平台体系，充分发挥其示范引领和辅助的作用，促使企业之间、平台之间实现智能化发展。最后，政府在科技创新建设和研发投入上还应加大支持力度，包括数字技术方面软硬件的开发、相关知识产权的保护等，为数字经济的发展持续补充动能。

第二节 提质增效的共享生产新动力

一、探索共享生产新动力

（一）定义与范畴

共享生产动力又称共享生产能力，是指通过互联网平台整合企业分散、闲置的生产资源，并将其向生产能力的需求方进行对接和共享的新型共享经济模式，在促进经济创新增长、优化供需结构、激发创新活力等方面发挥着极其重要的作用。在疫情"大考"之下，有实力的大型企业纷纷加入口罩、防护服、消毒液等医疗用品的生产大潮中，储备了强大的医疗用品生产动力。同时，由于开工延迟，一些制造领域也面临着大型企业生产动力闲置与中小微企业生产动力不足的局面。疫情之后，如何充分利用疫情期间建立的医疗用品生产动力，平衡生产动力供需不匹配的问题，成为复苏经济、拓展发展新空间，进一步推动经济高质量发展的关键抓手。

党的十九大报告提出，要加快推动互联网与实体经济深度融合，在共享经济等领域培育新增长点、形成新动能。共享经济也开始涌现出一批新模式、新业态，正从消费领域加速向生产领域渗透，以制造能力共享为核心，主要涵盖创新能力共享和服务能力共享的生产资源共享格局开始逐渐形成，成为推进共享经济进一步创新发展不可或缺的一部分。

创新能力共享是共享生产新动力的重要支撑。主要表现在两个方面：一是智力资源的共享，比如产品设计开发、生产线的规划更新等方面，创新能力共享平台可以集中整合社会上的各类优质智力资源，将有供给能力的个人或机构与生产制造企业的需求匹配起来，实现资源的有效利用，中小企业可以借此机会降低自身的创新成本、提升产品创新能力。二是科研仪器设备与实验室资源的共享，创新能力共享平台可以通过收集单个机构使用频率相对不高的科研仪器设备和相关服务等信息，以市场化运作的方式，进行科技资源的"取长补短"和"查漏补缺"，大大提升资源利用效率。

服务能力共享是共享生产新动力的另一种形式。制造业行业的转型升级不仅促使着制造业企业关注生产制造环节、创新升级产品，也使得制造业企业对于产品品质检测、设备修理维护、工业物流效率等生产服务相关资源的需求与日俱增。然而我国还存在许多中小企业缺乏独立设置生产服务部门、安排专业人才的条件，因此，围绕生产服务资源的共享经济发展存在巨大的空间和潜力。近年来，已经有一些企业，通过搭建服务能力共享平台进行积极尝试，展现出了模式创新带来的一举多得的无限魅力。比如，疫情期间，盒马鲜生、七鲜超市等生鲜电商平台与西贝、云海肴等餐饮企业开展"员工共享"，待业的餐饮员工帮忙从事拣货、装配等工作，既能降低餐饮企业在收入缩减的困难情境下人力成本开支，又大大缓解了电商平台用户需求激增带来的人手短缺问题。

（二）发展状况

1. 目前行业规模的估计

共享生产新动力的现有规模可以由知识技能的转化和从事员工的服务两个维度来进行衡量，2020年合计约为9205亿元，具体如下：

据《中国共享经济发展报告（2021）》数据，2021年我国共享经济市场规模为36881亿元，比上年增长9.2%，其中知识技能领域共享经济交易规模居第三位，规模达4540亿元，分别较上年增长13.2%。根据《2020年中国专利调查报告》，自2007年至2018年，有效发明专利实施率在48.6%到60.6%之间波动，2009年为历史最高水平60.6%，2014年出现明显回落，降至50.5%，2018年为48.6%。以近五年来的有效发明专利实施率平均数51.1%进行估算，2019年共享知识技能为共享生产新动力贡献的实际市场规模扩张约为1565.2亿元。[3]

2020年我国参与提供共享经济服务的人数约8400万人，同比增长7.7%；平台企业员工数为631万人，同比增长1.3%。以城镇就业人数在生产紧密相关行业的19.74%占比和提供服务人数的人均共享经济规模4.21万元进行粗略估算，2019年共享生产的员工创造的经济规模为共享生产新动力开拓的实际市场规模约为6482.22亿元。

2. 五年后的行业规模预估

按复合增长率12%计算，预计2025年我国共享生产新动力的市场规模将达到约1.6万亿元。疫情冲击对共享生产动力带来的冲击并非长期的、毁灭性的，随着疫情控制住后企业复工复产的逐步展开，被压抑和限制的消费与生产活动有望较快恢复到疫情前水平，加之国家政策对于共享经济的重视和支持力度进一步加大，共享生产新动力将再一次展现其模式优势、释放发展潜力，成为制造业行业转型升级的重要动能。其中，生产制造领域的共享平台企业也将获得更多的市场机会和投资者青睐，大型制造业企业的生产能力开放与共享将成为先锋力量。

3. 现行发展特征

市场规模持续扩大。据国家信息中心发布的《中国共享经济发展报告》显示，我国生产能力共享交易规模于2020年、2021年分别达到1.08万亿元和1.24万亿元，其中，2021年同比增长率达到14%，2021年生产能力共享交易规模占我国共享经济总交易规模的33.5%。疫情期间储备的医疗用品生产动力成为共享市场新供给，相关需求持续增长，共享模式正逐步成熟。

企业加快布局。越来越多的企业开始布局生产动力共享，传统制造业企业正在以工业互联网平台、"双创"平台等为基础推动生产动力共享；互联网企业也开始借助自身的技术和流量优势，开始布局成为第三方共享平台；部分在疫情期间储备了医疗用品生产动力的企业也纷纷踏入生产动力共享市场进行尝试探索。目前，已经逐步形成了中介型、众创型、服务型、协同型等多种形式的生产动力平台。

共享设施不断涌现。截至2020年，在制造业重点行业的骨干企业中，"双创"平台的培育普及已经超过了80%，超50家工业互联网平台纷纷涌现，已具备一定的行业影响力。到2025年，预计共享经济领域能实现基本建成全面覆盖、跨领域无障碍的工业互联网网络基础设施，2035年实现国际领先。

（三）发展趋势

从基础支撑看，共享平台仍是生产动力共享的基础。共享平台是基于数字技术发展起来的新兴经济模式，通过供需信息的对接和数据的共享，可以打通产业链上下游企业间的信息流、业务流、资金流，为开展跨企业、跨区域的产业链协作提供底层支撑，未来将会有更多的基于互联网的生产动力共享平台。

从行业应用看，医疗用品领域的生产动力共享有望成为共享生产动力的新生力量。疫情期间，众多有实力的大型企业纷纷加入了口罩、防护服、消毒液等医疗用品的生产大潮中，购置了大量生产设备，建设了多条高产能生产线，储备了强大的医疗用品生产动力。疫情过后，储备生产能力的有效利用成为一个重要课题。

从共享模式看，服务型生产动力共享将成为促进制造业与服务业深度融合的重要抓手。服务型生产动力共享促进企业从提供产品向提供服务转型，从产线自用转向生产动力有偿服务转型，符合制造业与服务业深度融合发展的要求。中介型生产动力共享将催生"无工厂"新生产模式。中介型生产动力共享平台通过为供求双方提供生产制造能力的信息发布与展示、撮合等服务，可以促进生产能力整合，推动生产需求与生产能力的精准对接，推动需求侧企业实现"无工厂"生产加工。

二、突出问题

对生产动力共享认识不足。相当一部分企业和部门对于生产动力内涵以及意义认识不到位。一方面，大部分传统企业的管理理念、组织和运营方式与生产能力共享要求不适应；另一方面，部分企业未能意识到生产动力共享的意义和价值所在，对共享生产动力向提升企业生产经营效率和盈利能力的传导机制理解不深，从而使得企业缺乏参与其中的内生动力。

企业数字化不充分难以支撑生产动力共享。由于数字经济和共享经济的融合程度越来越高，企业的数字化发展、网络化覆盖和智能化程度开始成为企业能否参与生产动力共享并赢得竞争优势的关键因素。当前，我国大多数制造业企业的数字化转型还处于初始阶段，尤其是中小企业受疫情冲击影响较大，升级制造研发的智能化、提高生产工序的数控化阻碍重重，在生产能力共享方面的支撑能力仍然存在不足。

生产动力共享的商业模式有待革新。由于制造业区别于生活服务领域，存在细分行业多、产品质量把控标准不一，且产业链涉及的利益相关方多、价值分配复杂等问题，导致虽然当前出现了部分成功的生产动力共享平台，但通常这些平台主要是出现在大型企业的内部，仅实现内部资源共享，或是在标准统一、确定性较强且生产技术相对成熟的单个产品行业内部，整体来看覆盖范围较小、渗透普及率不高，供需对接的信息资源也有限，缺乏可复制、可持续的商业发展模式。

三、对策

推进企业数字化转型,夯实共享根基。支持企业加快推进设备、产线、工厂等的数字化改造。推动企业设备、产线等设施联网,为生产动力共享奠定连接基础。推进企业管理系统、供应链系统的数字化转型。

加快基础设施建设,提升支撑能力。继续深入实施工业互联网创新发展战略,增强安全、平台、网络三个体系的成立,推动大型企业创新趋势建立及中小微企业对其体系的变更普及。加快构建"双创"平台,强化基础和支撑服务体系。支持企业依托工业互联网平台以及"双创"平台,建设涵盖各行业的共享、中介、众创、协同等平台。

开展试点示范,推动应用推广。统筹部署一批共享生产动力试点项目,树立行业性创新标杆。及时总结成功经验与做法,形成典型案例示范,加大优秀案例的推广普及和宣传力度,充分调动企业参与生产动力共享的积极性。

第三节 共享生产资料与产能扩大的无限可能

一、探索共享生产资料

(一)发展现状

共享生产资料贯彻于研发设计、加工制造、生产服务等各环节,是推进制造能力共享的重中之重,主要体现在生产能力层面的同步。通过对专业化生产设备,工具及其配套的一体化产线等生产用资料的共享,可有效提升设备的综合效率及稼动率,并最大化提升生产车间的单位人时产能及生产效率。目前,我国在共享生产资料方面已经有了一些很好的实践。例如,生产类公司在全国性的共享制造业共享平台上共享现代化机床,通过完整的运营平台将先进的设备与其他用户"共享",实现设备的另一租赁形式,降低投资产业成本,如图 7-3 所示。共享生产资料可按小时或加工量收费,让"重资产"的制造业,实现了"轻资产"运营。又如,政府机构与各生产企业间建立共享合作模式，由政府前期建立完整的智能工厂及智能制造谷，以安全创业的模式沟通创业团队，创业团队只需要"拎包入住"，无须配备原材料、场地、设备维护等先决条件，即可完成对应产品的生产。

图 7-3　共享生产资料的基本模式

资料来源：联储战略研究部

1. 目前的行业规模

2021 年共享生产资料的国内市场交易规模约为 12368 亿元，占整个共享经济市场规模的 33.53%，就增速来看，同比增长 14.0%，高于 9.2% 的平均水平；该领域的直接融资规模为 270 亿元，占比 12.63%，同比增长 45.2%。

2. 五年后的行业规模预估

共享模式在生产资料领域的应用自 2016 年开始出现，2019—2021 年市场交易规模分别为 9205 亿元、10848 亿元、12368 亿元，三年复合增长率达 15.91%，2019 年同比增速为 14.0%，仅次于共享办公领域的 26.2%。预计该领域未来五年市场规模的年均复合增速将在 15% 左右，2025 年的市场交易规模将达到 21632 亿元左右，如图 7-4 所示，前期增长可能放缓，同比增速约为 10%，后期实现加速发展。

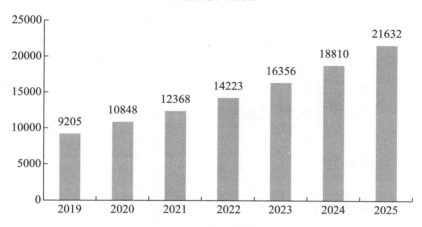

图7-4 我国共享生产资料市场规模预测（亿元）

注：2022—2025年为预测值

中国的共享生产资料领域仍然处在整个发展历程的前期，在共享资料对接、推广范围、基础发展、社会了解度等方面依然存在着诸多瓶颈及阻碍，但其发展前景广阔，将主要应用于农业和工业的生产制造环节。共享生产资料未来发展将与经济发展水平紧密相关，因为后端的消费体量的提升会直接影响到前端的准备及安排，这个行为会影响共享平台布局的主动性及生产企业对共享生产资料的参与踊跃度。由于目前宏观经济承压，疫情背景下的生产企业复产复工受影响较大，因此短期内市场交易规模和投融资金额均有小幅萎缩的可能；随着市场的恢复，共享经济的格局调整步伐将逐渐加速，共享生产资料领域作为共享模式向生产领域渗透的关键环节，相关政策的优惠支持与政府监管的加强都将推动该领域的健康成长，加之共享模式在消费领域的成熟经验和平台基础，经济增速恢复后的中长期来看，该领域将取得快速增长，相关投融资活动将更加活跃。

（二）发展趋势

从共享形式上看，专业租赁成为新趋势。生产资料共享可以分为租赁与合作开发两大类。其中，租赁可还分为专业租赁和限制租赁两种，专门的租赁服务平台有小熊U租的IT设备租赁，自有闲置、半闲置资产的租赁平台有深圳科技创新资源共享平台等。合作开发是指通过项目合作形式，拓展闲置资产的使用范围，提高闲置资产的利用率，如基于项目合作的科研仪器共享等。

从共享内容上看,"设备+服务"成为未来共享生产资料发展的新方向。当前,各类主体可共享资源各有不同,企事业单位共享的生产资料主要为闲置房屋,高校和科研机构在保障自身教学科研需求的前提下,共享内容以科研设施和仪器为主;大型企业可共享的生产资料主要生产制造设备。随着数字技术的快速渗透,市场化的"共享工厂"尚处于萌芽探索阶段,通过提供设备和技术收取服务费的方式进行市场化运营成为生产资料共享的新方向。

二、突出问题

权证缺失隐患难消。部分大型企事业单位生产资料普遍存在权证缺失的问题。以房屋建筑为例,由于没有进行完备的房产登记管理,一些企事业单位没有房产证、土地证。行政事业单位不会进行批复,评判及可行性测试相关的对外出租出借事宜,也不会采取招标竞价方式进行推动,从而在市场化共享中将极可能遭遇因产权不明晰而产生利益纠纷等隐患。

改革动力亟待激活。在共享生产资料过程中,现有共享机制流程复杂、执行过程不透明,极大影响供需双方参与的积极性。对于最缺乏仪器的中小微企业而言,申请门槛过高,还可能消耗大量人力财力在流程推进上。对于拥有限制生产资料的大型企业而言,医疗器械、科研设备、制造装备等许多可利用的生产资料共享难度大、共享权益不明晰,从而缺乏主动共享的动力,无法产生有效共享的规模效应。

监管机制有待完善。生产资料共享具有领域跨度大、业态融合多、共享范围广等特点,监管难度较大。作为生产资料供给方的大型企业在设备资产管理上多沿用计划经济体制下完好率的管理指标,忽视设备的投资与经营效益。现行管理体制中的多头管理、职能交叉、互不通气、互相制约的现象,也使得生产资料的共享监管未能形成有效的联动机制,难以做到事权专一。

三、对策

首先,共享生产资料未来发展的关键是培育共享平台。优质、专业的生产资料共享平台不仅可以将供需双方连接在一起,也能链接多个供应方,以时间换空间，增加订单排产灵活性，实现资源最优配比，最大化降低生产浪费。同样的，生产领域的对接度情况更加复杂化，对接介入点条件要求也更高，商业化发展也较为困难。

其次，依托产业集群发展成为推动共享生产资料部署的主要动力。因生产周期长，产业集群状态可以快速聚合落地措施并形成规模化生产。而共享模式又可以准确地为产业集群需求点提供标的，降低采购、存储的生产成本，拉动产业集群升级转型，互惠互利，实现共赢。

最后，共享生产资料的快速发展还依赖于要提升共享生产的认知，完善发展生态。目前，相当一部分的企事业单位内部拥有众多的闲置生产资源及设备，因为体制原因，并不能够实现资源共享。该类型的企事业单位在推动实现生产资源与民营企业共享的目标而言，仍然有相当长的一段路要走。并且，实体工厂的认知在事业生产工业上是根深蒂固的，相较于共享制造模式的虚拟化制造而言，更易被广大的企业领导者及从属者接受，故共享概念在标准化、规范化生产等方面依旧不够完善，此类型的认知仍然需要长时间的普及。

第四节 打通虚拟与现实的数据共享与开放

一、探索数据共享与开放

（一）两个概念：共享 VS 开放

"数据共享与开放"一词大家并不陌生，但大众所了解的数据共享与开放通常是较为笼统、广义的"数据开放"，即搜集到海量数据后按需取用。这种认知虽无不妥，但对其中涉及的主体、类型和环节等内容无法进行清晰地梳理与界定，也就难以深刻理解数据共享与开放的内涵，进而挖掘其发展潜力、突破发展瓶颈、寻找发展动力、释放数据价值。

数据的共享和开放虽然紧密相关、互为支撑与补充，均会涉及数据的收集、筛选、加工、传递、使用等多个环节，却是两个完全不同的概念。数据的开放是指从数据源头开放，其他人能够获得原始的数据，并对数据进行加工和处理，是相对没有隐藏的原始数据开放，数据开放服务的接受者可以主动依据自身需求选择开放数据的筛选标准、处理方式。数据共享是将数据筛选处理后再进行开放，数据共享服务的提供者会依据服务接受者的需求，对数据进行加工处理后有针对性地将有效数据或衡量指标分享给对方。

基于两者概念有较大区别，数据的共享与开放还有以下特点值得我们关注：

1. 从共享到开放，是递进关系，数据开放的要求更高

数据共享实际上时刻发生在我们的生活中，典型案例可以表现为国家统计局的数据公布，比如国家统计局统计并定期向全社会公布国内生产总值（GDP）等数据。GDP 的核算基本上是按国际通行的核算原则，对各种类型资料来源进行加工计算得出的，可以用以衡量一个国家（或地区）的经济实力和市场规模，进而帮助宏观经济政策的制定，以及对所处经济增长阶段的判断。

实现共享与开放对技术层面的要求虽然会有所差别，但基本大同小异，相对容易克服。数据开放的更高要求主要体现在软性条件上。数据共享仅需不同主体（组织或个人）之间有共同的目标即可实现，基于相同的数据各取所需，各方主体可以通过共享数据实现双赢甚至多赢。然而，由于数据开放要求从源头到最终数据，包括筛选、加工、分析的数学模型和处理逻辑全面开放。这一点所有的企业都很难做到，越是专业分工的企业，越难做到。

对于专业分工更加明确的企业，每个职能相关部门都会拥有自己独立的数据信息，在外企业，乃至本企业的其他部门请求数据共享时，并不能够理想化地完成快速信息共享的动作。即便是已经满足被共享的各种条件，也会因为该岗位个人的差异产生信息迟滞，不能及时、完整获取共享的信息，甚至得到失真的共享信息。

这一点在大公司的基层岗位尤为普遍。因为部分员工处在低微的岗位，平时未能被其他人关注，仅有的权利拥有感会更强烈，往往在这个时候，会产生相应的逆反心理，导致在信息共享时以各种理由搪塞、故意拖延，影响本应正常流转的信息共享进度。

企业对各部门分工之后，每个职能部门都负责一部分业务或者承担一定的职能，即使你符合办事的条件，往往还需祈求这个岗位的人行方便，能够通融，快速办理。如果数据是某个部门的，其他部门在请求数据的时候，有可能遭遇该部门的人故意拖延，找各种借口设置各种障碍，导致数据分享变慢，甚至得不到最真实的数据。

2. 数据共享与开放的发展是一个技术过程，也是一个管理过程

数据共享与开放的技术过程主要包含了采集和发布数据的格式、数据访问接口的设置，以及处理更新策略等问题；管理过程则是指发布数据和开放许可协议的类型选择等。一般来说，数据的发布者应该按照数据共享平台的协议要求，以其规范化的原则和标准进行数据的发布和开放共享，通常涉及数据集选择、开放许可协议和数据集的发现与获取三个步骤。

（1）数据集选择

数据开放与共享推行过程中工作体量最大的环节是选取将要开放的数据集，同时这也是开放与共享的第一任务。但是若涉及政府机关及个人数据的话，还需要发布者提前对所需数据进行分级处理及制定相关标准。

（2）开放许可协议

对于每个国家的法律来讲，知识产权法规定：不允许第三方在未被授权的情况下进行数据加工。因此在数据集发布前，数据发布者应更加审慎地对待该类数据集应用的许可协议。

（3）数据发现与获取

开放许可协议选定后，发布者需要将选定数据集发布在之前定好的共享平台上。但已经公布于平台上的数据集必须是可以被访问及获取的文件格式，才能达到充分共享的目的。

（二）一种技术：大数据

大数据概念是在 2005 年被部分网络使用者（Facebook、YouTube 等）感知到，但其起源可以追溯到 20 世纪 60 年代末到 70 年代初，当时全世界兴起了第一个数据中心及关系数据库。2005 年，Hadoop 开放创建大数据集的开源框架，同时也推动了 NoSQL 的流行。

Hadoop 开源框架的开发对大数据的增长起到了关键的推动作用，它的优点在于存储于框架内的大数据成本大幅降低，并且也更易调取使用。2005 年至 2010 年，网络产生的大数据呈几何式增长，且数据源源不断地产生、存储、调取，形成良性循环，但数据源并不仅仅局限于用户。

物联网（IoT）的出现，将更多的使用者、设备、平台通过互联网链接，加速了大数据库的成熟及完善。

尽管看似大数据的发展轨迹已经走到了尽头，但其真正的用途才刚刚开始。云计算进一步扩展了大数据的可能性。"云"提供了真正的弹性、可扩展性，开发人员可以在其中简单地启动临时群集以测试数据的子集。这些都会为我们的日常生活提供巨大的便利。

对于体量日渐庞大的数据集，传统的数据软件在功能上已经远远不能满足处理要求。但是随着互联网与线下关系的紧密联系，大数据呈现出资产化、普遍化、战略化的特征，被用户及企业广泛关注。大数据库价值的深度挖掘显得尤为重要。此时对应的大数据技术应运而生，不管是在数据的提取处理还是分析中，都具备明显的优势。

大数据如何被充分利用的关键在于其原始性及开放性。原始性是指被共享的数据是真实的、未经其他程序及用户加工改变的数据；开放性是指原始数据可以被随时随地且不分客户情况下自由使用（包含下载、转载），同时数据的开放性应该是在法律允许的基础上进行的技术开放。

二、发展现状

（一）国家级发展战略

1. 国外发展现状

近几年，世界众多国家已经将数据的开放列入了国家战略部署中。其中以美国表现最为明显。2009 年由美国政府牵头，联合大型互联网公司建立"Data.gov"公共数据开放网站（详见《开放政府指令》）。并在随后的 3 年内不断将其壮大，在 2012 年 3 月投入超 2 亿美元资金启动"大数据发展计划"（详见《大数据研究和发展计划》），同年 5 月为更深层次地推动大数据措施落地，又推动了《数字政府战略》（*Digital Government Strategy*）文件发布，使大数据对美国的影响日益明显。

2007 年 12 月，蒂姆·奥莱理（O'Reilly Media 创始人）及陶伯拉（TrackGov.us 创始人）在美国加利福尼亚州奥莱理出版社总部会同其他 29 名开放数据推动者制定了开放公共数据必须完整、原始、及时、可读取、机器可处理、获取无歧视、格式通用非专有、无需许可等 8 条标准和原则。

2. 中国发展现状

中国为完成基础资源整合并建设国家科技基础条件平台在2004年发布《2004—2010年国家科技基础条件平台建设纲要》，并于5年后正式开通运营中国第一个科学技术网站——中国科技资源共享网。以达到科技资源的开放共享及利用。

中国的政府数据开放也同样上升到了国家战略地位，全国总计有31个省区市自2014年至今共计出台了231份涉及"政府数据开放"的政策。其中"以共享为原则，不共享为例外"（出自《促进大数据发展行动纲要》）[4]及六维度评价政府数据开放的"基础土壤"（出自《政府数据开放准备度报告》）[5]更为人知。并且将"形成公共数据资源合理适度开放共享的法规制度和政策体系"作为中长期实现的目标。

2018年后全国数据开放政策已经开始迈向细致化，更加具备落地性，个别地区及省区市已经完成了详细的目标达成步骤计划。截至2019年上半年，浙江、上海等地已经相继完成政府数据开放平台的搭建，其他地区的搭建工作也在进行中。

使用大数据手段强化企业核心竞争力，提升政府政策推动力，完善社会公众服务水平已经成为目前社会的共识。互联网的发展使现代社会已经转型为智慧一体化社会，而智慧社会的基础就是数据，只有深入挖掘、及时开放共享数据，才能最大化发挥其应有的价值，形成智慧社会强有力的支撑。但在数据资源共享的同时也要保证数据的安全性，尤其是涉及国家安全的数据更要提升保密程度，建立相关数据防火墙，并为该类数据增加溯源能力。

全球大数据储量的快速增长，为数据共享开放的发展提供了稳固的基础。国际数据公司（IDC）监测数据显示，2013年全球大数据储量为4.3ZB，5年后全球数据储量已经达到33.0ZB，同比增长52.8%，其中中国的数据产生量约占全球数据产生量的23%。全球知名数据提供商Statista的数据统计显示，2020年全球大数据储量约为47ZB。从数据共享开放整体看，数据服务商处在产业链中端位置，为上游提供采购配套设施，向下游终端的互联网公司、大数据厂商、政企客户提供服务。由此可以看出，数据服务商为中间端，为大数据产业提供场地、设施、硬件、软件的服务；大数据产业为需求端，在数据中心提供的服务上，对海量数据资产进行加工，实现盈利，为数据服务商贡献了主要增量，是数据中心规模增长的主要动因，组成了数据共享开放的最主要内容。

3. 目前的行业规模估计

以市场规模来进行测算，2020年我国大数据行业市场规模约为6388亿元，同比增长18.6%，如图7-5所示市场可分为大数据的硬件、软件和服务三类。从企业业务布局来看，主要集中在华北、华东及中南地区，具体分布如图7-6所示。

图7-5　2016—2020年中国大数据产业规模及增速

资料来源：网络资料，联储战略研究部

注：2019—2020年数据为预测值

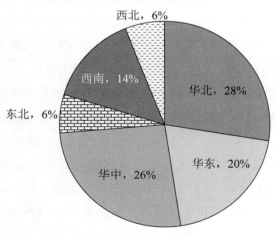

图7-6　2018年中国大数据产业区域分布情况

资料来源：网络资料，联储战略研究部

数据量的快速增长将继续推动数据存储、数据处理等相关硬件市场需求。

2018年，我国大数据硬件市场规模为2541.7亿元，同比增长14.8%，如图7-7所示。

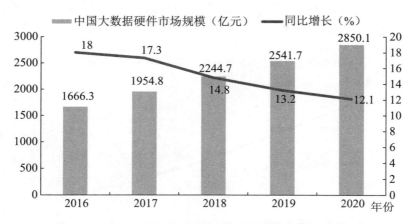

图7-7　2016—2020年中国大数据硬件市场规模及增速

资料来源：《2020中国大数据产业发展白皮书》[6]，联储证券战略研究部
注：2019—2020年数据为预测值

大数据软件是指用于实现数据采集、存储、分析挖掘和展示的各类软件，包括大数据计算软件、大数据存储软件、数据查询检索软件、基础平台软件、平台管理软件、系统工具软件和大数据应用软件等。近年来，我国大数据软件市场规模实现较快增长，2018年我国大数据软件市场规模为822.5亿元，同比增长30.5%，如图7-8所示。

图7-8　2016—2020年大数据软件市场规模及增速

资料来源：《2020中国大数据产业发展白皮书》，联储证券战略研究部
注：2019—2020年数据为预测值

大数据服务主要包括大数据查询、分析、交易、安全保护服务等内容。根据赛迪数据，2018年，我国大数据服务市场规模为1317.3亿元，同比增长36.6%，如图7-9所示。

图7-9　2016—2020年大数据服务市场规模及增速

资料来源：《2020 中国大数据产业发展白皮书》，联储证券战略研究部
注：2019—2020 年数据为预测值

4. 五年后的行业规模预估

当前我国正加速从数据大国向着数据强国迈进。根据 IDC 和数据存储公司希捷的数据统计，到 2025 年，随着我国物联网等新技术的持续推进，产生的数据将超过美国，我国产生的数据量将从 2018 年的 7.6ZB 增至 2025 年的 48.6ZB。按复合增长率 20% 计算，预计 2025 年我国数据共享开放市场交易规模将达到约 1.61 万亿元。

三、突出问题

虽然大数据的价值已经愈来愈得到各方的关注，但真正得到利用的部分仍然十分有限。产生这样的问题，数据的掌控方和使用方相背离是很重要的原因。目前，最具利用价值的数据主要集中在政府、垄断性国企以及少数规模性互联网寡头中，而其他分散性数据由于缺乏体量，价值难以得到充分开发。因此，数字经济健康快速地发展，政府和企业合理、安全地开放数据资产是急需解决的迫切问题。这些问题主要包括：

（一）政府数据共享开放面临的挑战

政府作为国家机器的掌控者，和其他组织相比，拥有体量以及政策上的优势。但各个部门经常自成体系、相互掣肘，导致政府所掌控的原本最为完整的大数据通常呈现碎片化、休眠化的状态。目前政府数据开放主要有以下几点问题：

第一，数据共享意愿不足。政府部门是数据的收集者、使用者和管理者，许多部门将收集得到的数据作为自身私有资产处理，公开分享的意愿不足。受这样的观念的影响，不同政府部门之间原本畅通的数据关联通道无形中被设置了许多障碍。此外，我国在数据共享缺少强有力的政策性约束，公开程度更多取决于自身意愿。

第二，共享开放顾虑良多。政府作为数据资产的管理者，负有保护信息安全的责任。但由于我国数据资产管理条例制度设置缺乏时效性，许多条款已经落后于国民经济发展需要，这样的现状导致许多政府部门对公开自身所管理的数据资产过于谨慎和敏感。许多政府部门担心数据共享会引发信息泄露问题，危害国家安全，对数据开放具有一定的抵触心理，这种态度使得许多原本合理合规的数据开发机会被错过。

第三，数据共享效果不佳。数据资产作为一种国家层面的战略资源，其开发和利用需要有严格的规范性要求。目前，我国数据资产共享规程还没有出台，各部门对于数据资产的保密原则、开发流程、合作方式、质量审核等必备程序缺乏统一标准。制度的不完善和程序的不统一导致各部门协同性不强，共享的数据不能得到充分的利用，其价值难以得到释放，严重制约了数字经济进一步深入发展。

第四，数据中心利用程度不足。伴随着我国数字经济的快速发展，数据中心正在成为交通、通讯以外的基础设施"第三极"。但如果希望数据中心能够真正发挥其应有的作用，仅仅投资建设是远远不够的，还需要真正结合实践。当前我国数据中心重复建设的现象广泛存在，许多数据中心由于管理经营理念的不足导致价值难以得到释放。与此同时，许多城市在数据中心利用率尚未饱和的情况下仍然在建设新的数据中心，这样的行为不仅是对人力物力资源的浪费,也会带来许多营运管理难题。

(二)企业数据共享开放面临的挑战

信用机制不健全,政企数据共享不畅。围绕数据共享,政府、企业与个人之间的合作关系需要信用来支撑。政企之间缺乏信用机制,对企业提供数据的准确性难以评价,其数据使用方式的合理性也较难界定,政府部门的公共信息也很难开发,缺乏基础保障和容错机制,能不共享的尽量不去共享。数据监管存在盲区、数据共享存在障碍、数据泄露无法惩处,政府与企业信息共享中存在责任风险。

信息技术不断发展,企业IT系统的差异性较大。企业IT系统在建设初期大多都是基于当下的业务需要开展起来的,缺乏整体统一的规划和高屋建瓴的部署,企业根据自身业务不断完善自身具体业务系统,单独来看,每个业务系统运行良好,都积累了大量业务数据。然而,由于解决业务的问题不同,采取的业务框架不同,系统运行环境各异,造成了数据分散在各个应用系统中,收集处理和分析的难度增大,影响了数据共享开放。

四、路径建议

(一)政府数据共享

政府数据共享的发展路径应主要侧重在跨部门数据资源的开放,统一标准、一网通办,以及加强信息安全保护三个方面。具体来看:①跨部门数据资源的开放是实现政务信息资源共享共用的必要条件,只有打通在不同部门、不同层级、不同区域之间的信息通道,整合分散的数据信息进行联合建设,构建起统一的国家政务信息资源共享平台,才能真正实现共享效率最大化,发挥出数据信息的最大价值。②统一标准、一网通办是提升政务数据共享服务质量的必然要求,如果在政务服务事项的数据信息上无法做到标准统一、同步更新以及官方同源发展,就容易造成信息割裂或是谣传误传,影响公众的政府服务体验,进而影响政府形象和公信力。③加强信息安全保护是保护公民、法人和其他社会组织隐私和利益的需要,也是保护国家信息安全的重要环节,这需要与时俱进不断升级信息安全技术,完善政府服务平台数据共享的相关制度建设,对身份认证、线上交易、数据备档等多个重要环节进行安全监管，并寻求各方的协同配合，加强综合治理。

（二）企业数据共享

企业数据共享的发展路径需要倾向于循序渐进式的习惯培养，可以按照培育自动化数据采集能力，到建立完善数据信息系统，再到数据中心的打造的步骤进行发展。在培育自动化数据采集能力的过程中，企业可以自主研发或引入第三方数据采集与处理分析技术，以点带面，夯实数据共享的发展基础；在建立完善数据信息系统的过程中，可以增强企业员工对于数据共享价值的认知，保障数据质量的同时也能加强各基础部门之间数据归集的配合度；在打造数据中心的过程中，可以提高各类信息数据的共享效率，让数据管理更加专业、更加精细。

参考文献

[1] 国家信息中心信息化研究部、中国互联网协会分享经济工作委员会.中国分享经济发展报告（2021）[EB/OL].2021:1-4

[2] 艾媒咨询.2018-2019 中国共享经济行业全景研究报告 [EB/OL]. https://www.iimedia.cn/c400/66502.html, 2019-10

[3] 国家信息中心.中国共享经济发展报告 2021[EB/OL]. https://www.ndrc.gov.cn/xxgk/jd/wsdwhfz/202102/t20210222_1267536.html，2021-02.

[4] 国务院.促进大数据发展行动纲要 [EB/OL]. http://www.gov.cn/xinwen/2015-09/05/content_2925284.htm，2015-09.

[5] 南都大数据研究院.政府数据开放准备度报告（2019）[EB/OL].

[6] 大数据产业生态联盟.2020 中国大数据产业发展白皮书 [EB/OL]. http://mbd.baidu/ma/s/M2Yeev6Y.

第三篇
数字化转型中国

第八章 新基建奠定数字化转型的基础

第一节 新基建对数字化转型的战略意义

一、"要想富，先修路"

"要想富，先修路。"一句广为流传的话道出了基础设施建设对经济发展的重要性。基础设施是指为社会生产和居民生活提供公共服务的物质工程设施，用于保证国家或地区经济活动的正常开展，具有"乘数效应"。

我国古代都江堰水利工程变害为利，在当时极大地保障了农业的生产和发展，其社会经济效益一直延续至今；20世纪30年代，"罗斯福新政"推行大规模基础设施建设，这场由政府主导的建设活动为后期美国走出大萧条阴影提供了强有力的支撑；我国改革开放后，交通、邮电、供水供电、商业设施等众多基础设施建设获得了傲人的成果。互联网时代催生出众多刺激消费、促进产业转型的优秀商业模式和平台，使得数据和信息成为经济社会发展的持续推动力量。

总而言之，基础设施好比社会发展的筋骨，只有这个筋骨坚实可靠，才能为社会发展积蓄能量、增添后劲。

基础设施建设的重要性已经显而易见，那么基础设施是否有新旧之分呢？

从"基础"的角度来讲，基础设施是没有新旧之分的，因为无论是新型基础设施，还是传统基础设施，都是社会发展的结实骨架，都为经济发展提供动力。但从"设施"的角度来讲，却是有从旧到新的变化的，因为经济社会是向前发展的。从农业时代到信息时代，基础设施的主要构成发生了翻天覆地的变化，农业时代的水利设施决定了农业生产的水平，而在信息时代，承载着数据连接、交互和处理等功能的新型基础设施才是决定着经济社会运行质量和效率的根本。

由此可见，基础设施建设不仅应与时代相适应，还应适当超前布局，这样在新变革来临时才能乘风破浪，创造经济高质量发展的奇迹。

二、新基建，新动能

传统基础设施主要包括民用商用建筑、交通运输、能源水利、邮电通信等，实现人与物的连接。而随着数字经济时代的到来，数字化产品、智能化服务、信息化业态等正逐渐在我们经济社会的运行中发挥着举足轻重的作用，使得基础设施建设的主要内容也在随之改变。

2018年的中央经济工作会议上，官方第一次对"新型基础设施建设"这个概念进行阐述。

2020年4月20日，国家发改委通过网上方式举行4月份新闻发布会，会上首次明确新型基础设施的范围，"新型基础设施是以新发展理念为引领，以技术创新为驱动，以信息网络为基础，面向高质量发展需要，提供数字转型、智能升级、融合创新等服务的基础设施体系"。

目前来看，新型基础设施主要包括3个方面的内容：

（1）信息基础设施，主要是指基于新一代信息技术演化生成的基础设施，比如，以5G、物联网、工业互联网、卫星互联网为代表的通信网络基础设施，以人工智能、云计算、区块链等为代表的新技术基础设施，以数据中心、智能计算中心为代表的算力基础设施等。

（2）融合基础设施，主要是指深度应用互联网、大数据、人工智能等技术，支撑传统基础设施转型升级，进而形成的融合基础设施，比如，智能交通基础设施、智慧能源基础设施等。

（3）创新基础设施，主要是指支撑科学研究、技术开发、产品研制的具有公益属性的基础设施，比如，重大科技基础设施、科教基础设施、产业技术创新基础设施等。[1]

2019年中央经济工作会议指出："我国正处在转变发展方式、优化经济结构、转换增长动力的攻关期，结构性、体制性、周期性问题相互交织，'三期叠加'影响持续深化，经济下行压力加大。"越是在这个时候，越应该高度重视培育强劲的新动能。

随着中央对加快新基建进度作出部署，市场上开始掀起了新基建的热潮。那么新基建缘何能成为迎接和适应数字化转型的新动能呢？

当前，通过数字经济和实体经济相互融合，可以有效地激发市场创新创造的动力。以5G网络、大数据中心、人工智能、工业互联网等为主要内容的新基建既是支撑数字经济的筋骨，又是加速数字经济与实体经济融合的催化剂，还是直指经济高质量发展的快车道。当前形势下加快推行新基建，是通过夯实硬件设施为创新蓄力，为新技术的数据化、新产品的信息化和新服务的智能化添把火、加把劲。新基建带给我们的，不只是个别科技产业的数字化转型升级，而且是面向整个经济发展的内生动力和强劲有力的新动能。

三、以一业带百业

1. 新基建贯彻的是新的发展理念

新基建不仅能为市场带来一笔十分可观的投资，同时也能最大限度地提升经济运行的效率，从而实现经济的高质量发展。

海南省海口市的交警联合阿里巴巴技术团队，设计出了"AI信号灯"，这些会"思考"的红绿灯能分析实时数据，智能配置信号灯时长，有效缓解了高峰期交通拥堵的问题。以海口市海甸岛为例，安装"AI信号灯"后，车辆平均行驶速度提高了7%，行车平均延误时间降低了10.9%。

新基建依靠智能化设备、信息化技术和智力型劳动的投入，能在节约成本的同时极大地提升产业的运行效率。比如，一个10万平方米的大数据中心，在远程智能系统的监测下,只需 20～30 位运维人员便能保证整个大数据中心的正常运转。

2. 新基建带来的是新的业态与模式

在数字化转型对社会生产和生活的渗透上,新基建是一等功臣。对我们而言,新基建不仅存在于郊外的 5G 信号塔,更融于我们生产和生活的点滴之中。

新冠肺炎疫情发生以来,越来越多的人习惯了线上消费,使得更多包括传统企业在内的企业不得不开始寻找数字化转型的出路。而数字化新基建的推行,恰好可以让数字化深入到各种消费场景。有了高速高质的网络,就会催生更多空前的应用;有了算法和算力的支撑,就会促进数字化场景的质变。5G 的高速率、低延时、大带宽帮助实现病房远程会诊,高效利用医疗资源,减少交叉感染;人工智能机器人助力复工复产、节约成本、高效增产。

3. 新基建挖掘的是新的增长点

自新基建提出以来,全国各地积极响应并加速布局。新基建以"一业带百业",充分发挥了稳投资、促消费、助升级的巨大潜力。此外,新基建不仅可以为一个地区的发展带来新的经济增长点,还能帮助实现地区之间的产业联动。受新冠肺炎疫情影响,上海对口支援的西藏日喀则市百姓外出务工陷入困境,农产品的输出也面临阻滞。然而日喀则市多个县才刚刚实现脱贫,脱贫成果急需巩固和维护,如何能突破地域阻隔,完成从东到西 4000 多公里的援藏任务?上海援藏工作队的答案是,借助以 5G、大数据为代表的新基建,开发"数字文旅""远程医疗""在线教育"等数字化新业态新模式,使两地的经济社会发展持续"共振",远程交互也更为活跃。上海和西藏在新基建的有力支撑下探索出了一条可持续发展的"数字化"产业帮扶路。

过去经济是靠要素、投资驱动,如今则强调以数据驱动为基础的创新驱动。[2] 新基建"一枪打响",数据驱动的新兴产业迅速崛起。新基建以"一业带百业",为产业的数字化转型注入强大动能。

第二节 新基建的基本框架与核心领域

2020 年 4 月 20 日,国家发改委首次明确:"新型基础设施是以新发展理念为引领，以技术创新为驱动，以信息网络为基础，面向高质量发展需要，提供数字转型、智能升级、融合创新等服务的基础设施体系。"新基建是一个相对的概念，因此相对于上一阶段的产业变革，新基建不仅仅局限于5G、大数据、云计算、物联网等新技术，还包括传统基建的数字化转型升级。

经国家发改委初步研究，目前来看，新基建主要包括三个方面的内容：信息基础设施、融合基础设施和创新基础设施。

一、信息基础设施

信息基础设施，主要是指基于新一代信息技术演化生成的基础设施，比如，以5G、物联网、工业互联网、卫星互联网为代表的通信网络基础设施，以人工智能、云计算、区块链等为代表的新技术基础设施，以数据中心、智能计算中心为代表的算力基础设施等。

1. 5G"信息高速路"，使万物互联成为可能

第一代无线通信技术（1G）于20世纪80年代正式投入使用。在中国，俗称"大哥大"的手提电话使用的就是1G。1987年，"大哥大"进入中国，那时"大哥大"就像一块砖头，又大又重，只有打电话这一种功能，且通话质量差，公开价格高至两万元左右。虽然如此，"大哥大"还是能在人群中吸引众多羡慕的目光。随后的2G、3G、4G几乎是平均每十年更新一代，但中国依旧落后于移动通信技术的潮流。自2020年，世界开始向5G时代全面迈进，这次中国终于不再搭"末班车"，而是走在了5G时代的前沿。

5G，即第五代移动通信技术，是最新一代的蜂窝移动通信技术。区别于前几代移动通信技术，5G网络的主要优势包括：低时延、广连接和大带宽。具体而言，5G的网络延迟低于1毫秒，而4G网络延迟为30～70毫秒，可以满足自动驾驶、远程医疗等实时应用；5G网络可以使得千亿设备相互连接，从而使万物互联成为可能；5G网络的数据传输速率比以往的4G蜂窝网络快百倍，因此可以轻松满足高清视频、虚拟现实等大数据量传输。通过5G网络，用户可享受极致的通信体验。

5G在新基建中的地位可见一斑——信息基础设施是新基建中的关键环节，而5G是信息基础设施建设的纽带和中枢。低时延、广连接、大带宽的5G是

基础设施建设数字化发展的关键保障和支撑，能够高效赋能工业互联网、大数据和工业互联网等新兴高科技产业。

2015年9月，国际电信联盟无线电通信部门（ITU-R）对5G的三大应用场景进行了定义：eMBB（增强移动带宽）、mMTC（大规模物联网）和uRLLC（高可靠、低时延通信），5G的应用场景覆盖了各行业和各领域。其中，eMBB场景对应的是大带宽，面向高清视频、虚拟现实等大数据量需求场景；mMTC要求广连接，主要面向大规模的物联网场景，如智慧家居、智慧城市、智能农业等；uRLLC则要求实时性和低时延，面向如自动驾驶汽车、远程医疗等特殊的应用场景。[3]

除了ITU-R的场景定义，中国IMT-2020（5G）推进组在2015年5月发表的《5G无线技术架构白皮书》中给5G定义了四大应用场景：连续广域覆盖场景、热点高容量场景、低时延高可靠场景、低功耗大连接场景，主要是进一步把增强型移动宽带继续划分为连续广域覆盖和热点高容量两个场景。而热点高容量场景主要面向室内外局部热点区域，包括高铁候车厅、体育馆、商场等，此场景下移动通信基站和无线接收端接入点会相互干扰，导致空间复用能力和吞吐量急剧下降，而如果在该场景下应用5G，则能使得在极高流量密度下也能为用户提供极高的数据传输速率。[4]

5G技术作为新基建的领跑者，犹如"信息高速路"，为庞大的数据规模创造了畅通无阻的高速传输渠道，不仅可以使"万物互联"成为可能、为用户带来极速便捷的体验，还能通过拉动投资和助推产业数字化转型升级为社会带来数以十万亿计的经济价值。

尽管2020年遭受了新冠肺炎疫情的巨大冲击，但在这个特殊的环境下，移动流量需求的快速增长和万物连接的巨大需求量成为5G发展逆势上扬的重要驱动力。中国经济现已步入中速增长的平台，站在世界技术产业创新的前列，下个十年，中国的无线通信市场将无比广阔。"十四五"期间，要持续保持经济平稳增长，必须充分发掘数字化、智能化技术创新对经济高质量发展的支撑和驱动作用。据中国信通院统计，预计到2030年，中国5G直接贡献的总产出、经济增加值分别为6.3万亿元、2.9万亿元；间接贡献的总产出、经济增加值分别为10.6万亿元、3.6万亿元。[5]5G以其开辟时代的技术、包罗万象的应用前景以及强劲有力的产业推动力量，成为了加速下一个十年科技革命和产业变革的新引擎。

2. 数据中心，海量资源的智能"大机房"

当前全球数据总量呈现指数增长的态势。据互联网数据中心（IDC）统计，2020年全球和中国数据规模分别为44ZB（泽字节）、8060EB（艾字节），其中中国占比18%；预计到2025年全球和中国数据规模分别为175ZB、48.6ZB，相当于全球平均每天产生491EB的数据。我们对ZB、EB这两个单位可能不太熟悉，换算成我们熟悉的单位TB（太字节），$1EB=2^{20}TB=1073741824TB$，按照1TB硬盘的标准重量是670克计算，存储1EB的数据则需要719407吨重的硬盘，其总重量接近于50万辆普通小轿车的总和。

据工信部统计，我国数据量年均增速已超过50%。5G、人工智能、物联网、云计算等新兴领域都将是导致我国数据量持续爆发的主要驱动力，因此也对海量数据的计算、存储和传输能力提出了更高的要求，数据中心应运而生。

2020年3月4日，中共中央政治局常务委员会召开会议，会议指出"加快5G网络、数据中心等新型基础设施建设进度"，这是数据中心第一次被明确纳入新基建范畴。

以往的数据中心单指互联网数据中心，是一种拥有完善设备、专业化管理、完善的应用的服务平台。随着数字经济的不断发展，数据中心的概念也在不断外延。目前的数据中心不再局限于传统数据中心所具备的数据传递、加速、计算、存储等功能，而是将互联网数据中心与云计算、人工智能，以及区块链等高科技技术融为一体，集算力、数据、算法于一身，具备数字信息的集中计算、处理、存储、传输、交换和管理能力。数据中心为新基建运行中产生的数据提供便捷、智能的存储、管理和服务能力，承载海量数据资产，可以毫不夸张地称之为智能"大机房"。

按照规模，数据中心可分为三种。2013年1月11日，工信部发布的《关于数据中心建设布局的指导意见》[6]中规定：超大型数据中心是指规模大于等于10000个标准机架[①]的数据中心，大型数据中心是指规模大于等于3000个标准机架且小于10000个标准机架的数据中心，规模小于3000个标准机架的是中小型数据中心。2016—2019年，我国数据中心产业规模日益壮大。据工信

---

① 此处"标准机架"为换算单位，以功率2.5千瓦为一个标准机架。

部直属中国电子信息产业发展研究院统计，2016 年、2017 年、2018 年、2019 年我国数据中心机架数量分别为 124 万架、166 万架、210 万架、227 万架，机架数量持续增加。据中国 IDC 圈统计，2016—2019 年我国数据中心市场规模稳定增长，2019 年增长率为 27.2%。

随着数据中心规模的壮大，其对上下游产业链和新兴数字产业高速发展的推动作用也愈加显著。一方面，数据中心的建设将带动上下游产业链加速发展，尤其是服务器、路由器、交换机、网络、光模块、海量数据管理系统等软硬件产品，以及云计算服务需求量将大幅提升；另一方面，数据中心的建设将带动 5G、人工智能、区块链等新兴产业蓬勃发展。[7]

然而，当前我国的数据中心建设高耗能、结构性失衡等方面的问题迫切需要解决。2019 年 2 月，工业和信息化部、国家机关事务管理局和国家能源局三部门发布的《关于加强绿色数据中心建设的指导意见》中指出，"到 2022 年，数据中心平均能耗基本达到国际先进水平，新建大型、超大型数据中心的电能使用效率值①达到 1.4 以下"。然而 IDC 发布的《2019 中国企业绿色计算与可持续发展研究报告》指出，在所有被访的数据中心当中，只有 12.9% 的数据中心 PUE 在 1.8 以下，39.1% 的数据中心 PUE 为 1.5～1.8，48% 的企业数据中心 PUE 高于 1.8。由此看来，尽管全国数据中心能效水平已在逐步提升，但这与工信部提出的"到 2022 年达到 1.4 以下"的目标仍有一定差距。

除了能耗高，在我国数据中心还存在结构性供需失衡的问题。目前我国的数据中心集聚在北上广深等一线城市，中西部地区数据中心规模尽管快速增长，冷存储业务、离线计算业务开始上线，但仍然正步入结构性过剩阶段。据中国信通院统计，2017 年我国数据中心各地区上架率②如下：西部地区为 30%，河南、浙江、江西、四川、天津等地区为 60% 以上，约为西部地区的两倍，二者上架率差异极大。此外，据中国信通院测算，2018 年北京地区数据中心可用机架为 17.2 万个，需求机架为 22.0 万个，即超过 1/5 的需求无法得到满足。

以往多地纷纷投资建设的数据中心大多各自为政，缺乏一体化的战略布局。

---

① 电能使用效率，简称 PUE（power usage effectiveness），是评价数据中心能源效率的指标，等于数据中心消耗的所有能源与 IT 负载消耗的能源的比值。PUE 值越接近于 1，表示一个数据中心的绿色化程度越高。

② 上架率为已上架开机运行的服务器数量占总机架可容纳的服务器数量的比率。上架率越高表明资源利用率越高。

自从我国新基建按下"快进键",数据中心建设的创新也开始走上"快车道"。在新基建的背景下,数据中心这盘棋须统筹规划,而不是"村村点火,户户冒烟",造成烟囱效应和重复浪费。

数据中心、5G是支撑未来经济社会发展的战略资源和公共基础设施,也是关系新型基础设施节能降耗的最关键环节。2022年1月12日,为贯彻落实《中共中央 国务院关于完整准确全面贯彻新发展理念做好碳达峰碳中和工作的意见》,按照《2030年前碳达峰行动方案》统一部署,有序推动以数据中心、5G为代表的新型基础设施绿色高质量发展,发挥其"一业带百业"作用,助力实现碳达峰碳中和目标,国家发展改革委、中央网信办、工业和信息化部、国家能源局联合研究制定了《贯彻落实碳达峰碳中和目标要求 推动数据中心和5G等新型基础设施绿色高质量发展实施方案》(以下简称《实施方案》)。数据中心和5G作为未来数字经济发展的重要资源和公共基础设施,在促进传统行业数字化转型升级方面具有重要支撑作用。根据《实施方案》,数据中心、5G还承担着"推动煤炭、钢铁、水泥、有色、石化、化工等传统行业加快'上云用数赋智'步伐,优化管理流程,实现节本降耗"的重要任务,肩负着"发布国家新型数据中心名单,打造算力基础设施促进传统行业数字化转型标杆"的战略使命。到2025年,数据中心、5G须全面支撑产业数字化转型和跨越升级,助力实现碳达峰总体目标,为实现碳中和奠定坚实基础。[8]

3. 人工智能,新基建的"智慧大脑"

人工智能是指用机器模拟、实现或延伸人类的感知、思考、行动等智力与行为能力的科学与技术。[9]作为引领未来的战略性技术,人工智能集感知、分析和执行为一体,充当着"智慧大脑"的角色。

尽管人工智能已经发展了60多年,但对大多数人来讲,第一次被人工智能的力量震撼到,应该是听到AlphaGo(即"阿尔法围棋",谷歌人机大战机器人)战胜围棋世界冠军李世石这一新闻的那一刻。2016年3月,阿尔法围棋(AlphaGo)以4比1的总比分击败围棋世界冠军、职业九段棋手李世石,"AlphaGo"也因此成为了2016年度中国媒体十大新词之一。2017年5月,AlphaGo又在中国乌镇围棋峰会上与柯洁对弈,以3比0的总比分获胜。柯洁是当时排名世界第一的世界围棋冠军。在当时,围棋界公认,AlphaGo的水平已经超过了人类职业围棋顶尖水平。

如果说 2016 年的人工智能还停留在新闻和媒体中，距离大多数人的生活似乎还十分遥远，那么近年来，尤其是新冠肺炎疫情暴发以来，人工智能可以说是快马加鞭地从"新闻媒体"中直接来到了人们的身边，成为改善民生的新途径。

清晨准时被智能蓝牙音箱唤醒，并让智能蓝牙音箱叫了一杯咖啡外卖；晨练时智能手环根据上周运动达标情况智能设定本周运动计划；上班路上智能地图自动避开拥堵路段；中午餐馆内点单和上菜都由灵活的小机器人独挑大梁；下午智能冰箱提示冰箱菜量不足，早已根据主人营养状况和饮食偏好下了单；天气很热，下班前可以提前远程打开智能空调；晚上约朋友在家体验新买的 AR 游戏机，在虚实之间穿梭。除此之外，在教育方面，智能教育平台和智能老师能够真正实现因材施教，推动个性化教育发展，进一步促进教育公平、提升教育质量。在养老方面，护理型机器人能够对护理对象进行沟通交互性治疗，不仅可以降低老年人的孤独感、极大地提高老年人的生活质量，还能帮助老人维护尊严感。

在此次新冠肺炎疫情的防控中，人工智能以汇集的海量数据为支撑，在疫情监控、体温监测、病毒检测、复工复产等方面功不可没：机场、火车站、商场出入口等人员高度密集的公共场所，采用人工智能计算机视觉的技术，既完成了体温检测，又实现了对疑似病例的身份排查，显著提高了疫情排查的效率；疫情严重时期，医疗资源紧张，在线问诊工具的开发不仅大大提高了诊断效率，还能避免线下就医发生交叉感染。

然而与其他领域的新技术相比，人工智能有着特殊的技术性质，使其预测结果更具不可控性和不确定性。

第一，人工智能可以运用到智能教育、智慧医疗、自动驾驶、智慧城市、智能理财、智能制造等多种应用场景中，这意味着人工智能技术一旦产生风险，便极有可能波及生产、生活的方方面面，且随着人工智能应用范围日趋广泛，发生风险的可能性也随之提升。如果风险不能被及时处理，则会对生产生活造成严重的影响。

第二，如图 8-1 所示，深度学习作为支撑人工智能算法进行"理解、决策"的关键技术，虽然在语音识别、自然语言处理、机器视觉等经典人工智能问题上作出了巨大贡献，但是深度学习的算法强调模型结构的深度，通常有5层以上，甚至10多层的"隐藏层"①，由于隐藏层"隐藏"于输入层和输出层之间，且不与外界进行任何信息交流，因此导致输入数据和输出结果之间的因果逻辑关系难以被解释清楚，仿佛一个"黑箱"，人们只能被动地接受其运行结果，而无法得知其运算过程。

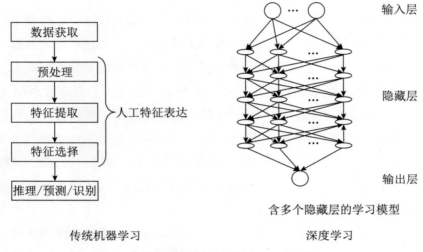

图 8-1　深度学习算法包含多层"隐藏层"

资料来源：2020 人工智能治理白皮书

第三，人工智能的飞速发展离不开数据这个"原材料"，中国在这方面拥有很大的规模优势，但大部分的数据是公开透明的，且在一定程度上是可以自由流通的，容易引发一系列的数据安全、产权和隐私问题。

最后，回到新基建的大战略背景下，人工智能对应的是人工智能基础设施建设。在数字经济时代，人工智能基础设施建设为生产生活提供了智能化服务平台，同时也可以对传统服务平台进行数字化改造，用强大的算法和算力加速社会的智能化演进。根据赛迪研究院②发布的《中国"新基建"发展研

---

① 除输入层和输出层以外的其他各层叫做隐藏层。隐藏层不直接接受外界的信号，也不直接向外界发送信号。

② 赛迪研究院，即中国电子信息产业发展研究院（China Center for Information Industry Development，简称CCID）。

究报告》[10]，当前人工智能基建主要存在三个方面的问题：一是人工智能开放平台的技术支撑主体尚未确立，二是平台资金申报来源有待明晰，三是传统基础设施的智能化改造仍需探索。此外，人工智能基建还面临着顶层设计的协同、区域空间的布局、工程建设的分配、社会效益和经济效益之间的平衡等方面的挑战。

4. 工业互联网，数字赋能制造业的"新生态"

2017年11月，国务院发布的《国务院关于深化"互联网+先进制造业"发展工业互联网的指导意见》[11]中指出，工业互联网通过系统构建网络、平台、安全三大功能体系，打造人、机、物全面互联的新型网络基础设施，形成智能化发展的新兴业态和应用模式。

那么工业互联网与我们通常所说的互联网有何差别呢？

与我们通常所说的互联网相比，工业互联网是在互联网基础之上、面向实体经济应用的升级：传统互联网主要实现人与人在虚拟世界的互联，而工业互联网则实现了从生产要素到整个业务流程所有相关人或物之间的泛在连接，连接范围更广、连接对象更全面；传统互联网受限于信息网络技术，只能满足简单业务的互联，而工业互联网以5G、人工智能、数据中心等智能化、数字化技术和平台为支撑，为低时延、高可靠性、高安全性的新业务的实现提供了可能。所以传统互联网又被称为消费互联网，如果说消费互联网是互联网赛道的上半场，那么工业互联网的到来意味着互联网已经开始驶入更为精彩的下半场比赛。

自2018年"发展工业互联网平台"首次被写入政府工作报告以来，我国工信部先后发布实施十余项关于工业互联网平台的落地文件，带动总投资近700亿元。2021年全国"两会"上提出，"发展工业互联网，搭建更多共性技术研发平台，提升中小微企业创新能力和专业化水平"，这是工业互联网连续第四年被写入政府工作报告。在当前数字经济的大背景下，工业互联网日益成为融合互联网和先进制造业的关键纽带，是制造强国和网络强国建设的重要内容，对加速制造业数字化转型具有十分重要的意义。

在新基建浪潮中，工业互联网要靠工业互联网平台来实现，工业互联网平台是工业互联网的核心载体。2021年2月，国家工业互联网专项工作组印发《工业互联网创新发展行动计划（2021—2023年）》[12]，结合当前产业发展实际和技术产业演进趋势，确立了未来三年我国工业互联网发展目标，并提出"在基础设施建设方面"，要"实施平台体系壮大行动，推进工业互联网平台体系化升级工程"。工业互联网平台通过工业全要素、全价值链、全产业链之间的连接与重构，加速融合新技术、形成新生态、推广新模式，推动制造业的数字化转型走上"快车道"。以工业互联网平台与新技术的加速融合为例，5G低时延的特性可以提升平台设备远程运动的控制精度，平台也可以借助人工智能高效高质量的算力和算法提升产品检测效率。此外，工业互联网与区块链的组合不仅可以降低成本，还可以将高可靠数据进行共享，两全其美。

展望未来，工业互联网将继续充当支撑制造业数字化转型升级的核心力量，通过工业互联网的发展，大数据、人工智能等新一代信息技术将会更加充分地融入制造业，从而推动数字经济进一步壮大，促进先进生产力的持续发展。

二、融和基础设施

融合基础设施，主要是指深度应用互联网、大数据、人工智能等技术，支撑传统基础设施转型升级，进而形成的融合基础设施，比如，智能交通基础设施、智慧能源基础设施等。

由此可见，传统基础设施的数字化转型升级，是指通过人工智能等数字化技术的深度应用，使传统基础设施也具备高度智能化的特点。中央相关会议在提出"新型基础设施"的同时，也提到了传统基础设施的建设，因此传统基础设施的数字化转型升级同样不可忽视。在互联网、大数据、人工智能等数字技术的推动下，交通基础设施、能源基础设施等传统基础设施正在发生根本性的改变，以适应产业转型升级、社会治理等更高的要求。例如，传统交通基础设施的智能化使得交通系统更加安全、环保、高效。[13]

交通运输是新基建的重要领域。[14]2021年8月31日，交通运输部印发了《交通运输领域新型基础设施建设行动方案（2021—2025年）》（以下简称《行动方案》）。《行动方案》以推动交通运输高质量发展为主题，以加快建设交通强国为总目标，坚持创新驱动、智慧发展，以数字化、网络化、智能化为主线，组织推动一批交通新基建重点工程，打造有影响力的交通新基建样板，同时提出了"到 2025 年，打造一批交通新基建重点工程，形成一批可复制推广的应用场景，制修订一批技术标准规范，促进交通基础设施网与运输服务网、信息网、能源网融合发展，精准感知、精确分析、精细管理和精心服务能力显著增强，智能管理深度应用，一体服务广泛覆盖，交通基础设施运行效率、安全水平和服务质量有效提升"的行动目标。在主要任务方面，《行动方案》提出了七大主要任务：智慧公路建设行动、智慧航道建设行动、智慧港口建设行动、智慧枢纽建设行动、交通信息基础设施建设行动、交通创新基础设施建设行动和标准规范完善行动。[15]

表 8-1 《行动方案》主要任务重点工程

智慧公路重点工程	立足京津冀、长三角、粤港澳大湾区、成渝双城经济圈和海南自贸港等重点区域发展战略，依托京哈、京港澳、杭绍甬、沈海、沪昆、成渝、海南环岛等国家高速公路重点路段以及京雄高速、济青中线等城际快速通道开展智慧公路建设，提升路网运行管理水平，降低事故发生率，缓解交通拥堵，提升通行效率 推进港珠澳大桥等公路长大桥梁结构健康监测系统建设实施工作，推动深中通道、常泰长江大桥等在建工程同步加强桥梁结构健康监测能力，动态掌握长大桥梁运行状况，防范化解公路长大桥梁运行重大安全风险 依托天山胜利隧道、秦岭隧道群等开展智慧工地、智慧运营与应急管理等系统建设，增强隧道运行管理可靠性，提升应急救援能力 推进江西等地高速公路智慧服务区建设，推广卡口车流和服务区客流监测、全景视频监控、停车位诱导等设备设施，提高服务区运营管理和出行信息服务水平
智慧航道重点工程	立足全国高等级航道网"四纵四横两网"，依托长江干线、西江航运干线、京杭运河、乌江、涪江、杭申线等高等级航道开展智慧航道建设，实现重点通航建筑物的运行状况实时监测，推动高等级航道电子航道图应用，推进梯级枢纽船闸联合智能调度，有效提升航道通过能力，确保船舶通行安全。推进西部陆海新通道（平陆）运河等智能化应用，提升运河工程全过程的一体化管控能力
智慧港口重点工程	推进厦门港、宁波舟山港、大连港等既有集装箱码头的智能升级，建设天津港、苏州港、北部湾港等新一代自动化码头，加快港站智能调度、设备远程操控等应用，实现平面运输拖车无人化。建设港口智慧物流服务平台，加强港口危险品智能监测预警 推进武汉港阳逻铁水联运码头建设，应用智能闸口、智能理货、智能堆场、智能调度系统，探索内河传统集装箱码头自动化改造经验

续表

智慧枢纽重点工程	打造济南、长沙等航空主导型智慧综合客运枢纽，实现交通运行监测、智能分析决策、信息服务、综合交通协同等功能。打造重庆等铁路主导型智慧综合客运枢纽，实现场站联动、客流管控、一码通行、智慧停车、智能客服等功能 推动北京、河北等开展智慧货运枢纽（物流园区）建设，推进仓储、运输、配送等设施设备的智能化升级，实现车货匹配、智能调度、共同配送、多式联运等服务
打造综合交通运输"数据大脑"	加快建设国家综合交通运输信息平台，构建以部级综合交通大数据中心为枢纽，覆盖和连接各省级综合交通大数据中心的架构体系。鼓励支持省级综合交通运输信息平台和综合交通大数据中心一体化建设，先行先试。建立健全交通运输数据资源共享机制和交换渠道，推动部省综合交通运输信息平台和综合交通大数据中心互联互通，推进交通运输数据资源的汇聚共享与智能应用，以数据赋能交通运输行业，提升管理服务能力

资料来源：《交通运输领域新型基础设施建设行动方案（2021—2025年）》

三、创新基础设施

创新基础设施，主要是指支撑科学研究、技术开发、产品研制的具有公益属性的基础设施，比如，重大科技基础设施、科教基础设施、产业技术创新基础设施等。可以理解为，从小型实验室，到科教园区甚至产学研用一体基地等支持科学技术创新和产品研制的公共性基础设施都可以称为创新基础设施。[16] 以重大科技基础设施为例，2020年12月2日，中国科学院自动化研究所作为法人承担建设的"脑认知功能图谱与类脑智能交叉研究平台"项目在北京怀柔举行结构封顶仪式。该平台作为北京怀柔综合性国家科学中心重点项目及中科院"十三五"科教基础设施项目之一，建成后将为脑科学与类脑智能交叉领域提供一站式研究平台，平台可以覆盖研究、技术、模拟、验证等多个环节，能够为推进我国人工智能产业快速发展提供长远支撑。[17]

2021年11月29日，国家发改委高技术司发布《"十四五"新型基础设施建设解读稿之二：发展创新基础设施 支撑创新型国家建设》（以下简称《解读稿》）。《解读稿》指出，创新基础设施较信息基础设施和融合基础设施处于创新链的前端，高效布局创新基础设施，对于提升新型基础设施的供给质量和效率具有重要意义。

首先，创新基础设施是新型基础设施的重要组成部分。相比传统基础设施，新型基础设施有着明显的科技特征和科技导向，创新基础设施担负着支撑创新型国家"四梁八柱"的重任：建设现代化强国和跻身创新型国家前列需要夯实自主创新能力基础，国际科技竞争态势需要创新基础设施提出坚实支撑，科技革命和产业革命持续引领着大型前沿基础设施前沿方向。

其次，创新基础设施是创新型国家的关键核心能力。尽管近年来我国已有一批创新基础设施逐渐涌现，成为我国国家创新体系的重要力量，但针对原始创新能力还不强的问题，需要超前布局一批科学研究设施；针对核心技术受制于人的问题，需要优化提升一批技术开发设施和试验验证设施；针对科技资源支撑能力还不强的问题，需要统筹发展一批科技资源条件平台；针对创新生态需要进一步完善的问题，应推动建设创新创业服务设施。[18]

创新基础设施作为强国建设的基础条件，已在加快优化的进程中。2022年9月26日，国家发改委举行专题新闻发布会，介绍重大基础设施建设有关情况，创新和高技术发展司副司长张志华介绍我国新型基础设施建设已取得的初步成效时提到，"一方面，我国已经建成体系较为完备的重大科技基础设施，布局建设的77个国家重大科技基础设施中，32个已建成运行，部分设施迈入全球第一方阵。另一方面，我国不断加快创新能力建设，巩固企业创新主体地位，在重点领域布局建设了200多家国家工程研究中心、1600多家国家级企业技术中心和一批国家产业创新中心，技术开发设施体系不断完善"。[19]

科学技术是第一生产力，而创新基础设施则是科学技术重要的生产力。[20]在全球加速产业变革、新科技革命和技术迭代的背景之下，我国建设全球领先的新型创新基础设施，对于实现2030年跻身创新型国家前列、2050年建成世界科技创新强国、实现经济高质量发展意义重大。

数字经济是新时代中国经济发展的重要引擎，而新基建本质上是数字经济的基础设施建设，是数字经济创新发展的关键基石。[21]信息基础设施、融合基础设施和创新基础设施之间互相联系、相辅相成，在促进数字产业深化发展、加快形成新动能、助力中国数字经济发展等方面作用明显[22]，对于新时代中国经济发展具有重大战略意义。

第三节 新基建的融资路径与可持续发展

一、新特征决定新模式

新基建是支撑新业态、新产业、新服务发展的战略性基石，是引领数字经济高速发展、打造中长期经济发展新动能的先导性布局。"十四五"时期，新基建在疫情冲击下逆势而上，成为"两新一重"投资的重点领域，全国有20多个省（区、市）出台实施新型基础设施建设计划。[23]

新基建与传统基建相比，不再只是局限于单纯的工程建设中，而是随着数字经济时代的到来，融入了更多新兴科技和创新产业。新基建不仅拥有比传统基建更充沛的活力，同时还拥有更为广阔的发展空间，因此吸引着众多的投资者探寻新基建的投融资模式。

具体而言，与传统基础设施建设的投融资模式不同，新基建的投融资有如下三方面的特征：

（1）新基建投融资规模更加差异化。新基建包括信息基础设施、融合基础设施和创新基础设施，各领域涉及的项目形式多样，范围更加广泛，规模也更加分散，投融资规模从几十万元到数千亿元不等，差异化加大。

（2）新基建投融资主体更加多元化。传统基础设施建设主体多为政府、大型央国企或地方平台公司，而新基建涉及行业宽泛，互联网平台、高新技术企业等更多更具活力的企业也涌入新基建投融资的行列中。

（3）新基建投融资运营更加市场化。相比传统基础设施建设较为成熟固定的运营模式，新基建所包含的众多行业对投融资模式的要求更为复杂，能够激发新的产业和市场需求，使得新基建的投融资运营更具有市场化的特点。

借助5G、人工智能、大数据中心等新兴前沿科技，新基建使得众多包括传统行业在内的行业搭上了数字化转型升级的快车。然而不同的行业对专业技术知识的要求不同，建设对象又兼具软件和硬件，导致新基建在面对不同行业时所选择的融资方式也更加灵活多变。同时，在加速变革的时代背景下，新兴产业的发展方向具有多种可能，发展空间不受限制，从而导致对应的投融资方式需要根据变革不断作出调整和改进。

2020年，面对新冠肺炎疫情和经济下行的双重压力，新基建成为短时期内稳投资、长期促增长的不二之选。然而加码新基建意味着财政支出的大规模扩大，那么新基建的资金从何而来？

2020年4月，国务院常务会议首次对新基建的投融资模式做出明确："市场投入为主，民资有更大空间"，并指出"要根据发展需要和产业潜力，推进信息网络等新型基础设施建设。创新投资建设模式，坚持以市场投入为主，支持多元主体参与建设，鼓励金融机构创新产品强化服务。加强政府引导和支持，为投资建设提供更多便利。"的确，由于地方的各类民生工程都需要资金，地方政府的资金缺口很大，所以新基建不能仅靠各个地方的财政支持。为了让新基建的建设可持续，让新基建持续"一业带百业"，亟须更多民间资本的引导，发挥"四两拨千斤"的作用。

然而由于新基建的发展还处于初级阶段，很多领域的基础设施建设投资回报周期长，再加上很多产业的建设体系仍未成熟，各种新基建的投资尚未形成商业闭环，资金缺口还很大，导致许多资本一直处在观望的阶段，一定程度上制约了民间资本的进入。

面对新基建的巨大潜力，为了鼓励民间资本大胆"迈出第一步"，相关的政策支撑不断加码，以基础设施REITs相关的政策为例：

2020年4月30日国家发改委和中国证监会发布了《关于推进基础设施领域不动产投资信托基金（REITs）试点相关工作的通知》，正式启动基础设施领域公募REITs试点工作。4个月之后，国家发改委和中国证监会又先后发布了《关于做好基础设施领域不动产投资信托基金（REITs）试点项目申报工作的通知》和《公开募集基础设施证券投资基金指引（试行）》，正式拉开了国内公募REITs的序幕，为国内基建REITs试点提供正式法律政策支持。

在政策的强力支撑下，从业者需充分激发创新创造的才智，帮助新基建找准融资新方向，让新基建持续赋能数字化转型的新征程。

二、新基建的融资模式分析

（一）债权融资

债权融资是指企业通过举债的方式进行融资，企业需承担所获得资金的利息，并在借款到期后向债权人偿还本金。债权融资的主要形式包括自筹资金、财政资金、政府专项债和商业银行贷款等。相对而言，债权融资适用于风险较低且现金流较为稳定的新基建领域。在支撑传统基础设施转型升级的融合基础设施领域，如智能交通基础设施、智慧能源基础设施等，由于其回报率相对较低，因此债权融资的应用相对广泛，有力地推进了该领域企业的创新创造。

例如，政府发行的专项债即为经典的新基建投融资方式。据 Wind 数据显示，截至 2020 年 2 月末，我国共发行了 9498 亿元专项债，且资金全部流向基建领域①，其中用途为广义新基建②的专项债资金共 2319 亿元，占全部专项债资金比约为 24%。具体到省市，以山东省为例，2020 年 1 月至 10 月，山东省共发行专项债券 321.1 亿元，用于支持智慧交通等 202 个新基建项目，从而加快新旧动能转换。

《政府工作报告（2020）》中，国务院提出将为新基建"提供 3.75 万亿元的地方政府专项债券，助力 5G 应用拓展、数据中心搭建"。实际上，对于 5G、数据中心等高技术含量、高风险高收益等的新基建领域，专项债起到的仅仅是抛砖引玉的作用，这些领域的建设仍然需要大量民间资本的注入和推动。

（二）融资租赁

据不完全统计，2020 年新基建总投资规模约 1.2 万亿元，浩浩荡荡的新基建浪潮为租赁行业敞开了大门。目前新基建各领域的融资租赁模式并不成熟，但新基建作为数字经济时代的新增长极，有着长期性、大规模的投资需求，必将为融资租赁这一模式带来更多机遇和挑战。

据全球租赁业竞争力论坛的调查，在新基建各领域中，数据中心所代表的算力基础设施已成为较多租赁公司初步探索的对象。实际上，相比于其他新基建领域，数据中心的上下游产业链中所涉及的多为服务器、路由器、交换机、

---

① 2019年9月国常会规定2020年的专项债资金全部不能流向土储棚改领域。
② 即包含轨道、产业园、新能源、互联网、污水处理、停车场等产业在内。

电源等设备,而这些设备十分适合作为租赁物,有助于租赁公司的实践和布局。

融资租赁为新基建提供资金保障,而新基建的到来可助力融资租赁做大做强。这将为融资租赁模式的创新发展和服务实体经济能力的提升带来丰富的发展原材料、创造巨大的发展空间。2019年,天津初步建成国家租赁创新示范区,飞机、国际航运船舶等融资租赁业务保持全国领先。在此基础上,可借力"新基建",进一步打造全国融资租赁服务平台和融资租赁产业集聚高地,不断提高金融服务创新能力和智能化、数字化运营水平。[24]

(三)PE/VC和产业投资基金

风险投资基金(venture capital fund,VC)和私募股权基金(private equity fund,PE)都是直接股权投融资模式。其中,VC通常投资初创企业或高科技企业,而PE则投资已经形成一定规模并能产生稳定现金流的、处于扩充阶段,且具有巨大发展空间的未上市企业。显然,这两类企业在新基建的背景下都是广泛存在的,并主要集中在5G、数据中心、工业互联网和人工智能等领域。VC在企业的初创时期为企业注入资本,待企业逐渐成熟后,VC将通过市场退出机制将股权转化为资金回报。接着由PE通过私募的形式对企业进行投资,最终通过IPO、兼并收购或者管理层回购等方式出售其持股从而获利。可以看到,VC和PE可以覆盖如上领域企业的初创阶段和成熟阶段,解决科技创新型企业的融资需求,能够帮助新基建领域的企业最大限度地释放增长潜力。

而产业投资基金是指一种对未上市企业进行股权投资和提供经营管理服务的利益共享、风险共担的集合投资制度。[25] 与PE/VC相比,产业投资基金主要投资于处于成长期的、技术成熟的未上市企业,且产业投资基金通常缺少市场化的选择与安排,更倾向于中长期的投资,以长期收益为目标。

与单纯的债权融资或PE/VC融资相比,产业投资基金是一种更为综合的融资模式,既可以单纯投资于企业的股权,也可以采用"股债双行"的模式。

(四)政府和社会资本合作(PPP)

PPP(public-private partnership),意为政府和社会资本合作,是公共基础设施中的一种项目运作模式,或者可以理解为一种公共基础设施的融资模式。PPP鼓励以民间资本和政府为代表的资本相互合作,共同参与公共基础设施的建设。

PPP 在推进过程中遇到了很多困难，但经过 6 余年的打磨，PPP 在我国已经步入了向高质量发展的新阶段。2020 年"两会"期间，全国政协委员、中国财政科学研究院院长刘尚希建议在新基建领域引入新的 PPP 模式，调动社会资本参与。他认为，目前在实践中已形成的"开发性 PPP 模式"可以更好地把政府与市场积极性调动起来，更有效地推进新、旧基建投入，为地方政府摆脱债务困境提供了新路径。

然而，尽管 PPP 在全生命周期的管理、监督与激励等方面可以有效提高基础设施的质量，成为新基建优选的融资模式之一，但不得不承认，政府方具有的双重身份，使其在 PPP 项目的实际运营中必须在满足社会效益和项目盈利之间寻找平衡点。新基建的投资需要进一步放开，从而释放其应有的活力。从某种程度上来讲，PPP 模式只是将适合由社会资本方承担的部分重新分配给社会资本，并没有真正地"交给市场"，没有最大限度地提高民间资本的参与度。因此也有声音认为，新基建的大部分领域并不适用于 PPP 模式。

总而言之，无论是传统的 PPP 模式，还是全新的"开发性 PPP 模式"，都亟待建立适应新基建领域的"中国式规范"，以市场化发展为主，让政策工具成为新基建的助推力。

（五）基础设施 REITs

REITs（Real Estate Investment Trusts），即房地产投资信托。REITs 不仅仅像直译的名字一样那么简单，而是一种特殊的公司或信托。在美国，REITs 是一种集持有、运营、开发和管理房地产业务于一体的房地产企业，其法律实体既可以是公司，也可以是信托。中国也有房地产信托，但是中国的房地产信托以发放信托贷款为主，因此在中国，REITs 和中国现有的房地产信托是两个完全不同的概念。[26]

REITs 将未来具有稳定现金流的不动产作为基础资产，以发行收益凭证来募集投资人的资金，交由专业基金管理人经营管理，最终分配投资收益，其投资标的包括商业地产、基础设施等。其中，主要投资于基础设施的产品被称为基础设施 REITs。

2020 年是国内 REITs 的正式开局之年。

2020 年 4 月份，发改委和证监会发布了《关于推进基础设施领域不动产投资信托基金（REITs）试点相关工作的通知》[27]（证监会发〔2020〕40号，简称"40号文"），正式启动基础设施领域公募REITs试点工作，规定了试点的基本原则、项目要求、工作安排等，为公募RETIs规划了明确的操作框架。

2020年8月份，国家发改委和中国证监会先后发布了《关于做好基础设施领域不动产投资信托基金（REITs）试点项目申报工作的通知》（以下简称《通知》）和《公开募集基础设施证券投资基金指引（试行）》[28]（以下简称《指引》）。继国家发改委和中国证监会之后，同年9月份两大交易所和两大协会先后同样出台了公募REITs配套规则，推动REITs试点的相关细则趋于完善，为REITs项目试点工作保驾护航。随后，市场各方开始积极参与公募REITs的试点申报工作，逐步推进REITs试点工作的落地。

发展REITs融资模式势在必行，且具有充分的理论基础。

1. "公募基金+ABS（资产支持证券）"促进形成良性循环

当前，受底层资产的所有权属转让、税收优惠等因素的限制，国内的基础设施REITs主要是"类REITs"，即通过私募的方式募集的REITs产品，如表8-2所示。

表8-2 公募REITs和类REITs的比较

比较项目	类REITs	公募REITs
募集方式	私募	公募
资产管理方式	被动管理	主动管理
收益实现方式	优先级固定收益，次级享受剩余收益	分红和资本增值
退出方式	持有到期，退出较难	证券交易，退出灵活

资料来源：Wind，公开资料整理

2020年8月份发布的《指引》中明确指明我国REITs产品将采用"公募基金+ABS"的运作方式。"公募基金+ABS"由公募基金、ABS和项目公司等组成，发行方式为公募基金，专项计划公司通过持有项目公司股权取得底层资产100%的所有权，同时以该项目公司底层资产收益权发行证券。如表8-3所示，该运作方式的实质是针对基础资产的"首次公开发行"（IPO），与资产证券化"1.0时代"的传统ABS相比，公募REITs以权益性为特征，具备期限永续、重视资产质量等特点，开启了资产证券化的"2.0时代"。

表 8-3 传统 ABS 和公募 REITs 的比较

比较项目	传统 ABS	公募 REITs
存续期限	一般不超过 3 年	永续（与资产生命周期匹配）
交易方式	转让资产收益权	转让 100% 资产
核心要素	融资企业质量	底层资产质量
企业运营方式	重资产运营	轻资产运营

资料来源：Wind，公开资料整理

可以说，与购买公开上市公司股票的形式类似，公募 REITs 以其特有的产品属性，为投资者提供了一种简单的以小金额参与优质基础资产投资的新渠道，同时还提供了一定的流动性优势。未来，发行基础设施公募 REITs 将有效盘活存量资产、直接提升融资比重、拓宽融资渠道、降低企业和政府的杠杆率，从而形成良性投资循环，促进经济转型升级，是政策的重点鼓励方向。

2. 成熟 REITs 配套的税收政策可以保障 REITs 市场的稳定和健康发展

目前我国的 REITs 税收驱动机制尚不完善，税收优惠力度不够，资产支持专项（SPV）的引入使得在物业转移时涉及个人所得税、企业所得税、土地增值税等多个税种，涉税环节多，导致投资者更愿意选择融资成本更低的融资租赁、债权融资等方式。为此，美国等国家为 REITs 设计了多种税收减免措施，如在 REITs 涉及的公司所得税中，分红的部分可以税前扣除，同时还设定了比较低的税费利率。当前我国已出台一系列相关政策支持税收优惠，虽然在一定程度上可以解决 REITs 产品的双重征税问题，但仍需依据"税收中性"理论，在基础资产转让、交易、收益分配等环节针对企业所得税、印花税、土地增值税等进行税收优化改革，以较低的税收成本吸引 REITs 的投资，促进基础设施 REITs 市场的发展。

3. REITs 严格的资产结构要求保证了底层资产的质量和项目的安全

近年，"底层资产"一词在金融监管政策中频繁出现，底层资产好比高楼大厦的地基，指的是穿透后的最基础的资产。只有地基足够牢固，底层资产足够优质，才能保证投资的质量，减小投资的风险。例如，对于 2008 年波及全球的次贷危机，罪魁祸首之一在于 RMBS（个人住房按揭贷款资产证券化）的底层资产不够明晰，使得投资者和监管机构无法及时识别其中的风险，而是对金融机构的评级过度依赖。而 REITs 的底层资产清晰明了，基础 REITs 的底层资产对应高速公路、机场港口等基础设施，在成熟的 REITs 市场，其收益来源稳定，都属于合格优质不动产，从而最大限度地避免了类似次贷危机"地基塌陷"式的风险。

在新基建的背景下，对于实体经济，基础设施REITs不仅能够满足新基建多领域的融资需求，还可以助推新基建商业模式的创新和可持续，有助于形成投资收益闭环，真正实现快速革新情景下新基建的可持续发展；对于地方政府，基础设施REITs帮助盘活存量资产，帮助地方政府拓宽融资渠道、实现再融资，形成良性循环；对于金融行业，基础设施REITs丰富了投资产品，降低了门槛，为更多民间资本参与投资拓展了渠道，从长期来看为投资人提供了全新的退出渠道，帮助增强了金融服务实体经济能力。

如上所述，任何一种新基建的融资模式都不是"全局最优"的，都需要在与新基建的融合中，相互"磨合"、共同发展。

事实上，无论是新基建还是传统基建，其融资模式不外乎两大类：债权融资和股权融资。当我们在判断不同领域的新基建适合哪种融资模式的时候，首先应该回归最基本的市场逻辑：对于低风险、低投资回报率的传统基建转型领域，如智慧交通基础设施、智慧能源基础设施等，需要粗放型的政府资金主导，适当引导市场资本的进入，因此主要以债权融资为主；对于高风险、高投资回报率的新兴新基建领域，如5G基站建设、数据中心、工业互联网等，需要精细的市场资本主导，适当配合政策指引，因此主要以股权融资为主。其次，可以根据新基建不同领域的新特征匹配具体的融资模式，比如，以通信网络、新技术、算力基础设施为主的信息基础设施，由于其固定资产规模大，具有前期投入大、资金回报周期长的特点，可以采用以政府引导、市场主导的产业投资基金、PE/VC等融资模式进行推进；对于深度融合数字技术的传统基础设施，即融合基础设施，可以探索基础设施REITs和政府和社会资本合作（PPP）的融资模式，充分发挥市场的资源配置作用；而以重大科教基建和产业技术创新基建等为代表的具有公益属性的创新基础设施离不开财政补贴和政府的大力扶持，因此可以采用债权融资及政府引导基金等方式发挥政府的主导作用。

当然，新基建不能"穿新鞋走老路"，而是要发挥政府资金对投资的引导带动作用，充分利用市场手段、发挥市场力量，拓宽资金来源、创新投融资方式，有效调动社会资本参与积极性，加快构建政府引导、企业主导、市场运作的新基建投融资模式。例如，浙江地区金融机构创新差异化金融服务，实现金融信贷投入模式的创新，有效地解决了新基建企业的融资问题。在 5G 网络、人工智能、云计算、工业互联网等领域，加强新基建与应用场景协同发展，基于场景应用构建产业链分享收入和赢利，可以培育可持续的投资收益闭环等。

总而言之，不论选择哪种融资模式，其最终目的都是为了满足新基建企业的融资需求，通过注入资金的方式打破初期资本匮乏的困局，促进企业培育应用场景、创新商业模式，尽快形成商业闭环，实现新基建的可持续发展。

三、新基建的制度创新与可持续发展

新基建是高达万亿级的新兴投融资领域，但新基建投融资仍面临新一代技术更新换代快、传统投资主体面临投资限制、新基建赢利模式不确定性高等诸多挑战。因此，更需立足新基建投融资的独特特征，把短期需求和长期增长机遇有效结合，从而实现新时代新基建的可持续发展。

实现新基建的可持续发展，不仅需要"硬"建设，还需要"软"创新："硬"在物质性基础设施的建设上，"软"在深层次的体制机制改革和制度创新上。

新基建开局以来，我国接连面临着 2018 年开始的中美贸易摩擦、2019 年猪肉价格大涨、2020 年新冠肺炎疫情等重大挑战，暴露出我国科技创新短板、市场应变不足等问题。然而新基建的可持续发展离不开相关制度的保障和支撑，并对制度创新这一软实力提出了新要求。

除了新基建融资模式的创新之外，由于新基建具有投资周期长、投入规模大的市场属性，因此亟须从制度上完善对新基建的特许经营和市场准入，明确界定政府与市场的边界，为新基建的平稳、可持续发展打好基础。此外，新基建承载的新一代信息技术具有快速更迭的特性，传统的产权保护不再能完全适应逐渐开放的共享技术时代，因此需要创造性地解决知识产权和创新共享之间的平衡，在保证知识"有所属"的前提下实现技术的开源共享，让新基建各领域的创新创造拥有可持续的动力源泉。最后，尽管新基建强调市场力量的重要性，但仍然离不开有效的监管，监管模式也应该随着新基建运营、融资等模式的创新不断进步，以包容审慎的态度为新基建创造良好的发展环境，为新基建的可持续发展保驾护航。

参考文献

[1] 中华人民共和国国家发展改革委员会政研室. 新型基础设施主要包括哪些方面？下一步在支持新型基础设施建设上有哪些考虑和计划？[EB/OL].https://www.ndrc.gov.cn/fggz/fgzy/shgqhy/202004/t20200427_1226808.html.2020-04-22/2021-06-27.

[2] 徐宪平. 新基建：数字时代的新结构性力量[M]. 北京：人民出版社，2020.

[3] 国际电信联盟. ITU-R M.2083-0 建议书[EB/OL].https://www.itu.int/dms_pubrec/itu-r/rec/m/R-REC-M.2083-0-201509-I!!PDF-C.pdf.2015-09/2021-06.

[4] 王梦雪. 室内热点高容量场景下的28GHz毫米波传播特性建模研究[D]. 南京邮电大学，2018.

[5] 中国信息通信研究院.2020中国5G发展和经济社会影响白皮书[EB/OL].http://www.caict.ac.cn/kxyj/qwfb/bps/202012/t20201215_366185.htm.2020-12/2021-06.

[6] 工业和信息化部. 关于数据中心建设布局的指导意见[EB/OL].http://www.gov.cn/gzdt/2013-01/14/content_2311736.htm.2013-01-11/2021-06-18.

[7] 王伟玲，王宇霞，高婴劢. 基于"新基建"情境的大数据中心：意义、困境和进路[J]. 行政管理改革，2020(10):68-74.

[8] 国家发展改革委，中央网信办，工业和信息化部，国家能源局. 国家发展改革委等部门关于印发《贯彻落实碳达峰碳中和目标要求 推动数据中心和5G等新型基础设施绿色高质量发展实施方案》的通知[EB/OL].https://www.ndrc.gov.cn/xwdt/ztzl/dsxs/zcwj2/202201/t20220112_1311855.html?code=&state=123.2021-11-30/2022-11-11.

[9] 中国信息通信研究院，中国人工智能产业发展联盟. 人工智能治理白皮书[EB/OL]. http://www.caict.ac.cn/kxyj/qwfb/bps/202009/t20200928_347546.htm.2020-09/2021-06.

[10] 中国电子信息产业发展研究院. 中国"新基建"发展研究报告[EB/OL].http://www.cena.com.cn/industrynews/20200617/107291.html.2020-06/2021-06.

[11] 国务院. 关于深化"互联网+先进制造业"发展工业互联网的指导意见[EB/OL].http://www.gov.cn/zhengce/content/2017-11/27/content_5242582.htm?trs=1.2017-11-27/2021-06-06.

[12] 工业互联网专项工作组. 工业互联网创新发展行动计划（2021—2023年）[EB/OL].https://www.miit.gov.cn/ztzl/rdzt/gyhlw/wjfb/art/2021/art_6706d89a6cbc49cea75e8d47d4787064.html.2021-01-13/2021-06-25.

[13] 李晓华. 面向智慧社会的"新基建"及其政策取向[J]. 改革，2020(05):34-48.

[14] 刘志强. 推动交通基础设施智能升级[N]. 人民日报，2021-09-27(003).DOI:10.28655/n.cnki.nrmrb.2021.010236.

[15] 交通运输部.交通运输部关于印发《交通运输领域新型基础设施建设行动方案（2021—2025年）》的通知[EB/OL].https://xxgk.mot.gov.cn/2020/jigou/zhghs/202109/t20210923_3619709.html.2021-08-31/2022-11-11.

[16] 刘海军,李晴.新基建加速制造业转型升级[J].当代经济管理,2020,42(09):26-31.DOI:10.13253/j.cnki.ddjjgl.2020.09.004.

[17] 人民日报.人民日报：新基建如何加速落地[EB/OL].http://www.sasac.gov.cn/n4470048/n13461446/n14761619/n14761641/c14807687/content.html.2020-06-08/2022-11-11.

[18] 国家发展改革委."十四五"新型基础设施建设解读稿之二：发展创新基础设施 支撑创新型国家建设[EB/OL].https://www.ndrc.gov.cn/fzggw/jgsj/gjss/sjdt/202111/t20211129_1305568.html?code=&state=123.2021-11-29/2022-11-11.

[19] 国家发展改革委.国家发展改革委举行新闻发布会介绍重大基础设施建设有关情况[EB/OL].https://www.ndrc.gov.cn/xwdt/xwfb/202209/t20220926_1336352.html?code=&state=123.2022-09-26/2022-11-11.

[20] 邓洲.新型创新基础设施建设的重点与思路[J].学习与探索,2022(06):141-147+194.

[21] 郭斌,杜曙光.新基建助力数字经济高质量发展：核心机理与政策创新[J].经济体制改革,2021(03):115-121.

[22] 赵剑波.新基建助力中国数字经济发展的机理与路径[J].区域经济评论,2021(02):89-96.DOI:10.14017/j.cnki.2095-5766.2021.0032.

[23] 国家发展改革委."十四五"新型基础设施建设专家谈之九：新型基础设施建设呼唤新型投融资体系[EB/OL].https://www.ndrc.gov.cn/fggz/fgzy/xmtjd/202112/t20211221_1308863.html?code=&state=123.2021-12-21/2022-11-11.

[24] 中共天津市委党校课题组,臧学英.发力"新基建"为高质量建设"一基地三区"提供新动能[J].天津经济,2020(05):9-12.

[25] 刘峰.产业投资基金：产业发展的"引擎"[J].国有资产管理,2008(11):76-79.

[26] 高旭华,修逸群.REITs：颠覆传统地产的金融模式[M].北京：中信出版集团.2016.

[27] 中国证监会,国家发展改革委.关于推进基础设施领域不动产投资信托基金（REITs）试点相关工作的通知[EB/OL].http://www.csrc.gov.cn/pub/newsite/zjhxwfb/xwdd/202004/t20200430_374845.html.2020-4-30/2021-6-15.

[28] 中国证监会,公开募集基础设施证券投资基金指引（试行）[EB/OL].http://www.csrc.gov.cn/pub/newsite/zjhxwfb/xwdd/202008/t20200807_381309.html.2020-08-06/2021-05-08.

第九章

画龙点睛的
数字货币

🏆 第一节　货币数字化将大行其道

数字经济体现在交易体系上，就是数字化货币与数字货币。漫长的货币史是一个"脱实向虚"的过程，交易媒介的每一次变动都伴随着人类社会质的飞跃，数字货币是货币形式未来发展的方向。从远古零星的物物交换到使用商品货币，商业井喷式增长；从商品属性占优的烟草，到交易性质优良的金银，冶炼技术的发展使跨区交易成为可能。近代货币挣脱了内在价值的束缚，从商品货币蜕变为信用担保货币，在印刷技术的帮助下，纸币在维持市场稳定与经济增长中大放异彩。如今，电子货币依托信息技术的腾飞摆脱了实物形态，使交易更为便捷高效；数字货币得益于区块链技术的腾空出世，使无信用背书的纯粹货币形态成为可能，我们正在目睹一场历史的巨变。如图 9-1 所示，伴随社会发展、技术的提高，货币在发展的各个阶段呈现不同的形态。

图 9-1　货币发展各阶段形态

一、数字化货币与数字货币

数字化货币是电子化的普通货币,是主权货币的一种衍生形态,有法定基础做支撑。数字化货币分为卡基和网基两种类型,前者以磁条卡、芯片卡等记录交易信息为代表,通过读取卡片信息完成交易资金的划转;网基依托于网络系统,货币价值和交易指令都通过计算机进行存储与操作。[1] 目前与生活息息相关的微信、支付宝、银行卡支付等都是货币数字化的具体表现。

虽然数字化货币与数字货币非常形似,但二者间的关系绝不似"行者孙"和"孙行者"那般紧密。可以说,在数字货币的成功发行中,货币数字化功不可没。在发展阶段方面,目前数字化货币正处于壮年,不仅有国家信用背书和顶级机构注资,还具备海外市场广阔的发展空间;数字货币才刚起步,虽然有高端技术背景且契合货币发展方向,但短时间内难以撼动货币市场的主流。[2] 数字化货币不过近十年才开始流行,就已经在移动支付方面积累了丰富的经验,而且还证实了电子形式货币的可行性。在形态和携带方式上,二者都是数字,可以通过数字钱包在各终端中使用。其不同之处在于,数字化货币只是普通数字,而数字货币是需要在特定数字货币网络中运行的加密数字。[3] 虽然两者共同依托于网络系统,但数字货币在安全、效率、成本等多维度上完胜数字化货币,更适合作为交易媒介。

二、数字货币产生的基础

现代密码学是数字货币产生的基础。对称加密算法中，加密和解密共用一套密钥，就像摩斯密码共用一套解密对照表，只要学会了就能够使用。在这种情况下，想要大规模私密传递不同信息是很困难的，因为和每个传播对象约定使用不同的密钥非常麻烦。Diffie 和 Hellman 提出的非对称加密思想将一套密钥拆分成加密密钥和解密密钥，使得信息能够有效、私密地在人群中传递。公开的加密密钥称为公钥，私人所有的解密密钥称为私钥，只有私钥能够解开经过公钥加密过的信息、推导出公钥，反之则不然。大家想要给谁发私密信息，只需要使用这个人的公钥加密发送就可以了，加密后的信息就算被其他人截取也无法破解，因为这些"密码"只有私钥可以解开。这样，每个人只需要两个密钥，就能够实现所有人之间的加密信息传递。此外，私钥也可以用于认证和签名，其他人只需要用对应的公钥验证，就能知道信息是谁发出的。新闻中那些不幸无法找回比特币、失去巨额财富的人，就是因为忘记了自己的私钥，无法证明自己是账户的持有者。

哈希算法使信息的验证变得简洁。信息在传送的过程中会受到各种影响，信息本身可能会发生变化，导致接收与发出的信息不一致。以往的解决方式是多次传输比对，效率十分低下。哈希运算可以根据输入的内容输出简单的信息，就像对文章做摘要，因此又称信息摘要。它还会随着信息的微小变化而"改头换面"，出现完全不同的结果，因此哈希算法可以有效验证信息的准确性。在发出信息时，作者在末尾附上哈希运算的结果，接收者就能使用相同的哈希算法进行验证。如果运算的内容一致，那么证明文件在传输前后就没有发生变化。

区块链是由"链式结构"单元组成的共享数据库，所有人都能在平台上查看数据信息，共同维护和记录，公开透明保证了系统的可靠性。其中每个存储单元称为区块，通过特定的哈希值与上一个区块实现连接，保证数据无法被篡改。随着时间增加，串联的区块数目越来越多，区块链的长度也就越来越大。此外，区块链按照记账人的范围可以分为公有、行业和私人区块链。

对称加密算法和哈希算法为数字货币的传播与验证提供了可能。以比特币为例，每个人的账户开户后，系统根据本地信息生成一个随机私钥，根据私钥再导出公钥。公钥经过哈希运算生成公钥哈希，最后编码整合成能够接受比特币的地址。这是一个单线程的运动,私钥是交易和持币的起点。

区块链技术来源于比特币,其中的分布式共享账本允许每个人查看和维护信息,具有"人人平等"的特点,没有权威的中央记账者。那么去中心化的比特币应当以谁的账本信息为标准呢?通过挖矿机制加入竞争,促使所有人账本上的信息一致,每个人都能成为记账者。谁最先把当前账单区块与上一个账单区块通过一定的运算,得到符合条件的哈希值,并通过至少六个网络节点的验证,就可以成为记账者。记账成功的"矿工"可以获得比特币奖励,但这并不意味着比特币是源源不断的,因为奖励的比特币每四年减半一次,总量一共只有2100万个。比特币只有唯一的一条公有区块链,理论上如果有人想要篡改,就必须控制全球1/2以上的比特币全节点才有可能。[4]

三、数字货币的优缺点

(一)数字货币风险

数字货币是电子形式的替代货币,尚没有一个官方通用的定义,英国央行将其分为加密数字货币和非加密数字货币,划分基础为分布式记账技术。比特币是数字货币的代表,但数字货币不一定都是去中心化和依赖区块链的,比如数字人民币就是中国人民银行中心化管理、仅部分环节涉及区块链技术的数字货币。

私人数字货币不归任何主权国家管控,存在极高的风险。第一,对持有者来说,数字货币币值波动剧烈,市场存在投机性,而有效风险分散需要大量可投资标的、资金和专业知识,这是很多投资者所不具备的。第二,数字货币市场良莠不齐,五花八门的数字货币"乱花迷人眼",底层技术复杂,非专业人士难以辨别,稍有不慎就可能落入无良中介、交易中心和发行者的圈套。数字货币市场的有效监管还未建立,跨国上诉存在管辖权问题,投资者一旦受骗甚至可能投诉无门,所有风险由自己承担。第三,私人数字货币存在极高的信用风险。不同于"一手交钱、一手交货"的贸易模式,数字货币更依赖交易对手的信用,单线程交易一旦发生就难以追回。[5]第四,私人数字货币依托于计算机技术,容易出现安全漏洞,包括黑客盗取私钥和数字货币技术缺陷等,属于低概率、高损失风险,而目前各国数字货币保险还未建全,没有合适有效的风险管理手段。

私人数字货币不利于国家安全。首先，私人数字货币脱离各国监管，其匿名性使资金追踪变得困难，容易被用于洗钱。其次，数字货币可能对外汇市场产生影响，国家限制的投机交易、热钱流动可能通过数字货币形式进行，加剧外汇市场和金融市场波动。再次，数字货币可能被用于非法交易，如毒品、赌博、走私等，甚至可能威胁人身安全，必须严厉防范。[6]最后，数字货币市场波动大，容易导致投资者破产，作出伤害自身生命、危害社会环境的不良举动。

基于以上种种危害，我国政府彻底叫停私人数字货币交易。2013年，我国明确虚拟货币为商品，而非货币；2017年叫停数字货币交易，此后多次提示虚拟货币非法筹资风险，打击虚拟货币非法交易。2021年5月，中国互联网金融协会等三协会限制机构开展虚拟货币交易相关业务，[7]国务院金融稳定发展委员会明确打击比特币挖矿和交易行为；[8]同年6月，人民银行发布公告称已约谈多家银行及支付机构，严令禁止开展数字货币相关服务。[9]

（二）数字货币是传统货币的下一阶段

数字货币具有专属所有权，不能"双花"，即所有权在同一时间内只属于一个人，只对应相应价值，不能被重复使用。底层技术需要限定数字货币的所有权无法被复制，即使被复制后也能立刻发现并处理，保证市场上不会出现"一分钱掰成两半花"的情况。理想的数字货币可以成为全球性的货币，无障碍地在全世界范围内流通，并能够高效运转。

数字货币具有传统货币不可比拟的优势，相比之下数字货币更为高效，推陈出新，革故鼎新。首先，数字货币在发行和流通方面具有鲜明的成本优势，去中心化管理依托于网络节点，在高效的基础上节约了管理、记录成本。纸币制造成本高昂，在实际使用中也会有所损耗，而数字货币就不存在这种困扰。如果数字货币大规模流通，现金运输成本和安保成本都可以省去，运钞车不必再每日往返于各大银行，抢劫现金的恶劣犯罪行为随之消逝，押运员也可以避免高风险工作。

第二，数字货币的安全系数更高。想必"此地无银三百两"的笑话大家听过之后都一笑置之，但在金银本位制时期和纸币早期，人们为了保证货币的安全，可谓是"无所不用其极"。但凡家中隐蔽的的地方都藏过钱，门梁、墙内、地洞，只有想不到，没有藏不了，却还是无法保证安全。如今，随着银行的成立和数字化货币的流行，大城市已经很少人使用现金了，扒手遭到"灭门之祸"。虽然人们面临的抢劫和盗窃风险降低，但网络支付风险和银行账户风险不可忽视。假冒二维码、恶意网站、木马病毒都在威胁着网络信息安全，个人信息泄露问题严重。数字货币具有更高的安全性，所有人都能验证账本、查看信息，基于区块链技术的分布式共享账本保证数字货币不能被篡改，与密码技术形成双重保障。此外，在纸币系统框架下，假币是难以避免、难以辨认的，这种交易风险在数字货币体系下不复存在。

第三，数字货币是有迹可循的，具有可追踪性。监管机构可以调出个人交易的所有明细，小到一个鸡蛋，大到一架飞机，流水都能被事无巨细地记录下来。相比不留痕迹的现金支付，数字货币具有更高透明度，对洗钱、偷税漏税等不法交易的打击力度大。监管当局可以依托大数据建立完备的风险管理机制，更精准地定位和发现问题，运用金融科技提升监管效率。交易数据是公开的，但个人账户信息必须保密，监管机构要严格把控私人信息的私密性，限定追踪权限。

第四，数字货币具有隐蔽性。非对称加密只公布了公有区块链上的信息，个人的私钥则是高度加密的。账户所有人可以选择将自己的信息完全保密，就算两人达成了交易，也可能完全不知道对方是谁。就像在淘宝上购买商品时，卖家和买家双方都不知道对方的账户信息，可以在没有银行卡卡号的情况下完成交易。因此，使用数字货币不容易泄露个人信息，具有隐蔽性。

（三）数字货币的经济优势

在经济层面，数字货币更是显示出绝对优势。

第一，可以解决我国四大目标之一的通货膨胀问题。历史上，每一次滥发货币都会导致物价高涨，"钱不值钱"，老百姓多年的积蓄付之一炬。依赖国家信用发行的货币与国家经济情况就像一条绳上的蚂蚱，一荣俱荣，一损俱损，人民群众没有讨价还价的能力。在经济局势不佳的情况下，如果财政刺激政策和货币刺激政策双管齐下，货币贬值预期将迅速蔓延；在供给收到负面冲击、货币政策长期无效时，物价和薪资螺旋上升，带动失业率提高，"滞胀"之下人民经济生活将会陷入困境。经济需要一个更稳定和适合发展的货币。数字货币能够被编程，可以随着经济体量的需求设置发行量，有利于减轻通货膨胀问题。此外，国家货币发行往往与政府债务、财税体系绑定，受到一定约束。数字货币可以简化货币循环机制，通过一定的编程自动发行和回笼货币，对经济的影响更小。例如，以太坊在交易时需要消耗一定的"gas"，就像煮菜做饭需要燃气成本，这就是一种回笼机制。[10]

第二，数字货币将改变货币结构，有利于货币政策实施。当利率接近零时，人们将财富以现金形式持有，而非用于消费和投资，国家无法再通过降低利率刺激经济，就会出现"流动性陷阱"。虽然部分国家已经进入负利率时代，但纸币限制了其推行的政策效果，导致刺激失效。毕竟把钱放在银行会变少的话，也可以取出现金藏在床底下，不一定要用于消费。数字货币为各国央行直接实施负利率政策提供了可能，将增强货币政策效果。

数字货币能够降低现金漏损率，在使用上方便快捷，可能"拔高"货币乘数、增大货币流通速度。货币供应量等于货币乘数与基础货币的乘积，因此数字货币的发行可能带动货币供应量上涨。在多个经典理论中，货币供应量上涨都会拉动经济水平提升：托宾 q 理论认为，货币供应量增加后，人们将闲置的资金用于购买股票，股价上升后企业发行等量股票就可以获得更多投资品，因此会增加投资支出，从而增加产出；IS-LM 模型中，货币供应量增加将右移 LM 曲线，利率降低促进投资和消费，进而带动经济产出增加。

量化宽松政策是刺激经济发展的手段，但一定程度上又会加剧贫富分化。[11]富人用更便宜的资金成本投资，"靠钱生钱"；穷人拿着"死工资"，还要面临货币贬值的困扰。有经济学家发现，"直升机撒钱"政策比量化宽松来得更为有效和公平。虽然在现有货币体系下，这种政策没有执行的最优渠道，但如果数字货币发行，央行就可以精准把钱投放到每个人的账户里了。此外，发行数字货币将提升政府对货币的控制力。数字货币各节点的交易数据庞大，央行能够据此建立基于大数据的货币体系，更精准地分析和调控经济。

第三，数字货币可以提高支付效率。国内市场上，买卖双方基于网络的交易涉及账户转划，需要在商业银行后台系统中进行处理；通过第三方支付中介的交易涉及两次资金的转移；面对面交易使用纸币涉及纸币的清点、辨别真伪和找零。数字货币点对点支付剔除了第三方的存在，可以简化操作、降低成本。在国际市场上，贸易涉及外汇的兑换，步骤更为烦琐。商家需要根据汇率的变动做好定价和套期保值；国家需要预测外汇收支情况，将一部分外汇储备专门用于国内居民的兑换，以保证流动性。数字货币在交易时不存在时差，在国际间能够顺畅流通，且目前的私人数字货币也不存在汇率换算的问题。

第四，数字货币能以低廉的人力、物理成本获得"普惠金融"效果。由于规模或地理位置原因，部分地区建立银行网点的成本远超收益，且网络信号覆盖不佳，大部分交易必须通过现金进行。居民与国家均须花费高昂的成本确保交易顺利进行，现金存取极为不便。根据国家统计局数据，我国2020年年末手机上网人数共达9.86亿人[12]，这些居民都具备基础条件，可以享受快捷的央行数字货币支付。数字货币不仅不需要银行卡，对信号的依赖程度也不高，而且可以通过网络远程结算，在偏远地区也能畅行无阻，有助于我国实行普惠金融。

四、央行数字货币

正因为数字货币具有不可比拟的优势，在私人数字货币盛行的当下，法定数字货币也正在如火如荼地研发中。《货币的非国家化》一书中曾提出这样的观点：既然竞争能够使市场达到帕累托最优，那么在货币领域放开国家垄断的限制，定价将更有效和稳定。[13] 显而易见，竞争通常比垄断更能够满足需求。从小处说，竞争市场为我们提供了琳琅满目的商品，使得供给能够及时随着需求的变化而调整；往大处想，如美国大选、区域政策制定等的底层逻辑中都包含着竞争思维。在以往，基于信用体系的私人货币难以与国家法定货币抗衡。如今的数字货币则不同，作为大规模流通和持有的资产，兴许能够为货币市场引入竞争体系。目前创造财富神话的比特币和蓄势待发的其他主流数字货币莱特币、以太坊、瑞波币等都由私人发行，技术和市场经验都处于相对领先地位。但即使是头部数字货币也无法避免没有定价基础可以锚定的问题，其价值难以衡量，存在极高的市场风险。

央行数字货币被国际清算银行定义为：可广泛获得、具有数字化形式、央行发行且底层技术类似于比特币的代币。相比之下，虽然法定数字货币还没有大规模正式发行，但已有多国释放出发行数字货币的意愿，受到多方青睐。根据国际清算银行 2020 年发布的央行数字货币报告，参加调查的 66 家央行中有 80% 正在研究数字货币，10% 已开发试点项目，各国法定数字货币研发进度如表 9-1 所示。[14]

表 9-1　法定数字货币研发领先国家及其进度

国　　家	研发法定数字货币进度
巴哈马	2020 年推出、2021 年全面推广法定数字货币 "Sand Dollar"
柬埔寨	2020 年推出的支付系统 Bakong 基于区块链技术
中国	2020 年在多地试点测试，可在 ATM 上存取数字人民币
巴西	央行发布数字货币指导方针，行长表示可能在 2022 年之前推出
突尼斯	Forex Club of Tunisia 测试数字货币 "E-dinar"
印尼	2021 年宣布数字印尼盾正在评估选用哪种技术
瑞典	央行将联手支付、软件平台进行 e-krona 下一阶段技术测试
意大利	央行副行长表示已准备好迎接数字货币测试
菲律宾	已成立委员会研究发行数字货币的可行性和政策影响
英国	数字英镑将作为稳定币，仍处于评估阶段
尼日利亚	2021 年 10 月推出 e-Naira（e 奈拉）

数据来源：网络公开信息整理

可以看到，我国法定数字人民币的研发目前正处于国际赛道的前端。对于数字人民币，央行数字货币研究所所长穆长春的权威定义为："数字人民币是由中国人民银行发行的数字形式的法定货币，由指定运营机构参与运营并向公众兑换，以广义账户体系为基础，支持银行账户松耦合功能，与纸钞和硬币等价，具有价值特征和法偿性，支持可控匿名。"[15]

我国政府在法定数字货币赛道中抢占先机并非临时起意。早在 2014 年，我国政府就开始深入研究数字货币，力求把握法定数字货币的发行先机。2015 年我国成立数字货币研究所；2016 年提出对外公开发行数字货币的目标；2018 年我国成功试运行数字票据交易平台实验性生产系统；2020 年我国开展数字人民币试点工作。目前多国对数字货币的研究将将起步，而我国早已有条不紊地进入测试阶段，稳定、高效的数字人民币有望早日登上世界舞台。

要想顺利发行数字人民币，少不了全国政策的大力帮扶。"十四五"规划中，中央明确提出"稳妥推进数字货币研发"，各地地方政府紧随其后，大力发展数字货币。其中，北京市、辽宁省、广东省、海南省、山西省等明确提出开展或推进法定数字货币试点，河南省、福建省、广西省、辽宁省、海南省、江苏省、湖北省、内蒙古自治区等将培育发展区块链产业，广东省、上海市明确提出要发展数字基础设施。[16]此外，在近期召开的各地"两会"中，也有不少地方政府提出建设数字经济基础设施，例如北京市就提出了建设基于区块链的可信数字基础设施。[17]

我国央行推出的数字人民币是可以直接用于消费的现金。数字人民币是货币的电子化，与支付平台不存在竞争关系，二者的关系类似于货币和钱包。虽然微信、支付宝能够提供方便快捷的服务，但走的是第三方支付模式中的中介模式，相当于一个"中间商"：发生交易时，请求被传送到支付宝、微信等中介后台，中介平台按照指令从个人的账户中把钱支取出来，同时增加卖家账户余额。这些软件使用的前提是绑定银行卡，对网络的依赖程度高，比现金方便快捷的程度有限。就算在有条件便捷地使用微信、支付宝的地区，数字货币的发行也有助于提升效率和提高商户幸福感。

在数字货币的发行上，我国倾向于采用现有货币发行流通框架，遵循"中央银行—商业银行"的二元模式，即中央银行将发行的数字货币注入商业银行，由该金融中介向公众提供相关的各项业务，同时缴纳全额准备金。数字货币通过双重架构避免了"金融脱媒"现象：首先，通过原有框架发行的数字货币不会改变经济中的总体借贷关系，充其量就是借贷中的一部分货币"神不知鬼不觉"地变成了效力相同的数字货币；其次，在央行和商业银行的双重保障下，受众对数字货币的接受度更高，使用体验上与早已使用习惯的电子货币相似，能够平滑发行中的摩擦；最后，商业银行的亲身参与稳定了银行体系。数字货币经由商业银行之手发放给民众，不容易影响存款业务的吸引力。惯性会使得大部分持币者依旧选择把资金放在商业银行账户内，毕竟都是账目上的数字，放在银行里还能获得利息。在央行间接向公众发行货币的背景下，商业银行没有从天而降的"对手"争夺储户，其贷款能力和社会间接融资水平也就有了保障。这种二元模式非但不会增加银行同业拆借市场的压力，还能提高商业银行维护数字货币发行和稳定的积极性，一举两得。因此，数字货币的发行预计不会打乱原有市场的稳定。

私人货币可以大胆尝试去中心化管理，但数字人民币必须在中心化监管下运行。完全私密的交易体系下，国家难以掌控资金的具体流向，就无法通过货币政策和财政政策平滑经济，进行宏观调控。此外，国家安全也要求法定货币可追溯，如果非法交易、不法资金流动完全依赖于交易者的自觉披露，无异于将国家"立于危墙之下"。监督、监管法定货币，维护金融市场稳定高效是央行责无旁贷的责任，因此数字人民币必须在私人数字货币的基础上"去粗取精"。最后，中心化管理也有助于稳定数字货币价值，央行可以随时"进场"稳定供需关系。

第二节　灰色地带的代币

一、代币形式分类

代币种类形式繁多，包括数字加密货币、平台化虚拟货币、代币券等。相比法定货币由国家发行，代币的发行者一般是机构和私人，并且除数字货币外，代币使用范围都有严格的限制。

目前最流行的代币是数字货币，国家对私人发行的虚拟货币持否定态度，包括个中翘楚比特币。中国人民银行曾在 2013 年发布通知将比特币定义为虚拟商品，否定其货币属性，并限制作为货币流通。[18]数字货币作为性质优良的代币，在监管上需要"慎之又慎"。2017 年，中国人民银行约谈了 9 家比特币交易平台，要求在法律允许的范围内开展业务，不能违反相关金融法律法规。[19]我国多次颁布文件提醒虚拟货币的风险，并在 2021 年明确打击比特币挖矿，要求银行及支付机构严查、严防、严处虚拟货币交易。

平台化虚拟货币常见于网络，需要在特定的平台使用，一般来说只能在发行机构的平台上流通，包括腾讯 Q 币、游戏代币等。这些货币的获得方式除了法币充值以外，通常还也可以通过花费时间完成任务获取，其规则完全取决于发行者制定，不具有法定货币效力。因为网络世界的约束性更弱，"跑得了和尚也跑得了庙"，所以平台化虚拟货币发行一般需要有大机构作为信用背书，才能获得消费者信赖。

代币券是能够代替现金进行购买的有价证券或凭证，一般以代金券、储值卡、购物卡、抵用券的形式出现。储值卡在生活服务中比较常见，包括电话卡、煤气卡、公交卡、医保卡、电影卡等，都是先充值后使用，减少业务使用法币交易的频率。互联网支付在极大程度上提高了生活服务的便捷性，更高效的支付方式逐渐取代了曾经常见的储值卡。游戏币也是代币券的一种，在游戏厅中使用，参与者感觉花出去的不是货真价实的货币，能够促进消费。购物卡一般由超市、商场发售，对消费地点有明确的限制，相比储值卡来说，可购买种类的范围更广。

二、代币的使用场景

代币的使用场景主要有三：

第一，代币提高支付效率、降低交易成本和促进消费。数字货币、储值卡等代币的发行提高了交易效率，简化交易流程，符合人类"偷懒"的需求。例如，在以前，每辆公交车都需要配备专门的售票员，到后来由乘客自己准备零钱，再到使用公交卡，双方的交易成本是不断降低的。此外，商家创造出代币也有促进消费的作用。一般来说，商家会给充值购物卡等代币打折，充值金额越大折扣越大，以此来深度绑定客户，也能够提前回笼资金。

其二，代币不具有法律效力，往往潜伏在特定群体的交易之中，这部分交易脱离了中央系统的管制，处于灰色地带。《中国人民银行法》中规定，"任何单位和个人不得印制、发售代币票券以代替人民币在市场上流通"。[20] 但在这部分群体中，代币行使了法定货币的部分职能，可以像法定货币一样顺畅流通，用于购买各种商品。

其三，在国家经济形势不稳定的阶段，代币可能替代原有法定货币发挥职能。政府选择了错误的政策或财政开支过大，动摇国家经济之本的时候，法币将失去公信力。恶性通货膨胀下，国民会寻求其他价值稳定的货币用于交易。津巴布韦目前已经放弃法币，使用美元、欧元等多种货币进行交易。委内瑞拉明明有着得天独厚的石油储量，却因为不良的政策法规在全球通货膨胀率高居榜首，现在混乱不堪、粮食紧缺，甚至需要物物交换。委内瑞拉政府发行的货币贬值得一塌糊涂，GDP 平减指数逐年升高，如图 9-2 所示，人民除了选择使用美元、人民币等外汇进行交易外，还使用"NANO"币、游戏奖励的香蕉币"Banano"等虚拟代币购买食物。香蕉币是第三代虚拟货币 NANO 的第一个正式产品分支，还处于发行阶段，主要获得方式是玩一款名叫"Banano Runner"的游戏，用户在游戏中通过控制猴子躲避障碍抓香蕉获得。[22] 代币在政府失信的情况下发挥了法定货币的作用，具备良好性能的游戏币也能够担负起交易媒介的责任。

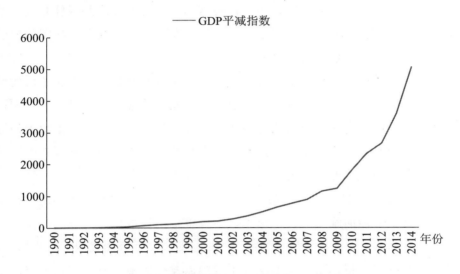

图 9-2　委内瑞拉玻利瓦尔共和国 GDP 平减指数

素材来源：The World Bank

三、代币交易存在的风险

由于代币脱离了法定货币流通框架，在使用上匿名性较强，购买者和使用者可以相互分割，以此逃出货币监管的范围。代币具有的高私密性容易被有心人"钻空子"，滋生各种各样的法律问题。

首先，代币可能被用于不法交易。黄赌毒一直以来是我国严厉打击的对象，过去不法分子就算要进行地下交易，也免不了兑换大额现金或者转账，异常行为容易引起监管注意。但现在数字货币的兴起丰富了交易的支付手段，并且不受国家监管，成为不法交易的"心头好"。2019 年 8 月，厦门警方就侦破以比特币为交易媒介的贩毒案件，贩毒嫌疑人通过暗网跨国购买毒品并在境内分销，性质非常恶劣。[23] 跨国交易需要换取外汇，步骤相对烦琐，代币的使用简化了兑换流程、减小交易阻力，同时也增大了监管的难度。

代币可能被用于洗钱，将非法所得合法化。比如上文中提到的走私贩毒案例，卖出毒品的海外团伙如果想使用非法所得进行奢侈消费，又不能引起监管方怀疑，那就要想方设法将这部分黑钱"洗白"。代币可能被作为"中转站"，犯罪团伙使用非法所得购买比特币，再将这部分比特币分散到国外套现，通过多个银行卡小额转账分散至不同账户，最后再在境内取现消费。我国就出现过使用比特币为电信诈骗洗钱的案例。[24]

其次，代币可能被用于"人情交易"，非直接的资金往来增加了反贪反腐的难度，败坏社会风气。购物卡体积小，难被发现，管理宽松可以在一定程度上匿名使用，因此赠送购物卡的行为屡见不鲜。数字货币的赠与则更为便捷，不需要当面交易、脱离法律监管范围，甚至交易双方的身份都难以查明。代币降低了腐败行为被发现的"风险"，可能提高腐败现象的发生频率。

再次，代币可能扰乱市场秩序。[25] 代币的规则完全由发行者制定，持币者话语权不高，可能面临发行者不退币、不找零、不让退货等"强买强卖"的行为。代币没有法律效力，只是一种合同约束，如果发行者面临困境或心怀不轨，就可能卷款跑路。特别是有些不法分子专门以发行代币的方式诈骗融资，拿到资金后就"卷款潜逃"，破坏金融市场的稳定性。

最后，代币可能被用于偷税漏税。企业在缴纳所得税时有严格的规定，业务招待费、广告费等项目需要依据税前扣除标准计算，分别不得超过当年营业收入的 0.5%、15%（少数行业可扣 30%），超过部分无法作为费用在计算所得税时扣减。如果单位将代币用作这些会计科目的支付手段，在记账时却"移花接木"，把费用记在其他不设上限的科目中，就可能因此少交所得税。此外，个人和机构以代币形式获得的收入难以被察觉，银行流水里丝毫没有痕迹，在纳税时就容易逃过国家的监管，这对税收系统来说是个不小的挑战。

四、ICO

（一）ICO 融资

近年来因为比特币大热，各类区块链项目也"蠢蠢欲动"，纷纷以加密数字货币为标的物公开募资。这种行为被称为 ICO，即"initial coin offering"，改编自 IPO，也有学者将其定义为"initial crypto token offering"[26]。这是区块链项目重要的融资手段，曾帮助很多知名的数字货币起步，本应成为一个非常有效的融资渠道。

通常来说，ICO 项目的融资方式如图 9-3 所示，区块链的初创企业通过互联网平台向公众筹集资金，并以他们发行的虚拟代币为标的物，允诺一段时间后可以在交易平台上出售流通这些代币。发行方具体将筹集到的资金用往何处是不公开的，也无人监管。[27] 一般来说，虚拟代币需要借助 ICO 平台进行融资。ICO 平台经营模式根据提供的服务可以分为：专营第三方平台模式、传统众筹 +ICO 模式、虚拟货币交易 +ICO 模式，以及其他模式。

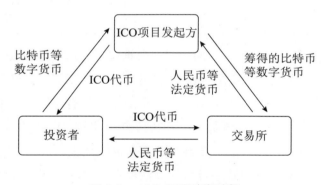

图 9-3　ICO 项目融资过程

资料来源：清华大学国家金融研究院

数字货币的核心价值在于底层核心技术，越先进的数字货币通常具有越高的价格。以太坊升级 2.0 后，对未来发展的良好预期推动价格大幅上涨。ETH2.0 从工作量证明机制 POW 转为权益证明机制 POS，交易可以迅速进行处理，不需要像原先一样等待哈希运算，新引入的分片技术可以有效缓解网络拥堵问题。

区块链具有很高的技术含量，只有少数玩家能够真正分辨不同项目的好坏，原本应该成为一种小众爱好。然而，区块链和比特币大热促进数字货币变成投资品，而且是信息极度不对称的投资品。加拿大证券监管局表示，很多代币其实满足证券的定义，Coinbase、Coin Center、USV 和 Consensys 将代币权益划分成投资性权益和权利性权益，如表 9-2 所示。根据权益类型的不同，代币可以分为两类，分别是用来兑换产品与服务的类众筹代币，以及像股票一样具有"股东"权利的类股权代币。

表 9-2　代币证券权益划分 [27]

代币的投资性权益	代币的权利性权益
持币者拥有对法律实体的所有权（包括普通合伙人）	持币者在区块链系统中编程、开源、挖矿的权利
持币者享有股东权益	持币者拥有进入系统的许可和权利
持币者共享收益、共担损失，或共同拥有资产、负债	对系统入口和许可的收费权利
持币者承担借款人或债权人的身份	参与系统搭建的权利
持币者在项目破产时作为债权人或股权持有人分配权益	使用系统及其产品的权利
持币者可以通过代币追加投资	出售系统产品的权利
	参与投票决策系统属性和特征的权利

2017 年是 ICO "波涛汹涌"的一年。根据国家互联网金融安全技术专家委员会发布的报告，如图 9-4 所示，仅 2017 年上半年，所调查的平台就上线了 60 个 ICO 项目，在这之前的项目总数只有 5 个。半年共有 10.5 万人参与 ICO，男性用户占八成，融资总计 26.16 亿元。[29]2017 年上半年，ICO 发展之势有如"脱缰的野马"，涉及用户广、融资金额高，潜在风险巨大。2017 年下半年，监管方迅速涉入叫停 ICO，虚拟数字货币的非法集资从波峰一下坠入波谷。

图 9-4　2017 年上半年我国 ICO 项目监测

数据来源：国家互联网金融安全技术专家委员会

（二）ICO 风险

如果投资精准，ICO 的确可以带来高额收益。就像比特币从最开始不到一美分，到如今一度突破 5.6 万美元，仅仅用了十多年时间。市场投资者对超高收益率趋之若鹜，嗅到商机的灰色融资也在暗处"肆意生长"。疯狂的 ICO 热潮远离了初衷，投资行为逐渐向投机转化，潜伏着巨大的非法金融风险。

首先，ICO 缺乏明确的法律规范和融资标准。ICO 不像证券市场 IPO 那样成熟，既没有统一的发行规则，又缺乏行业自律组织监管。在证券市场，投资者选择证券的时候，可以看到企业经过注册会计师审计的年报，知道企业上市经过监管机构的层层把关，还有专业的证券分析师发布相关研究报告。而在币圈投资，投资者基本上是"两眼一抹黑"的状态，无技术、无监管、无备案。ICO 的标的物是虚拟货币，价值依托于普通人难以辨别的"高技术"，不像证券对应着一定份额的实物资产。综合来看，私人发行的数字货币具有极高不确定性，投资标的良莠不齐，风险收益不成正比。

其次，疯狂的 ICO 扰乱了市场秩序，面临融资方道德风险。一些发行方通过糅合概念和编造项目提供虚假的白皮书，以骗取资金为目的欺骗外行人，承诺根本无法兑现，存在非法集资风险。目前，警方已侦破多起数字货币传销案，包括 MTI、Mark、MBI、恒星币等上百个数字货币项目。ICO 可能存在价格操控的风险，即发行者成为"庄家"，利用筹集到的资金操纵价格。ICO 项目团队将筹集的钱投入开发和销售环节后，会保留一部分用于消费和拉高价格出货，控制数字货币价格走向，在融资发行后再次"割韭菜"。

不同于证券募集法定货币，ICO 募集的资金一般也是数字货币，以比特币和以太坊等获得全球公认的易交易数字货币居多。以太坊在 2014 年通过 ICO 众筹了 3 万多个比特币，开始发展开源区块链平台，智能合约功能允许用户指定规则，并由可靠的程序自动化处理。这些数字货币使募集资金的全过程可以在线上完成，方便快捷的同时具有匿名性，为违法犯罪提供了空间。虽然本次 ICO 发行项目众多，但真正能够经受使用考验的少，在项目失败后发行方卷资潜逃的不在少数。投资者将面临资金损失的风险。

再次，ICO 项目存在技术隐患。当前区块链和加密技术尚不成熟，个人开发的项目存在风险漏洞的可能性高，一旦受到黑客攻击，投资者可能面临财产损失,并且由于没有第三方监管机构,资金无法追回。2019 年 DragonEx 平台遭黑客入侵损失 4000 万元人民币,交易所 Quadrigacx 被盗损失 1.9 亿元,交易所频频被盗显示出不可掩盖的安全漏洞。

最后,数字货币价格非常不稳定,波动幅度大,且并可能会传导至金融市场,引起金融风险。作为最知名的数字货币,比特币的交易价格可谓是波澜壮阔,经历过数次大涨大跌,如图 9-5 所示,从 2013 年 1 月 6 日至 2013 年 4 月 28 日,不足 4 个月时间,比特币价格经历了多次大起大落。这种资产没有实物资产作为抵押,估值受投资者情绪的影响极大,存在一定价值泡沫。更不用说其他 ICO 的各类数字货币,在市场行情稳定时看起来可能顺风顺水,可一旦泡沫有破裂的倾向时,"潮水退去,才知道谁在裸泳",缺乏技术含量的不良数字货币将变得一文不值。如今数字货币在人们资产配置中的比例快速上升,价格和体量与十年前不可同日而语,新的投资市场正在成型。要防范数字货币价格的大幅波动的风险,做好套期保值和对冲交易,防止数字货币风险跨市场传导。

—— 比特币收盘价(美元/个)

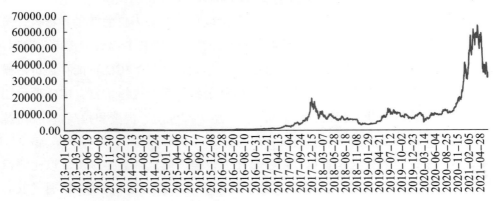

图 9-5 比特币价格行情

资料来源:Wind

(三)ICO 监管

由于 ICO 中存在种种风险,2017 年中国互联网金融协会发布公告,提醒公众在投资时抵制违法违规行为、注意 ICO 的信息披露问题,号召公众在投资 ICO 时保持清醒、冷静对待。[30] 中国互金协会提示风险以后,中央很快就做出了反应，及时叫停 ICO。中国人民银行等七部委定义 ICO 本质为"一种未经批准非法公开融资行为"，禁止代币发行融资，加强代币融资交易平台的管理，暂停机构开展与代币发行融资交易相关的业务，[31]相当于全面叫停了 ICO 平台的运作。此外，中央还多次约谈各虚拟货币交易平台的高管，限制新用户注册，逐渐清退交易业务。在政府的大力工作下，公告发布后一年内，境内虚拟货币交易份额从 90% 降至不足 5%。[32]2019 年 12 月，中国人民银行再次发布风险提示，保证监管常抓不懈。[33]

ICO 游走于法律边缘，但也的的确确促进了区块链技术和数字货币发展，是否能够"网开一面"？在严厉打击"伪创新"金融风险，防止 ICO 脱实向虚，维护金融市场稳定的同时，或许可以在谨慎的基础上，放开真正优秀、做实事求发展的数字货币公司，为投资者敲开一个了解数字货币的窗口，为我国区块链、科技金融的发展留下空间。有很多国家和地区对数字货币的监管可供借鉴，美国、日本、新加坡等使用牌照化管理，日本发行了数字货币交易商监管条例，泰国颁布《数字货币法》，瑞士 InCore 银行获批提供数字资产服务。[34]

ICO 热潮显示出投资者在逐利时还不够理性，在不了解项目的情况下就匆忙入场，我国市场的投机风气还很重，无法建成一个成熟的投资市场。从长远上来看，我国的投资者在情绪管理、专业知识、理性认知上还存在很大不足，监管层需要有所作为，增加投资者教育，加大科技金融和金融法的普及。

第三节 超越主权数字货币的假想

一、高效的超主权货币

世界货币与全球经济息息相关，美国国际收支长期贸易逆差、美债发行量超国家 GDP 总量，美元作为国际结算货币已显露出不可调和的缺陷。特里芬难题证实主权货币作为国际储备货币的不可持续性：各国经济发展的贸易结算需求、维护币值稳定的储备需求都需要大量国际储备货币，这势必会导致发行国国际收支长期逆差；而作为国际储备货币，又要求发行国收支平衡保证币值稳定坚挺，这需要贸易收支保持顺差。主权货币在作为国际结算货币时面临相悖的需求，难以兼顾国际贸易的发展与发行国经济的繁荣。顺逆之争下城门失火，殃及池鱼，使用国际货币的国家受到货币贬值的伤害，发行国却稳稳当当谋得铸币税。我们需要一种更具公平性、稳定性和高效率的货币作为国际结算货币。

以超主权货币为核心的国际货币体系另辟蹊径，或将成为特里芬难题的解答。主权货币由发行国确立并担保其价值，难免不随着一国经济的发展沉浮；而超主权货币超然物外，不囿于某一经济体，似乎更能作为世界贸易的标尺。超主权货币并非一个全新的概念，广为人知的金本位制、银本位制、特别提款权等都是超主权货币书写的历史。这些盛极一时的制度具有可行性，但其最终的式微也说明存在局限性。金、银本位制悄然退场的最大的原因是产量有限，无法匹配国际贸易的庞大体量，买卖双方"有意"，但金银"无情"，制约交易顺利完成。特别提款权建立在政治协议和一揽子货币的基础上，不仅使用范围有严格的限制，本质上也难以摆脱特里芬难题。因此，要想建立合适的国际贸易体系，新的超主权货币不仅需要在数量上灵活跟随世界经济贸易，可进可退，在使用上还要兼顾市场化和公正化，可攻可守。

早在 1943 年，超主权国际货币体系就已经由凯恩斯、怀特提出。[35] 凯恩斯计划建议建立相当于世界银行的国际清算同盟，可以用黄金换取其发行的货币"班科"，但不能反向操作。各国货币与"班科"挂钩，并使用"班科"进行清算。怀特计划是由美国财政部部长助理提出的，主要内容是设立国际货币稳定基金，发行货币"尤尼塔"，价值与黄金挂钩，各国根据认缴份额确定投票权，并确定主权货币与国际货币的兑换比例。虽然最后两个方案都没有实施，但依据怀特计划衍生出了以美元为中心的布雷顿森林体系。

二、超主权数字货币

数字货币的发行打破了主权货币框架，或许能够成为超主权货币最好的载体。逐渐被全世界承认的比特币、莱特币等私人发行的数字货币没有法偿能力，与信用货币有着本质上的区别。不同于主权货币必须以国家信用为担保，数字货币不仅独立于国家，甚至能够独立于发行人。使用者并不关心发行人姓甚名谁、是否拥有足够的财富来保证价值，好比吃鸡蛋的人并不需要知道下蛋的母鸡如何。虽然多国对基于区块链的数字货币怀有雄心壮志，但基于技术、维稳等种种原因，主权国家目前还未做好进场的充足准备。在国际清算银行的调查样本中，70%的国家央行认为在可预见的将来不会发行数字货币。

随着技术创新升级，数字货币或许能够在质与量上满足国际结算货币的需要。成千上万的数字货币如雨后春笋般冒出，不少知名机构也希望分一杯羹。Facebook（2021年10月已更名为Meta）拥有雄厚资本支撑与广泛的市场影响力，2020年第四季度的月活跃用户人数超世界总人口的35%，也发行了数字货币Libra（后更名为Diem）。全球支付巨头PayPal于2021年收购加密货币存储公司Curv，并推出数字货币业务。新参与者的加入弥补了当前主流数字货币缺乏背书和渗透率低的缺陷，"当头一棒"也促使监管当局将数字货币的研发和立法提上日程。如同金融机构被利润刺激着与监管竞赛，不断创新、破而后立，币圈中的机构玩家也处于领先地位，不仅具备技术上的先发优势，又不似央行必须深谋远虑。成为"千倍币"的渴望刺激着技术和资本野蛮生长，更符合需求的高科技数字货币有望在未来诞生。

当然，货币格局的改变不是一朝一夕能完成的，路漫漫其修远兮，数字货币距离成为超主权货币还有很长一段路要走。货币最基本的职能是价值尺度，当一项资产可以用以衡量价格，并畅通无阻地交换各种商品与服务、支付债务，作为财产保存，甚至在国际间流通时，就可以称之为货币。很显然，数字货币在很多方面还不满足货币的定义，尚不能够称之为正统的货币，要想成为超主权货币更是难上加难。

首先，目前的数字货币价值波动大、受众群体小，无法作为价值标尺，对其持观望态度和期盼投资升值态度的人占大多数。如果货币衡量的价格像股票市场一般随机游走，每天参与市场都有新的"惊喜"，买家和卖家迟早会崩溃。不过这似乎并不是很大的阻碍，只要世界强国入场，发行数字法币并延续原货币的体系和标准，数字货币的价值尺度职能必将发挥得淋漓尽致。但这样一来，控制权仍将掌握在个别经济体手中，不能挣脱主权货币的老路，也就无法解决特里芬难题。我们认为，强有力机构的入场、国际组织的加入和严格按贸易需求确定货币发行量的方法或许能够缓解这一问题。

在交易手段、支付手段方面，只有当交易双方认同货币的价值并预期价值能够持续时，交易才会顺利进行。人们常说的"乱世买黄金"和"皮鞋成本"，都是因为预期通货膨胀、货币大幅缩水，从而破坏了原有货币的流通手段职能。当下私人数字货币的应用范围不宽，价值摇摆不定，还无法形成稳定一致的预期，面临公信力较弱的局面。不过喜闻乐见的是，数字货币已经在小部分群体中实现了现货交易、赊买赊卖的职能，甚至特斯拉也在考虑允许使用比特币购买汽车。

执行贮藏手段的最优货币是足额的金属货币，因为它具有稳定的价值，不论经济再怎么变化，淘金所需的劳动力和固定资产损耗是比较稳定的。人们让货币退出流通用于贮藏，是为了用于未来的消费，而不是为了看着舒服，马克思称之为货币的"暂歇"。虽然纸币有国家的信用做担保，也只能在短时间较好地执行"贮藏手段"。如图 9-6 所示，将时间拉长到十年二十年，大部分国家的物价都翻了几番，购买力明显缩水。因此，执行贮藏手段需要货币具有稳定的价值，不易变质且易于转换。很显然，目前的数字货币还无法很好的发挥贮藏作用。

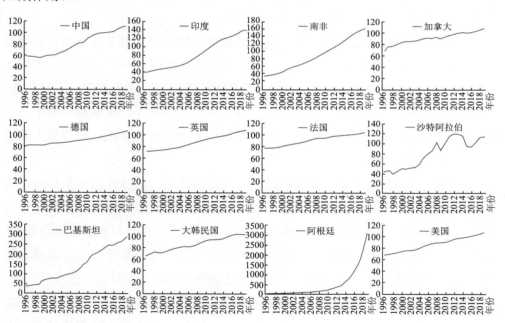

图 9-6　各国 1996—2018 年 GDP 平减指数

素材来源：The World Bank

注：各国基准年有所不同

世界货币职能要求货币承担起作为全球一般等价物的责任,目前只有少数几个强国的货币是易于在国际交易中被接受的。比特币已经能够实现国际交易的点对点流通,如果稳定的数字货币发展起来,相信很快就会有一部分支持者愿意在跨国交易中使用数字货币,毕竟数字货币可以更便捷、安全地进行国际支付。

单纯的数字货币不是合适的交易媒介,但就像美元成为世界货币前和黄金挂钩一样,数字货币也可以通过和某样稳定标的挂钩保持低波动性,这种虚拟货币被称为稳定币。有抵押物的稳定币可以用法币、加密货币配合多种资产作为抵押,属于欠条类型的稳定币,分为由法币抵押和由加密货币抵押的稳定币;无抵押的稳定币利用铸币税股份、去中心化银行和算法维持,包括Terra和Element Zero。一旦稳定币被市场认可,就能够作为价值单位被市场采用。

三、超主权数字货币的影响

如果真正意义上的超主权数字货币发展起来,交易媒介的变革将推动历史进入新的篇章。李礼辉表示,超主权数字货币有可能从根本上重构全球的货币体系。[36] 把国家利益从货币发行中抽离出来,将对全球金融体系的健康发展将产生深远的影响。

第一,超主权数字货币可能冲击主权货币地位。处于垄断市场地位的主权货币对持币者来说并不"划算",主要原因有四:首先,法定货币是垄断的,持币者没有其他选择。其次,主权货币即不承诺价值,也不承诺兑回,有种"离柜概不负责"的味道,持币者需要完全承担货币价值变动带来的风险。再次,货币制度的内部机制就是贬值。温和的通货膨胀作为稳定经济、促进增长的手段之一,在无形中向持币者征收了铸币税。在一些国家,十年前能买一栋房子的钱,存到现在兴许只能买一个平方,货币贬值的速度可见一斑。最后,其他治理机制进一步加剧了货币灌水。央行在发行货币时,为平稳市场经济运行会买入机构持有的国债。国债成为货币的底层资产,在一定程度上"自产自销",叠加不健全的约束机制,国债规模和政府负债越垒越高。此外,在新型冠状病毒肆虐的背景下,诸多国家央行发布了减税降负、财政刺激政策,美国甚至直接向群众发钱以刺激消费。在税收收入减少的情况下，这些涌入市场的货币，最终又由谁承担呢？持币者眼见手中的法定货币越来越不值钱，而超主权数字货币既稳定又能够满足需求，自然会对主权货币地位产生不小的冲击。[37]

在主权货币框架下，一个非货币篮子成员国的法定货币可以畅通无阻地购买本国商品，但如果不进行外汇交换，就算提着"一篮子"本币，在外国也"举步维艰"，无法进行消费。中心化货币一般基于某个国家，使用范围也限制在该国领域里，国家之间各自为政，互不干涉。超主权数字货币或许可以摆脱这种困扰。数字货币基于去中心化的支付网络，没有中央监管，也就没有使用范围限制，只要交易者都认同数字货币的价值并同意使用，就算不兑换外币也能完成跨国交易。当然，中心化的超主权数字货币也可以摆脱地理限制，但前提是这个中心的概念必须超越国家，为所有人认同。

超数字主权货币成为真正的一体化货币，可能会降低各国货币政策效果。国家通过货币政策调整利率、货币发行量，以此对国内经济状况的变化作出反应，这是基于人民只能在国内使用该国的法定货币实现的。如果超主权数字货币可以在国内流通，那么就可能产生金银复本位制一样的问题，使交易陷入混乱，严重影响货币政策的效果。

第二，超主权数字货币可能重塑货币霸权地位，将影响到美元的统治地位。自布雷顿森林体系以来，美元身为世界结算货币的历史已近百年，第二次世界大战和金本位制为美国创造了崛起的契机。从战争中赚得"盆满钵满"的美国成为唯一一个能够保持金本位制的国家，在百废待兴国际形式下成为了世界货币的中心，双挂钩机制拉开了美元"一家独大"的帷幕。随着战后经济重建复苏，各国对世界货币的需求激增，美国兑付黄金越来越吃力，遂宣布终止美元与黄金的兑换。不过很快，美国就锚定了确保货币地位的新"工具"——石油。随着美元成为购买中东石油国家石油的唯一货币，美元踏入了不受约束的新时代。

作为世界货币，美元曾多次收割各国经济红利。每一次美元的大规模发行都是美国在"薅全球羊毛"，向各国征收铸币税。试想一下，如果经济体中只有100件充当特殊等价物的商品和100美元，那么每件商品应该是1美元；如果又生产了10件商品，而货币却增发了21美元，每件商品的价格将升至

1.1 美元。那么，就算经济体中的消费者拿到生产报酬，他们手中的钱也只够买 100 件商品，剩下的 10 件商品就在货币发行的过程中被发行者"私吞"了。因此，通过超贸易需求的货币增发，美国在无形中从其他国家碗中"分了一口汤"。

虽然世界货币需要保持币值坚挺，但贬值似乎才是美元的常态。站在美国的角度，贬值是更符合利益最大化的决策，特里芬难题的天平已经倾斜。以上的分析已经证明，美国能够通过美元贬值向世界收取铸币税，用绿油油的钞票换取货真价实的商品。除此之外，贬值还能使美国商品的相对价格更便宜，刺激国外需求再从中"捞上一笔"。

美元贬值显然是让本就不处于优势地位的其他国家"雪上加霜"。世界各国为了保证自己的经济实力和货币兑付能力，必须存储一定数量的世界货币作为资产储备。采用盯住汇率制和固定汇率制的国家，需要保有足够的外汇以应对突发事件的冲击。当实际货币供需的变动影响国内利率，根据利率平价理论，资本将从预期收益率低的地区流向预期收益率高的地区，从而推动汇率变化。如果国内经济腾飞，产出大增，货币总量的增加又赶不上产出变化，对货币的实际需求自然就上去了。既然人人手中用于消费的钱都不够，在当前的利率下用于储蓄的资金就会减少，货币供不应求推动利率上升。那些不采用浮动汇率制的国家为了把汇率稳定在目标水平，就需要购入外汇来扩大本币供给，降低国内利率。各国资产中都有一大部分是以美元、美债形式存在的，如果美元呈现出贬值趋势，各国国家储备也会跟着减少。所以就算美元忙着贬值各处收割财富，各国也不能"落井下石"，反而要帮着维护美元的价值。有时候美国欠下的债务数量太大，还会威逼利诱让债权国"慷慨"地减少负债，债权国也不得不"被卖了还帮着数钱"。

美国可以通过美元转嫁风险和泡沫。如图 9-7 所示，可以看到，近年来美债的规模"越吃越胖"，已突破全年 GDP 总量大关，就算全美国人白干一年也无法偿付所有发行在外的国债，借新还旧的做法不免令人联想到庞氏骗局。不过美国似乎一点也不慌，大规模发行国债的底气就是这些债券是有市场需求的。不少发展中国家都将赚来的钱以美债形式储存，因此美国即使背负着高负债率也能良好运转。

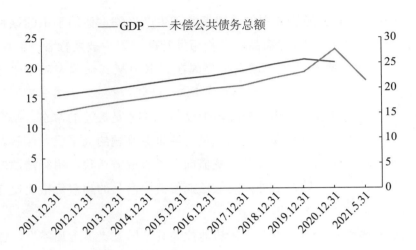

图 9-7　美国 GDP 与未偿公共债务总额对比

素材来源：Treasury Direct、Wind

美国可以通过货币超发、贬值、高负债来"假公济私"，无法成为符合贸易需求的世界货币。新冠疫情以来，美国已多次发布刺激经济政策，贬值预期下各国抛售美债，将加速打破以美元为中心的结算体系。

如火如荼的数字货币研发成为去美元化的催化剂，目前已有国际贸易通过使用加密数字货币来绕开美元。在多级世界货币体系下将出现"劣币驱逐良币"的现象，正如马克思所说："凡是两种商品依法充当价值尺度的地方，事实上总是只有一种商品保持着这种地位。"[38]因此，就算使用多国货币作为世界货币，也只是暂缓特里芬难题而已，最后的结果是一样的。超主权数字货币可以摆脱主权货币的局限性，同时又具备数字货币的优良性能，更符合世界经济贸易的要求，将重塑世界货币格局。

第三，超主权数字货币可能形成跨越商业银行的金融体系。商业银行作为间接融资的主要渠道以及发行货币的辅助力量，在金融体系中起到非常重要的中介作用。目前的支付宝已经具备储蓄、小额贷款、购买基金、投保、生活缴费等功能，在一定程度上起到商业银行的替代作用。数字货币具备更高的技术水平，随着技术发展和各大机构入场，超主权数字货币可能基于更强大的金融基础设施，渗透到生活的各个方面，争夺商业银行市场。

第四，超主权数字货币可能影响人民币国际化的进程。2016 年 10 月，人民币正式加入货币篮子，意味着人民币国际化进程迈上了新的台阶。我国经济的稳定发展是人民币成为稳定、强势货币的保障，在美国产业空心化的局势下，人民币国际化进程稳步推进，但还是会受到超主权数字货币的影响。在主权货币作为国际货币的情况下，美元式微相当于给人民币让出机会，毕竟国际贸易总要进行，不用美元也得用其他货币。超主权数字货币独立于国家法币，为交易媒介提供了新的替代品，会拉低对法定货币的需求。不过，超主权数字货币能否推出还存在很大不确定性。我国数字人民币的准备工作已经接近尾声，将率先进入国际视野，有益于抢占先机。

四、中国风险与机遇并存

我们需要做好万全之策迎接超主权数字货币，才能不在货币格局的巨变之中落了下风。

首先，要积极发展数字技术、数字经济，走在世界前端。我国数字人民币经过长时间的研发已经取得阶段性胜利，处于试点阶段，但还未真正接受人民的检验。强大的技术支持是支持数字人民币安全运行、在国际上扩大影响力的基础。数字人民币在安全性与效率性、灵活性与公信力等方面，需要做好权衡取舍，完善流通体系。

数字货币仍处于发展初期，应当鼓励具有更强大的研发能力的民营企业、中小企业参与到研发中来，促进国内机构、学者研究数字货币的底层技术架构，做好激励和监管。可以适当放松对数字货币的限制，给企业一定的利润空间和研发弹性，并做好创新领域的支持工作。

其次是加快数字金融制度建设。在"两会"上，全国政协常委李稻葵提议成立数字经济发展与监管委员会，政协委员陈增敬提议建立"算法库"，政协委员陈晓红提议加快构建数字货币风险监管体系。数字人民币试点已经掀起了新的潮流，必须重视其中存在的风险和机会。

数字人民币即将全面普及，新货币制度的建设迫在眉睫。数字人民币基于一个全新的货币框架，在大规模普及前必须打好法律基础，发布"数字货币法"。如何保障数字人民币的安全性，怎样使用才是合法合规的，私钥泄露了如何追回，数字货币支付失败了怎么办？诸如此类的新问题亟须解决，要加快监管的顶层设计，包括资金流向监控、风险预警机制、隐私保护等，构建全国乃至全世界的数字货币统筹监管系统。

国家明确支持数字货币发展，也应当"允许百姓点灯"。虽然假借数字货币概念的诈骗等违法行为屡有发生，但随着私人数字货币不断创新改革，各大巨头的加入已成为不可阻挡的趋势，简单粗暴的"一刀切"做法不再符合经济发展的需要。我们可以学习美国，将私人数字货币作为一种投资标的，并征收税赋以降低交易频率，建立监管平台和完备法律进行审慎监管。在投资方面，建议逐步放开私人数字货币交易，设立准入条件，让具有风险承受能力的投资者进入市场。可以为合法合规的数字货币研发者建立"白名单"，鼓励数字货币方面的创新和研究，提高对数字经济企业的治理水平。此外，要加大非法数字货币集资的惩罚力度，坚决打击非法盗取数字货币隐私信息的不良之风，为人民群众建立一个安全的数字货币环境。

最后是加强国际协调。各大强国都有意向进入数字货币领域，未来将呈现百花齐放的局面，国家之间应当团结友好、互惠互利。各国之间要加强沟通和协作，建立符合发展需要的交易、监管平台，促进数字货币友好发展。要加强数字货币跨国监管体系，建立通用的监管标准，防范数字货币金融风险跨市场传导。我国作为最早一批数字货币的研究者，应以核心技术为底气，在国际领域勇争数字货币的话语权。

参考文献

[1] 焦瑾璞，孙天琦，黄亭亭，汪天都.数字货币与普惠金融发展——理论框架、国际实践与监管体系 [J].金融监管研究，2015(07):19-35.

[2] 腾讯研究院.支付"走出去"系列研究（一）：新加坡零售支付体系 [EB/OL]. https://www.sohu.com/a/260299279_455313, 2018-10-18.

[3] 范一飞.中国法定数字货币的理论依据和架构选择 [J].中国金融，2016(17):10-12.

[4] 姚前.数字货币的前世与今生 [J].中国法律评论，2018(06):169-176.

[5] 黄国平.数字货币风险管理与监管 [J].银行家，2020(05):11-13.

[6] 张奎.关于数字货币发展和风险管控的几点思考 [J].金融经济，2021(01):3-8.

[7] 中国互联网金融协会,中国银行业协会,中国支付清算协会.关于防范虚拟货币交易炒作风险的公告 [EB/OL].https://www.nifa.org.cn/nifa/2955675/2955761/2996296/index.html, 2021-05-18.

[8] 国务院金融稳定发展委员会.刘鹤主持召开国务院金融稳定发展委员会第五十一次会议 [EB/OL]. http://www.gov.cn/xinwen/2021-05/21/content_5610192.htm, 2021-05-21.

[9] 人民银行.人民银行就虚拟货币交易炒作问题约谈部分银行和支付机构 [EB/OL]. http://www.pbc.gov.cn/goutongjiaoliu/113456/113469/4273265/index.html, 2021-06-21.

[10] 因特虎读书会.数字货币有何优点 [EB/OL].https://www.sohu.com/a/381774898_100019993, 2020-03-21.

[11] 谢星,封思贤.法定数字货币对我国货币政策影响的理论研究 [J].经济学家,2019(09):54-63.

[12] 国家统计局.中国 2020 年国民经济和社会发展统计公报 [EB/OL]. http://www.tjcn.org/tjgb/00zg/36540_10.html, 2021-03-04.

[13] [英]弗里德里希·冯·哈耶克.货币的非国家化 [M].姚中秋译.北京:新星出版社,2007.

[14] 刘斌,赵云德.国际清算银行:2019 年中央银行数字货币调查,CBDC 即将到来 [EB/OL]. https://www.btc126.com/view/83326.html, 2020-02-14.

[15] 工人日报.数字人民币来了 [EB/OL]. http://www.xinhuanet.com/2021-01/05/c_1126945778.htm, 2021-01-05.

[16] 企业智慧转型.全国 31 省及直辖市"十四五"规划 [DB/OL] . https://mp.weixin.qq.com/s/A8saRKLTxKc3ZgHcNf2_JA, 2021-02-18.

[17] 网库集团.培育数字产业优势加快与实体经济深度融合 [EB/OL]. https://mp.weixin.qq.com/s/eZ_SY-gHl3MVHiiu2P_A0A, 2021-03-04.

[18] 人民银行网站.人民银行等五部委发布关于防范比特币风险的通知 [EB/OL]. http://www.gov.cn/gzdt/2013-12/05/content_2542751.htm, 2013-12-05.

[19] 经济日报.央行约谈 9 家比特币交易平台 [EB/OL]. http://www.gov.cn/xinwen/2017-02/10/content_5166933.htm, 2017-02-10.

[20] 中国人民银行.中华人民共和国中国人民银行法 [EB/OL].http://www.pbc.gov.cn/rhwg/19981801.htm, 1995-03-18.

[21] 36 氪.在委内瑞拉,虚拟的"香蕉币"可以买到真实的食物 [EB/OL]. https://www.sohu.com/a/247266936_114778, 2018-08-15.

[22] 新华社."暗网"贩毒比特币支付——厦门警方侦破一起新型毒品案 [EB/OL]. http://www.gov.cn/xinwen/2019-08/22/content_5423517.htm, 2019-08-22.

[23] 献县公安局.利用数字货币为电信网络诈骗"洗钱",河北献县警方:已有 13 人被抓 [EB/OL]. https://baijiahao.baidu.com/s?id=1693939753688141226&wfr=spider&for=pc, 2021-03-11.

[24] 任会来.代币工具的弊端 [J].经济研究参考,2008(30):20-21.

[25] 姚前. 数字货币的发展与监管 [J]. 中国金融，2017(14):38-40.

[26] 胡金华. 虚拟代币众筹凶猛 ICO：灰色融资链新工具？[N]. 华夏时报，2017-04-10(026).

[27] 清华大学国家金融研究院. 中国 ICO 监管 [EB/OL]. http://www.pbcsf.tsinghua.edu.cn/Upload/file/20171026/20171026142221_1122.pdf, 2017-09-30.

[28] 国家互联网金融安全技术专家委员会.2017 上半年国内 ICO 发展情况报告 [EB/OL]. https://www.ifcert.org.cn/industry/158/IndustryDetail, 2017-07-26.

[29] 中国互联网金融协会. 关于防范各类以 ICO 名义吸收投资相关风险的提示 [EB/OL]. https://www.nifa.org.cn/nifa/2955675/2955761/2967610/index.html, 2017-08-30.

[30] 人民银行. 人民银行等七部门关于防范代币发行融资风险的公告 [EB/OL]. http://www.gov.cn/xinwen/2017-09/04/content_5222657.htm, 2017-09-04.

[31] 人民银行上海总部. 常抓不懈持续防范 ICO 和虚拟货币交易风险 [EB/OL]. http://shanghai.pbc.gov.cn/fzhshanghai/113571/3629984/index.html, 2018-09-18.

[32] 北京市地方金融监督管理局，人民银行营业管理部，北京银保监局，北京证监局. 关于进一步防范"虚拟货币"交易活动的风险提示 [EB/OL]. http://www.csrc.gov.cn/pub/zjhpublicofbj/gongg/201912/t20191227_368570.htm, 2019-12-27.

[33] 狂人区块链报.2020 年全球各国对数字货币的监管最全盘点 [EB/OL]. https://www.sohu.com/a/435775654_120420341, 2021-02-23.

[34] 李翀. 论建立超主权国际货币的路径和前景 [J]. 学术研究，2010(02):91-96.

[35] 李礼辉. 超主权数字货币金融野心与现实挑战 [J]. 经济导刊，2020(08):34-37.

[36] 冯兴元. 冯兴元：诚实货币的理念和数字货币的性质与未来 [EB/OL]. https://www.thepaper.cn/newsDetail_forward_11420688, 2021-02-18.

[37] 孙业霞. 从马克思国际货币职能看主权货币充当世界货币的弊端 [J]. 经济学家，2019(03):94-101.

[38] 息相吹. 美元的霸主地位，是如何建立的？[EB/OL].https://zhuanlan.zhihu.com/p/99640296, 2019-12-26.

第十章 数字化转型的监管保障

第一节 塑造安全高效的数据监管机制

根据《中国数字经济发展白皮书（2020年）》对数字经济的定义，数字经济的核心驱动力是数字技术，其关键的生产要素是数字化的信息和知识，互联网科技的发展催生了其在金融领域的应用。将数字技术与实体经济相结合，由网络作载体，双重提高数字化与网络化的智能水平。数字经济已成为我国国家战略之一，习近平总书记多次强调，要建设"数字中国"，要将数字经济做大做强。随着大数据、人工智能、区块链、数字货币等将数字科技与金融相结合，加速重构了经济的发展，同时新诞生的产品，结构也更为复杂。数字经济虽具有广阔的发展空间，但还需加强配合与更新治理模式，来实现最终的新型经济形态转型。

数字经济时代，风险的表现形式也变得多样化。传统的金融风险的监管机制将出现明显的滞后性，甚至是监管失效。需要从监管理念出发，从监管机制与监管路径入手，配合新的监管环境作出适当性调整。数字经济的新型经济业态，对金融监管提出了前所未有的挑战。我们必须从实际出发，循序渐进，在探索中不断自我扬弃，对金融创新和金融风险管控形成协调和统一。

一、我国监管机制的现状

监管机制是以维护市场经济秩序为目的，伴以对经济活动产生的问题加以干预和控制。数字经济的快速发展，对我国原有的市场监管制度带来了新的挑战。这种挑战在一定程度上促进了监管者对包括数字经济在内的新型经济寻找更好的监管机制的热情。

数字化的知识和信息是数字经济的重要生产要素，伴随着加密数字货币、区块链的崛起，我国的数字经济也已启动并发展迅猛。但是目前我国对数字金融方面的法律条文尚未出台，大多政策还停留在"办法""意见"方面，尚未形成健全的法律体系和监管机制，且颁布文件的主体复杂，包括中国人民银行、国务院、互联网金融协会等，导致问题出现后，涉及责任的认定、承担，以及执行仲裁结果时缺少监督检查机构来专门管理此事。监管主体的不明确，易形成监管空白。尽管我国陆续颁布了部分针对数字金融监管的法规，但纵观全局，数字金融产品更新迭代速度快，导致部分新型产品未被纳入监管体系内，部分企业行为游离在监管之外。这对数字经济的日常管理及未来发展形成不利影响。

（一）金融科技公司迎来强监管元年

数字金融的本质是利用数字化信息技术为金融服务。数字科技提高金融行业的效率，降低了其运行成本，使企业积累到的用户数据，转换成可以加以利用的有价值的信息，但同时也增加了监管风险。我国正不断完善数字金融细分领域的相关政策，并逐步建立健全的监管机制。2019年以来，"一行两会"陆续发布了一系列金融科技细分领域的监管政策，其中涉及到数字金融风险管控、业务规范、技术标准等多个方面。通过数字金融产品的认证和备案管理等措施，外加与金融科技产品认证管理平台建设等信息化手段相结合，不断强化对数字金融细分领域风控、技术、产品和业务等方面的有效监管。2020年，多项针对数字金融领域的强监管政策也纷纷落地，2020年下半年以来，中国金融监管部门又密集发布了超过 15 个金融监管新政策，如表 10-1 所示[1]，其中包括了银行、证券、基金、保险、小额贷款等多个金融门类，同时配套相关专项重点审查、随时进行抽样调查等多种举措，体现了国家对金融科技的高度重视。

表 10-1　2020 年 7 月—2021 年 1 月 15 部金融科技监管新规

发布时间	颁发部门	新规及征求意见稿	受影响领域
2020 年 7 月	中国银保监会	《商业银行互联网贷款管理暂行办法》	银行，金融科技（贷款或助贷）
2020 年 8 月	中国证监会	《证券公司租用第三方网络平台开展证券业务活动管理规定（试行）（征求意见稿）》	证券，金融科技（经纪业务）
2020 年 9 月	国务院	《国务院关于实施金融控股公司准入管理的决定》	金融机构控股或股东或实控人，金融科技
2020 年 9 月	中国人民银行	《金融控股公司监督管理试行办法》	金融机构控股或股东或实控人，金融科技
2020 年 10 月	中国人民银行	《非银行支付机构行业保障基金管理办法（征求意见稿）》	金融科技（非银行支付）
2020 年 11 月	中国银保监会、中国人民银行	《网络小额贷款业务管理暂行办法（征求意见稿）》	银行，金融科技（贷款）
2020 年 12 月	中国银保监会	《互联网保险业务监管办法》	保险，金融科技（保险）
2020 年 12 月	中国银保监会	《商业银行理财子公司理财产品销售管理暂行办法（征求意见稿）》	银行理财子公司，金融科技（理财）
2021 年 1 月	中国人民银行	《关于推进信用卡透支利率市场化改革的通知》	银行，金融科技（贷款）
2021 年 1 月	中国人民银行	《征信业务管理办法（征求意见稿）》	征信，金融科技（贷款、助贷、数据收集和使用）
2021 年 1 月	中国银保监会、中国人民银行	《关于规范商业银行通过互联网开展个人存款业务有关事项的通知》	银行，金融科技（存款推广）
2021 年 1 月	中国人民银行	《非银行支付机构条例（征求意见稿）》	金融科技（非银行支付）
2021 年 1 月	中国人民银行	《非银行支付机构客户备付金存管办法》	金融科技（非银行支付）

续表

发布时间	颁发部门	新规及征求意见稿	受影响领域
2021年2月	国家市场监管管理总局	《国务院反垄断委员会关于平台经济领域的反垄断指南》	互联网行业
2021年2月	中国银保监会	《关于进一步规范商业银行互联网贷款业务的通知》	银行

资料来源：中国人民银行，中国银保监会，中国证监会，国家市场监管管理总局

1. 重磅来袭的互联网贷款新规

2020年7月，中国银保监会正式发布《商业银行互联网贷款管理暂行办法》（以下简称《暂行办法》），由银保监会作为监管主体，从商业银行、助贷平台、借款人等多个层面对商业银行互联网贷款业务进行监管，并严格把控互联网贷款业务获客、产品设计、风控、催收等各个环节的合规问题。

该办法对要与商业银行进行贷款活动的合作机构提出了更加严格的监管要求，可总结为以下五个方面：①实行分层级、分类别和名单制的管理，并对合作机构实施统一的准入制度。②在与合作机构签订的书面合作协议中，明确各方的权利、义务和责任，明确合作范围、客户权益和风险划分等。③信息充分披露制度，商业银行应当向借款人充分披露合作机构的信息、合作产品的种类、各方的权利及义务等。④商业银行应该持续对合作机构进行管理，并定期对其进行全方面的评估，按照适度分散的原则选择合作机构，避免对合作机构的过度依赖。⑤合作的机构需要有一定的资质，如担保资质和监管要求的信用保险和保证保险经营资质，商业银行只有在合作机构符合各项要求时，才能对其提供直接或变相的增值服务。[2]

在《暂行办法》仅颁布半年后，中国银保监会于2021年2月19日又出台了《关于进一步规范商业银行互联网贷款业务的通知》（以下简称《通知》）。[3]这份不足千字的《通知》，被市场解读为互联网贷款监管的新风向。该《通知》在监管政策从严加码上与《暂行办法》是一致的，并且强调了风险控制主体的责任，明确了互联网贷款出资比例、贷款集中度、限额等三项监管指标，重申并严控跨区经营等要求，强化了互联网贷款监管的紧迫感。新设的监管红线，是对《暂行办法》中银行业监管机构对商业银行与合作机构相关风险，跨地监管等业务的相关谨慎性监管要求做了具体落实。该《通知》监管意图明显，抓

第十章 • 数字化转型的监管保障

住了贷款业务不规范问题的痛点。在坚持谨慎包容的引导下，努力消除互联网贷款业务发展中存在的不良行为，例如监管标准不一致、监管套利空间等，试图补齐联合贷、助贷业务监管方面的短板。

2. 监管新规出炉，网络小额贷款有望告别野蛮生长

互联网金融逐渐被越来越多的人所熟知后，网络小额贷款业务迅速崛起，并通过高杠杆率迅速扩张，潜在的风险逐步显现，同时也给监管带来较大压力。为统一监管规则和经营规则，2020年11月2日，中国银保监会、中国人民银行共同起草了《网络小额贷款业务管理暂行办法（征求意见稿）》（以下简称《征求意见稿》），其中明确网络小额贷款公司的注册资本、杠杆率、贷款金额、联合贷款出资比例、展业范围等指标。

《征求意见稿》为改善各地区金融监管存在监管要求不统一的局面，将网络小额贷款业务的监管将向银行监管看齐，防范了小额贷款公司跨区经营带来的底层风险。并且《征求意见稿》提高了网络小额贷款业务准入门槛，牌照申请也更加严格，将众多网络小额贷款公司卡在门外，使整个网络小额贷款市场总规模的增速放缓，有利于规范市场的整体发展，对打击投机炒作、监管套利等行为具有强大的约束力。单从符合50亿元的注册资本条件来看，目前仅有5家小额贷款公司符合要求，分别为重庆市蚂蚁小微小额贷款有限公司、重庆度小满小款贷款有限公司、重庆苏宁小额贷款有限公司、中新（黑龙江）互联网小额贷款有限公司、南宁市金通小额贷款有限公司。当该《征求意见稿》正式下发后，将有90%以上的互联网小贷公司因无法达到监管合规要求而退市。

3. 互联网保险驶入规范快车通道

2015年出台的《互联网保险业务监管暂行办法》是我国第一次明确地对互联网保险提出实施监管要求。随着互联网经济与金融科技的迅速发展，互联网保险领域也出现了不少新问题。为及时应对这些新问题，由中国保监会中介部牵头，会同法规部、创新业务部、消保局、财险部、人身险部等领导小组成员单位，共同起草了《互联网保险业务监管办法》（以下简称《办法》），并于2020年12月14日面世。

该《办法》于2021年2月1日开始施行，按经营主体分类监管，更有针对性。《办法》以强化持牌经营为原则，对互联网保险公司、保险公司、保险中介机构、互联网企业代理保险业务进行监管，重点强调互联网保险业务本质的同时，对政策实施过渡安排。

在该《办法》中，监管对象和范围均得到了空前的明确。以问题为导向，坚决贯彻落实各项防风险措施，审慎包容，鼓励先进的新型业态健康合规成长、统筹推进，做到"政策统一、清晰简练"的总体监管理念中。新浪科技财联社将监管思路总结为五大内核：①机构持牌、人员持证。该《办法》贯彻落实了监管强调多时的机构持牌经营问题，明确了互联网保险的经营主体，对持牌机构和持证人员的关键行为做出了明确的规范。监管以后盯住持牌机构即可。②厘清保险法人机构、第三方平台和互联网保险业务经营界限。为鼓励专业互联网公司探路创新，新规在现行政策的基础上，对线下业务进行了新的定义，如专业互联网保险公司不设分支机构，不得线下销售保险。在线上业务方面，根据线上业务的特点进行针对性调整、补漏，进行体系化规定，如新规支持在大险种范围内的经营，并在监管范围上也实现了一定的突破。③从严监管，增加惩罚措施。该《办法》新增了惩罚章节，针对主体不合格、非法经营、提供虚假信息、登记不及时、从业人员微观营销宣传等14种违规行为加强了监管处罚。④信息安全管理新规。各大部委推进的国家网络安全等级保护，银保监会要求持牌机构达到3级，非持牌机构达到2级。⑤奖优惩劣的监管准则。保险中介作为经营互联网保险业务的两大主体之一，新规中明确了中介进入的门槛以及全流程的规定。

（二）中国数字货币之路：一边监管，一边探索

随着互联网科技和大数据的发展，全球涌现了不少所谓的"数字货币"。由于当前全球还没有一家央行推出主权"数字货币"，这使得IT奇才们利用"区块链"技术，加以金融科技的创新，创造出了所谓的"数字货币"——比特币。从货币的属性上来讲，比特币并非货币，它更倾向于金融"衍生产品"。受各国监管尺度不同、跨境洗钱及投机逐利炒作等因素影响，其价格大起大落。受比特币热度的影响，众多类似于比特币的数字货币应运而生。据统计，全球当前非主权"数字货币"共计超百种，一定程度干扰了国际货币金融体系。[4]

中国对数字货币的监管始于2013年，中国人民银行等五部委发布《关于防范比特币风险的通知》，其中明确了比特币的性质，比特币是一种类似于商品，可在互联网上自由交易的物品，普通民众具有自由参与的权利并自愿承担相应风险。

2017年9月4日，中国人民银行等七部委发布《关于防范代币发行融资风险的公告》，明令禁止 ICO，《公告》中指出，"投资者须自行承担投资风险，谨慎投资"。

2019年8月10日，中国人民银行支付结算司副司长穆长春在中国金融四十人论坛上表示，央行数字货币即将推出，将采用双层运营体系。

2020年11月21日，习近平总书记在二十国集团（G20）领导人第十五次峰会第一阶段会议上表示，要发挥数字经济推动作用，二十国集团要以开放和包容方式探讨制定法定数字货币标准和原则，在共同推动国际货币体系向前发展过程中，妥善应对各类风险挑战。[5]

目前我国对加密数字币的监管主要有三个规范性文件：《关于防范比特币风险的通知》《关于防范代币发行融资风险的公告》，以及《关于防范以"虚拟货币""区块链"名义进行非法集资的风险提示》。2019年1月10日，国家互联网信息办公室发布了《区块链信息服务管理规定》（以下简称《规定》）。《规定》明确了区块链信息服务的相关定义，详细地规定了区块链信息服务的备案流程以及提供者需要履行的责任。此外，对于区块链信息服务提供者因违反相关规定而产生的处罚措施，也进行了明确规定。随着《规定》的落地，填补了我国对区块链监管的空白，将成为我国区块链监管的指导性文件，并对区块链技术应用的发展产生积极的推动作用。

在监管主体方面，由中国人民银行、银保监会、证监会、国家工商总局、中央网信办（国家互联网信息办公室）、工业和信息化部、公安部、市场监管总局八个机构共同履行监管职责。由中国人民银行、中央网信办、工信部进行权责分明协作，公安司法等各司其职，配合主要监管部门开展各类执法规范行为。我国目前未设立单独监管加密数字币的监管机关。

在监管政策方面，我国尚未有明确的监管数字币的成文法律。当监管机关面对加密数字货币"灰色行为"时，遵循从严处理原则。中国人民银行作为制定和执行货币政策的中央银行，对数字加密币的监管由早年的克制与保守，逐渐转变为积极态度。2020年9月8日，北京市地方金融监督管理局局长霍学文在北京金融科技成果发布专场上透露第三批"监管沙箱"项目已经在路上，在人民银行指导下，北京金融科技创新监管试点有序推进，从100多个申报项目中筛选出两批共17项创新监管试点项目运行平稳、成功有效，并形成了一定的示范效应。[6]

表 10-2 为近 10 年关于数字货币的监管政策。

表 10-2 数字货币监管政策

时间	颁发部门	相关政策	主要内容
2013 年 12 月	中国人民银行等五部委	《关于防范比特币风险的通知》	明确将比特币等非法定数字货币定义为虚拟商品,它不是以货币和法币形式存在
2017 年 9 月	中国人民银行等七部委	《关于防范代币发行融资风险的公告》	明确定性 ICO 本质是一种非融资行为,应立即停止
2017 年 4 月	江苏省互联网金融协会	《互联网传销识别指南》(2017 版)	新增数字货币传销部分,包括珍宝币、百川币、马克币、暗黑币等在内的 26 种披着数字货币的外衣进行非法传销的项目
2017 年 6 月	中国人民银行	《关于冒用人民银行名义发行或推广数字货币的风险提示》	针对个别企业冒用央行名义发行数字货币产品进行提示
2018 年 8 月	中国银保监会、中央网信办、公安部、人民银行、国家市场监管总局	《关于防范以"虚拟货币""区块链"名义进行非法集资的风险提示》	提醒发币集资活动并非真正基于区块链技术,而是炒作区块链概念行非法集资、传销、诈骗之实
2018 年 8 月	全国互联网金融风险专项整治工作领导小组办公室	《关于进一步开展比特币等虚拟货币交易场所清理整治的通知》	要求各商场、酒店、宾馆、写字楼等地不得承办任何形式的虚拟货币推介宣讲等活动
2019 年 11 月	中国人民银行	《关于冒用人民银行名义发行或推广法定数字货币情况的公告》	针对个别机构冒用人民银行名义,将相关数字产品冠以"DC/EP"或"DCEP"在数字资产交易平台上进行交易的情况进行公告
2019 年 11 月	中国人民银行上海总部	《关于开展虚拟货币交易场所排摸整治的通知》	要求各区整治办对三类虚拟货币活动进行摸排,分别是境内组织虚拟货币交易、发币,以及为境外 ICO 项目引流、代理买卖的行为
2019 年 11 月	深圳市互联网金融风险等专项整治工作领导小组办公室	《关于防范"虚拟货币"非法活动的风险提示》	近期借区块链技术的推广宣传,虚拟货币炒作有所抬头,将对非法活动展开排查取证

续表

时间	颁发部门	相关政策	主要内容
2019年12月	北京地方金融监督管理局、中国人民银行营业管理部、北京银保监局、北京证监局	《关于进一步防范"虚拟货币"交易活动的风险提示》	虚拟货币交易活动死灰复燃,提醒各部门予以打击,警告相关机构不得宣传和提供服务。
2019年12月	中国互联网金融协会	《关于防范以区块链名义进行ICO与"虚拟货币"交易活动的风险》	要求会员机构不参与任何设计ICO和"虚拟货币"交易活动的炒作行为,呼吁消费者增强风险防范意识和自我保护意识
2019年12月	深圳市金融办	《关于召开虚拟货币非法活动专项整治会议的通知》	要求对涉嫌从事虚拟货币非法活动的企业进行初步摸排核查(同期,北京、上海等地也开展了相关的活动)
2020年4月	四川省金融工作领导小组	《关于引导企业有序退出虚拟货币"挖矿"活动的通知》	叫停"挖矿"项目招商行为,要求采取综合措施引导"挖矿"项目有序退出
2021年5月	中国互联网金融协会、中国银行业协会、中国支付清算协会	《关于防范虚拟货币交易炒作风险的公告》	要求会员机构不得开展与虚拟货币相关的业务,并呼吁投资者提高风险防范意识
2021年5月	内蒙古发改委	《关于坚决打击惩戒虚拟货币"行为八项措施(征求意见稿)》	提出了八项严厉推进清退"挖矿"项目的措施,该文件发布之前,内蒙古就将"挖矿"项目纳入了淘汰产业序列,并设立了举报平台

数据来源:移动支付网据公开资料、Babel Finance,联储研究院整理

(三)世界各国家和地区对加密数字币、比特币的态度及监管现状

世界各国家和地区对数字币的态度及交易所监管趋势大概分为三类:第一类是以中国、俄罗斯为代表的禁止比特币交易和境内虚拟币交易所的存在,禁止ICO代币发行;第二类是以日本、美国、韩国和中国香港为代表的实施牌照化管理的,需要满足监管条件并进行申请;第三类是以英国、新加坡、瑞士为代表的对比特币持开放态度,交易所监管相对宽松,甚至是无须拍照。[7]

1. 美国——牌照化管理，数字货币交易需持牌照经营，具体规定取决于各监管机构

美国的联邦制使各个州对数字货币的监管"因州而异"，美国国会虽然是在联邦监管机构（SEC、CFTC）之上的最高权力机构，但在监管和定义加密数字币的问题上保持沉默，这使得每个州的监管机构在加密数字币上都有自己的一套监管体系，尚未统一。虽然美国整体法律和金融业监管相对较为完善，但对数字加密币对法律监管，仍处于不断自我修正与调整试验中。

早在 2015 年，纽约金融服务部（NYDFS）就率先推出了 BitLicense，对比特币及其他数字加密币的从业者进行监管，并于 2020 年更新了条款，更新后的条款对数字币初创企业的监管要求更加严格。

美国证监会（SEC）于 2018 年 3 月发布《关于可能违法的数字资产交易平台的声明》，确认数字资产属于证券范畴，并适用于《证券法》的监管。因此交易所必须在 SEC 注册或获取牌照，同时也公布了已经注册的合法证券交易平台供投资者参考。2018 年 6 月，美国众议院通过了被称为"打击非法网络和侦查贩运行为"的 H.R.6069 号法案，以防止非法使用加密货币，包括比特币、dash、zcash 和 monero。

同时，美国商品期货交易委员会（CFTC）将代币视为商品，并批准 LedgerX 为与加密数字币市场挂钩各期权和衍生品提供清算服务。CFTC 则认为，比特币的属性更接近黄金，而不是传统的货币或者证券，因为它既不由政府支持，也没有附加责任。

美国财政部下设机构金融犯罪执法局 FinCEN 颁发 MSB 牌照（Money Services Business），火币、安币等均已获得 MSB 牌照。该机构主要监管与金融服务相关的业务和公司，其中包括数字货币、虚拟货币的交易，ICO 发行，以及外汇兑换、国际汇款等业务。该机构认为代币是金钱，而 ICO 的销售则受《银行保密法》规定的汇款规则所约束，因此需要向政府登记，同时收集客户信息，并报告任何有可疑的金融活动。

与 FinCEN 持相反态度的是美国国税局（IRS）。IRS 认为数字加密币不是货币，而是财产，当该加密币被售出以获取利润时，应该被征收资本所得税。

美联储主席鲍威尔对数字加密币交易持支持态度，并在 2020 年 2 月 12 日的讲话时提出私人加密币交易的必要性。

2. 日本——牌照化管理、允许 ICO

在日本，数字币交易所需要执照经营，管理条例也相对成熟清晰。日本是最早承认比特币合法的国家之一，也是全球最大的加密货币市场之一。早在 2017 年，日本内阁就颁发了一系列的标准和规则，要求数字货币交易平台必须获得日本财政部和金融厅（Financial Services Agency，FSA）的授权。根据 FSA 数据显示，日本已拥有约 350 万名加密货币交易者，年交易金额超过 970 亿美元。鉴于日本加密货币市场规模庞大，FSA 监管较为活跃，甚至已经获得了"最具合规和监管导向"的美誉。2019 年 5 月，FSA 将比特币和其他加密货币更名为"加密资产"，目的是告诉民众，比特币属于投资资产，并不是政府所认可的法币。

3. 韩国——接纳认可数字货币，追求合规化

韩国政府于 2018 年 4 月公布了数字货币交易所监管框架，并设定了基本资质要求和运营框架，韩国政府正在逐步加强对数字货币交易平台的监管。此外，韩国也是首个对数字货币交易所征收企业税的国家，目前韩国政府对数字货币资产交易所征收 22% 的企业所得税以及 2.2% 的地方所得税。

虽然 ICO 在韩国也是违法的，但相关部门并未出台具体规则，也并未清退 ICO。2020 年 1 月 9 日，韩国开始实施监管沙盒制度。2020 年 3 月 5 日，据韩国金融服务委员会（FSC）官方消息，韩国国会通过《关于特定金融交易信息的报告与利用等法律（特别金融法）》，在《特别金融法》中，加密货币将获得"合法身份"，而加密货币交易所则被定义为 VASP（虚拟资产处理机构）。《特别金融法》在 2021 年 3 月份实施，新法实施后，在韩国经营的加密交易所必须取得经营许可牌照，火币、币安、OKEX 等在韩国的分站表示将积极响应韩国政策，合规化运营。

4. 中国香港——承认比特币合法，严格监管，保护投资人

中国香港在 2020 年已经开始了对数字币交易所的监管沙箱制度。香港对数字货币的政策与内地相比相对宽松，但与日本、美国等国家和地区相比则较为严格。2020 年 11 月 3 日，香港证监会公布全新虚拟资产交易平台发牌制度，所有在香港运营的虚拟平台，都必须申请牌照，接受当局监管。香港证监会要求合规的数字币交易所的公司总部、决策权必须在香港，交易所要为平台内 95% 的资产投保，以保证财务的稳健，并且此监管只对香港居民有效。像火币、OKEX、BitMEX 等可以在香港运营，但是不属于监管范围之内。

5. 加拿大——立法透明，政策开放，监管明确

加拿大是全球对数字货币交易立法最透明的国家之一，且对加密货币定性明确。加拿大的金融监管单位 FINTRAC 于 2018 年上线 MSB 牌照，持有这个牌照的公司可以在加拿大境内合规地开展数字加密币的交易，而且牌照费用低。2020 年 6 月，加拿大官方正式修改监管法案，把数字货币纳入监管范围。对数字货币的监管做进一步明确与完善，并且在申请的 MSB 牌照的权限许可新增加了 Dealing in virtual currencies（虚拟货币交易）权限。至此，加拿大 MSB 才算真正开始对数字货币交易监管，并且成为第一个既可以做外汇又可以做数字货币的牌照。

6. 亚洲其他国家

印度：印度对加密货币对热情相对较弱，该国政府对加密数字币采取限制措施，并否认其为法定货币。印度最高法院于 2020 年 3 月解除了银行为加密货币交易提供服务的两年禁令，监管仍处于"视而不见"状态。

泰国：泰国政府对数字货币监管采取积极的态度，支持交易所牌照化管理。2020 年 1 月 20 日，泰国财政部和泰国证券交易委员会（SEC）批准了 Zipmex 颁发许可证，并对申请人提出了严格的监管要求。

菲律宾：积极监管，根据菲律宾 944 号法令，虚拟交易公司需要进行 SEC（证券交易所）注册。

新加坡：新加坡对加密数字币的态度主要取决于其是否具有证券的性质，新加坡金融管理局（MAS）局表示若其具有证券性，则应该遵守《证券期货法》，接受 MAS 的监管，提供公开招股书，并像上市公司一样，定期披露公司的经营状况及大众所需要了解的相关细节。

以色列：政府对数字货币监管采取较为宽松的态度，也是全球最早使用区块链和数字加密技术的国家之一，颁发牌照积极。

7. 其他欧洲国家

德国：2020 年 3 月 2 日，德国金融监管机构联邦金融监管局（BaFin）将数字资产归类为金融工具。

英国：数字货币监管积极，英国金融行为监管局（FCA）被投资者认为是最具监管力度、最严格的监管机构，FCA 牌照申请资质、门槛较高，但含金量也高。

瑞士：数字货币认可度友好，支持交易所牌照化管理。2020年5月29日，瑞士金融市场监管机构 FINMA 授权 InCore 银行允许经营、托管、转让和开发数字资产，使该银行成为全球第一家提供数字资产服务的商业银行。

乌克兰、荷兰态度谨慎，监管严格。瑞典、卢森堡、马耳他、爱沙尼亚等国家数字货币监管积极，支持牌照经营。[8]

二、目前我国监管机制面临的挑战

（一）缺乏复合型人才

我国数字经济蓬勃发展，在《国家信息化发展战略纲要》和《"十三五"国家信息化规划》中提出战略规划部署，并在《"十四五"规划和2035年远景目标纲要》中再次了强调了数字中国和科技创新。数字经济以技术创新的方式赋能传统行业的数字化转型，而监管的转型则需要配备综合素质的人才。缺乏专业性的复合型人才是数字金融监管面临的一大难点。新业态下的监管者将面临三方面的挑战：一是综合应用能力的挑战，二是跨学科交叉能力的挑战，三是创新思维能力的挑战。

（二）监管的行为主体难以确定

监管的行为主体难以确定主要由以下两方面原因：一是由于去中心化的特点，使得主体更加难以确定。比如比特币与区块链，相较于传统金融服务，在法律制度下，行为主体更加难以认定。二是从需求端的出发，消费者保护的复杂度有所提升。随着数金融业数字化的转型，扫脸支付、远程开户等新技术不断涌出，个人身份特征信息和财务信息被过度采集，并超出个人授权的使用范围及使用时间。例如，消费者在进行一次网购后，就很有可能导致信用卡被盗刷，身份被盗用申请贷款等引发消费者财产和精神损失。在数字环境下，交易凭证呈电子化趋势，电子票据的产生、调取等大多数掌握在经营者手中，当发生损失时监管者需要拿到警方出具的申请介入通知单后才能进入经营者终端进行调查，难以第一时间进行介入取证，这对于处于技术劣势的消费者来说很不利。三是供给端在数字金融领域业务模式多样，产品多层嵌套的情况突出，披着科技的外衣进行的不正当行为更加难以被监测到。2012年，俄罗斯黑客

Andrev 通过 Pastebin 发布了其攻击了 LinkedIn 服务器，窃取了约 1.59 亿的用户信息的消息，并打算将整个数据库信息打包出售。LinkedIn 技术人员也是通过在暗网上看到了此消息，才知道自己的系统被黑客所攻破。所以说科技是把双刃剑，在给我们带来便利的同时，也使监管变得更加困难了。

（三）静态监管难以管控动态市场

静态监管难以管控形式多变的动态市场。法律僵硬，更新跟不上数字金融前进的步伐，跟不上产业发展的需求。数字经济是金融领域的一个新兴业态，会对原来传统的金融监管模式进行挑战，在挑战时难免会因"步子太大"而跨进法律的禁区。若想适应新兴业态，而在及其严格的传统金融监管法律里面进行创新，这种创新难免力度有限。此时部分旧法显得僵硬。例如我国《证券法》第九条规定"公开发行证券，必须符合法律、行政法规规定的条件，并依法报经国务院证券监督管理机构或者国务院授权的部门核准。未经依法注册，任何单位和个人不得公开发行证券。有下列情形之一的，为公开发行：（一）向不特定对象发行证券；（二）向特定对象发行证券累计超过二百人；（三）法律、行政法规规定的其他发行行为"。部分股权制、凭证制众筹项目以及 P2P 网贷中的债权转让在募集资金过程中，面对的是不特定对象，且往往人数众多并超过二百人，容易触犯《证券法》关于公开发行证券的规定。

（四）信息的不对称性与滞后性

金融机构与监管主体之间的信息不对称，给了不法分子可乘之机。例如 2020 年发生的诺亚财富暴雷事件，信息披露不及时、不充分是引发风险的主要原因。投资人在购买此产品时，诺亚财富一直将其对外宣传为保本保息、相对风险较低的固定收益类产品，直到 2020 年 3 月，诺亚与投资人的沟通会上，投资人才被告知这是一款高风险的股权并购基金。诺亚财富随后将该产品移出了类固收类别，并在后台更改了该款基金的名称和产品信息，故而投资人对此却一无所知。该产品在中国基金业协会网站中查询结果看，该私募基金的备案类型为股权投资基金。中国证监会在接到诉讼后才获知此违规情况并展开调查，因获取信息滞后、不全面、不真实，未能在风险发生前做出预判，以至于监管失效。

我国目前是根据以往经验来搭建监管政策的框架，当重大事件出现后，才开始扭转监管思路，早期缺乏主动创新与学习的意识。例如对P2P的监管，此前这种新型数字金融模式没有出现过，并且国内没有相应的监管经验可以进行借鉴。我国刚开始对P2P的监管态度是慎之又慎，外加监管政策的滞后性，直到2016年11月，银监会联系工信部、工商局才发布了《网络贷款信息中介备案登记管理指引》，而这距2014年P2P平台呈跃进式大爆发已过去2年之久。[9]

（五）监管空白

现有法律效力覆盖范围不够广阔，且位阶较低。我国目前出台的对互联网金融监管的法规主要停留在由国务院制定的行政法规，中国人民银行等部门制定的部门规章，以及各地方出台的政策性文件。一方面是上述法律效应较低，且稳定性差；另一方面是不少机构无牌营业并开展金融业务。例如前几年野蛮生长的网络贷款业务，从事各类小额贷款等业务，尽管我国已着手进行监管，但法律仍存在很多空白；数字货币国外挂牌、回国经营，进行非法交易，非法洗钱等现象层出不穷，我国数字货币监管存在很大的空白。

三、造成监管挑战的诱因

（一）监管者人才方面形成挑战的原因分析

数字金融时代下，立法者及监管者面临以下三方面挑战的原因：

一是关于综合应用能力的挑战，立法者及监管者需具有大量的知识储备能力，须清晰地了解各项相关法学知识。除须了解民法、商法及刑法基础外，还须熟悉证券法、银行法、商品贸易管制法、反洗钱法等。此外，还需要在了解这些相关法律法规的基础上，能够融会贯通地加以运用。从法律的角度去分析理解数字经济案件中的诸多要素。

二是关于跨学科交叉能力的挑战，数字经济涉及大数据、人工智能、区块链、数字币等计算机、金融、法律的交叉领域。对立法者和监管者提出了极高的跨行业要求，他们不仅需要对日新月异的计算机金融技术有所感悟，还须有第一手的法律实操经验，能够站在宏观的角度跨越行业及市场的界限对风险进行综合的考量及把控。

三是关于创新思维能力的挑战，立法者及监管者需要脑子转得够快够灵活，以配合高速更新迭代的科技信息时代。并且要勇于创新，敢于开拓新的监管路径及维度，能够积极主动地走出国门，向已经开放数字经济的国家学习，取长补短找到最符合我国国情及发展的新标准。

（二）监管在新事物理念方面形成的挑战的分析

第一，监管的行为主体难以确定的原因是：一方面，传统的金融监管主要侧重于对金融机构的监管，宏观层面侧重监管整个金融系统的稳定性，微观层面侧重监管金融行为主体，但是在像比特币，区块链这类数字金融中，数字金融业务的参与主体众多，包括金融服务提供商、代理商、技术服务商等，泛化的行为主体难以确定，监管边界模糊不清，各方责任比例的确定易出现分歧，导致规范行为主体的准则难以制定，以及对金融投资者的保护力度不足。另一方面，用户取证较难，处于信息弱势地位，增加了监管方的成本和难度。并且监管主要实施于资产端，缺乏对资金端风险的管控，从而使风险直接转嫁向投资者。

第二，静态监管难以管控形式多变的动态市场的原因是：传统的准入规则、行为合规，已不适用与日新月异、复杂多变的数字金融新形态。法律上很难制定"恰到好处"的准入规则。若准则缺乏弹性，则遏制了数字经济新业态的创新；若准则过于宽松降低了准入门槛，则易给不法分子带来扰乱市场的机会，增加了潜在风险。并且数字金融产品发展迅速，金融机构可以通过产品相互嵌套的方式迅速创造出新的产品躲避合规监管。此外，随着数字经济进入金融领域后，新的金融产品不断被催生，使金融领域发生了革命性的变化。监管难以跟上产品创新的步伐，形成监管空白。数字金融的发展由底层技术所驱动，各项技术的更新迭代推动数字金融全方面的创新。技术创新、模式创新、产品创新、价值创新使金融机构和产品的混业趋势不断加强，每一次创新的同时也可能增加新的监管盲区。2017 年 9 月，在央行等七部门联合发布了《关于防范代币发行融资风险的公告》，将 ICO（Initial Coin Offerings，首次代币发行）禁止后，IFO（Initial Fork Offerings，首次分叉发行）、IEO（Initial Exchange Offering，首次交易发行）、ITO（Initial Token Offering，首次通证发行）等形式换汤不换药，如雨后春笋般油然而生。监管机构因受人力、财力等多方面因素限制，很难快速识别因产品多层嵌套而衍生出来的新产品。当监管机构的意识还停留在技术更新缓慢的传统金融时代，仅限于识别单一结构的金融产品时，数字金融的新型业务往往表现出发展快、覆盖面广、规模不一的特点。仍使用传统监管则成效有限且显得滞后与乏力。

第三，信息不对称会造成市场的失灵。若想保证对综合性金融监管的有效性，则前期监管机构获取及时全面的各类业务信息显得尤为重要。监管机构之间存在的信息不对称主要归因于传统金融时代信息共享率低。例如人民银行监管、统计、会计、货币信贷等部门均要求商业银行报送报表资料，导致商业银行和人民银行等相关部门重复劳动，增加了工作量。信息共享率低加大了监管的难度，统计口径的不一样使得监管部门从商业银行获取的数据往往与人民银行统计部门获取的数据差距较大，尤其是不良贷款的数据。人工报送工作量不仅大，而且速度相当缓慢，这使得监管部门没有足够的时间来分析监管信息并完成风险评判的工作，非现场监管工作难以做深做细，影响了监管的效率及质量。

第四，信息的滞后性会导致监管机构不能早期对风险进行有效的控制。传统的金融监管，通过非现场检查以及现场检查进行。非现场检查通过金融机构定期报送的各种经营管理和财务数据、报表报告实施监管。目前监管部门应用电子计算机的水平相对落后，且应用水平较低，因此降低了监管工作的质量和效率，风险反应形成滞后。非现场监管尚未建立完善的数据网络传输以及自动核对、汇总、分析和报送监管资料，定期报送的材料只能反映特定时间段的情况，信息获取滞后，使得监管部门无法对创新程度高、运行速度快的数字金融进行实时有效的监管。

（三）法律体系面临的挑战的原因分析

我国数字金融的发展即使放眼全球，也处于领先地位。一个新兴事物的发展初期通常缺乏完善的法律法规和监管政策。法律法规的缺乏和粗犷的监管措施使数字金融在发展初期高速发展，数字金融中各类参与主体和创新业务的野蛮生长在使数字金融快速度过初始萌芽阶段的过程中也留下了诸多问题。在数字金融进入相对平稳的发展阶段之后，科学、有效的法律体系和监管体系才是数字金融实现可持续发展的核心保障。

具体来说，法律体系面临的挑战的原因包含两个方面：一是法律法规的欠缺和滞后。在传统金融领域，我国已经制定《金融法》《银行法》等覆盖整个金融范畴的基本法律，但在数字金融领域，各种数字金融业务的创新让许多过去的法律不能完全适用于此。部分法律法规的落后一方面给了非法集资、金融诈骗等犯罪行为一些滋生的空间；另一方面，一些从业者游走在法律和监管之外，破坏行业生态。二是相关法律的普及程度较低。要保障数字金融市场中的各个参与主体的合法利益，在建设完善相关法律法规的同时，还需要各参与主体知法、懂法，然后才能守法、用法。三是违法成本不高。马克思曾经说过："当利润达到 10% 时，便有人蠢蠢欲动；当利润达到 50% 的时候，有人敢于铤而走险；当利润达到 100% 时，他们敢于践踏人间一切法律；而当利润达到 300% 时，甚至连上绞刑架都毫不畏惧。"就《证券法》而言，在 2020 年 3 月 1 日之前，欺诈发行仅处罚募集资金的 5%，对于上市公司信息披露违法行为仅罚款 60 万元。因在此例中违法成本不高，导致部分不法分子为谋取利益而忽视甚至是公然违法我国法律。自 2020 年 3 月后新修改的《证券法》才显著提高违法成本，对于欺诈发行行为，提高罚款至募集资金的一倍；对于上市公司信息披露违法行为，提高至 1000 万元；对于发行人的控股股东、实际控制人组织、指使从事虚假陈述行为，或者隐瞒相关事项导致虚假陈述的，规定最高可处以 1000 万元罚款等。

第二节　畅通服务型的数字化监管路径

一、高校出发，从小培养，政策支持加速培养

人才缺失可以从两方面出发。一方面是加速培养复合型人才。首先应采取前置化的培养，应在高校阶段就注重复合型人才的培养，将法律、金融、科技结合在一起进行综合性的学习，将"学得深"学习模式逐渐加入"学得广"模式，从娃娃抓起，逐步培养复合型人才。其次是培育资源汇聚计划，师资汇聚各方精英，头部企业参与讨论，共同制定学习方案。最后是对复合型人才的培养应更加国际化、优质化和高端化。从实际出发，加强计划落地能力，例如上海银保监局党委书记、局长韩沂建议，将科技金融业务纳入金融机构绩效考核范围，以 3～5 年为一个周期，对科技金融事业部或科技支行进行业绩考核，科技客户、

信贷、产品运用在考核中不低于 50%，其他不高于 50%，并且制定科技金融从业人员的专门晋升通道等。同理，在监管部门也可以将科技金融纳入学习及考核的范围，并制定相关的薪资奖励机制及晋升道路等鼓励员工自主学习。在我国发展金融科技的同时，也应将金融科技监管进行配套式学习。可将数字金融较早运用在实体经济中的国家作为范例，摸着石头过河，学习他国经典案例再结合我国国情，将提前预见风险并制定相关法律建议。习近平总书记也提出了"特别要注意培养金融高端人才，努力建设一支宏大的德才兼备的高素质金融人才队伍"的要求，监管人员更是要注重科技金融与法律的深度融合。在银行业数字转型中，我国已开始开展金融科技是认证培训班，同样的，在数字监管行业，也可以举办类似的培训班或交流会，将顶尖的金融从业人员、互联网科技人员及监管人员汇聚到一起，制定相关的学习课程。或根据国外经典案例进行学习并讨论在监管方面我国应如何进行强化。尽早培育出一批既懂得前沿金融科技理论，又能将法律监管运用到实际业务中的人才。而目前，将综合理论与实际技术结合得好的复合型人才非常稀缺，我国需要加以政策的支持，监管机构需要制定相关的绩效管理考核机制，双方共同努力，推动学习与研发的共享合作机制，培养出更多专业的法律金融科技的复合型人才。

另一方面是借助科技监管代替部分人为监管，提高监管效率。央行发布了《金融科技发展规划（2019—2021 年）》，规划中明确提出了要根据金融科技战略发展规划和发展需要，加大金融科技人才队伍的建设，并为金融科技发展提供智力支持。可将科技监管的内容加入金融技师培训认证的课程中，一举两得，一方面是节省了单独培训监管人员的财力人力；另一方面只需要在原有的大数据、人工智能的程序上稍加辅助的学习，就能达到监管的目的。

二、明确牵头主体、划分责任方

我国应首先明确监管的牵头主体，统筹各监管机构的监管职能、监管范围以及金融机构的自律监管功能。强化国务院金融稳定发展委员会的职能体系，加强监管协调性，促进统一监管。数字金融监管可参照美国的经验来对中国的监管路径进行审视。美国是以证券交易委员会为牵头主体，其他金融监管机构做辅助配合；联邦监管机构主动介入，各州进行积极地立法规制，同时国会就重大政策问题进行不定期的听证会。[10] 在监管心态方面，美国直面由数字经济带来的各种空前监管挑战，并采取谨慎推进的监管态度。在监管手段方面，美国以经典案例作为衡量尺度，通过个案不断明确法律界限，并有意给其他监管者的介入留白。美国的监管路径是逐渐探索，并实时更新，进行自我扬弃。我国应根据中国国情，尽快找出符合我国发展的监管路径。中国早些年因监管能力不足，监管技术落后，而无法对新型金融行为作出有效的规制。

我国尚未形成统一的监管机构，各个监管机构间依旧存在信息壁垒，协调机制的履职范围重合等现象，导致"多头开会"的情况时常发生，严重影响了各参与单位及机构协同办案的效率，或难以达成协作。

首先，我国应加强协作，如对跨行业、跨市场的交叉性金融业务以及重点风险领域的监管。国务院金融稳定发展委员会具有金融监管协调、强化人民银行宏观审慎管理和系统性风险防范职责，与其他监管主体相对比，更有能力统筹协调各级监管部门、金融机构、司法机关等进行数据整合。因此建议由国务院金融稳定发展委员会作为牵头主体，银保监会、证监会、工信部等部门共同协同制定监管标准。各地方政府配合中央金融管理部门落实属地金融监管和地方金融风险防范责任，在金融工作协同机制下运行，最大限度地发挥多部门的联动作用。

其次，加强人才流动，尤其是跨部门间的人才流动。提升监管人员业务水平，鼓励运用与时俱进的技术，如大数据、区块链、人工智能等新型科技手段，对实时数据进行监管分析，及时掌握市场动态并提高监管效率，共同建立并完善科技化监管。

最后，还应加强各国监管当局的跨境合作，数字金融具有跨境性质，建立跨境合作机制有助于防止因监管规则不一致而导致的监管套利和监管空白。还应加大和完善对跨境数字金融违法违规的打击力度与惩戒措施，共同维护各国数字金融的秩序和稳定发展。

三、科技赋能，智慧监管

监管机构需要紧跟数字金融市场快速发展的脚步，灵活调整监管要求。监管机构可借助科技手段，提高监管的主动性，对数字金融施行动态的实时监管。

第十章 · 数字化转型的监管保障

金融监管须由传统的主要依靠人力的监管模式，逐渐转变为依靠大数据、人工智能、区块链等新型科技的监管。证监会发言人表示，未来我国将组建科技监管局，形成科技监管局、信息中心为一体，中证数据、中证技术为两翼的科技监管组织架构，统筹开展资本市场科技监管。

大数据、人工智能、区块链以及云计算，可以使监管变得更加及时有效，可以为监管者提供更加全面、准确、精密的决策依据。例如，监管机构利用大数据推进反欺诈平台建设，建立全网疑似涉诈网络资源交叉核验机制，对高危码号、IP地址、域名等及时清理整顿，实现高效率监管。建立行业涉诈失信企业"黑名单"，以大数据管理为抓手，实现大数据治理的价值。基于大数据分析的特征，让大数据尽快成为电信诈骗的终结者。[11]

人工智能的实质是赋予机器学习人类的智能，它创造了一种新的虚拟劳动力，将其用在监管上，可以对现有的劳动力进行提升，并且提高资本效率。通过建立监管框架，让AI来自动化防范决策不透明、算法歧视、隐私侵犯等风险。

区块链赋能金融监管，实现全方位实时穿透式监管。区块链的不可篡改性使得每一个交易都会被储存下来，信息被完整、实时、永久地记录在了分布式账户上，不仅保证数据的安全合规，同时也便于监管部门追根溯源，查找历史交易记录，解决了日常监管执法事前存证、事中取证和事后认证难、效率低等问题，有助于提升执法能力及办案效率。例如，浙江省市场监管局于2019年11月，率先启动了首个区块链监管的项目——"市监链"与"市监保"。[12]"市监链"可用于交易监测、产品溯源、电子护照、知识产权保护等多种区块链上的应用。"市监保"是在线取证平台，由网页取证、录屏取证、移动端取证3个功能构成，覆盖了线上线下各场景取证需求。取证过程和内容实时在区块链登记，取证结束后，平台自动生成可供当事人校验的保全证书，实现了"一键式"取证。自上线运营以来，"市监链"共处理网络交易监测平台线索数据90余万条，固证成功率达90%以上，覆盖淘宝、天猫、京东、拼多多等百余个主流电商平台，日均处理违法线索数据超过1万条；全省共有1.6万名市场监管人员登录"市监保"并使用完成网页、录屏、手机取证及数据保全近3万次，快办案件数量较去年同期增长210%。"市监链"与"市监保"是区块链技术在市场监管领域的首次大范围应用，区块链监管具有独特的优势所在，应尽快优化其系统，完善相关技术框架和数据接口，将其推广至全国范围内使用。

四、监管信息共享机制的建设

事前、事中、事后监管是一个相互影响有机整体,我国应加强监管信息的共享机制,防止由信息不对称、信息滞后等带来的监管漏洞。应做到在事前监管环节以提高遵纪守法为主体,明确事前准入制度,提高整体依法经营诚实守信的意识。事中有效控制风险,以及事后对违法违规行为进行及时的纠正。借助上述所说的大数据、人工智能、区块链等新型技术,监管机构应打破与市场主体中的信息壁垒,使得监管机构能够更加全面及时地获取金融机构的各类信息;金融机构也应通过这些新技术,全面了解监管政策及相关法律规范。这样一来,监管机构能够做到对金融机构从事前准入、事中运行以及最后的事后处理做到统筹监管。金融投资者也能因信息互通而及时充分地了解监管准则,规避了事前违规的风险。

建议积极建设互联网信息共享平台,并发布联合监管的通知,加强信息互通监管。国家发改委副主任连维良表示,信息充分共享是监管的基础要素,我国应尽快完善互联网信息共享平台,将市场主体的基本信息、法律法规信息与相关的业务部门的系统连接到一起,数据同步、信息共享,形成标准一致、措施统一的监管协同机制。并充分发挥全国信用信息共享平台和国家"互联网+监管"系统信息归集共享,形成全面覆盖各地区、各部门、各市场主体的信用信息"一张网"。成都建立的市场主体智慧监管平台初步在自贸区进行试运营,[13]此平台是覆盖全市的综合监管应用网络,与法院共享相关涉诉涉案企业数据,为全市营商环境建设和市场监管提供了强有力的支撑。工商总局与税务总局也联合发布了《关于加强信息共享和联合监管的通知》,[14]要求各地工商、税务部门要积极建立健全信息共享对账机制,加大对共享信息的核实力度,定期进行数据质量比对分析,及时解决信息共享不全、不准、不及时的问题。对于信息共享过程中出现的数据问题要及时通报并协调解决。各地工商、税务部门不能通过部门间的数据接口直连共享登记信息的,也应当积极协调政府部门,按照工商总局、税务总局的要求,保证登记信息传输质量和效率。我国目前互联网金融信息共享平台建设还处于初期阶段,部分地方金融分析检测预计系统尚不完善,以至于无法及时有效地进行信息共享。另外,我国应对数据的采集标准、检测指标、信息统计系统制定统一的标准,避免统计口径不一致以及风险关注侧重点不一致的情况发生。金融机构、监管机构、执法部门应积极主动地相互配合,共同建设信息共享系统。

除信息共享外,还应增强金融体系的透明度,提高风险评估和定价能力。例如,用大数据提取并分析海量数据后,可针对特定类型的风险开发出具有针对性的金融工具,从而提高风险评估和定价的准确性,进而提高监管部门的风险管控能力。此外还应提高社会信用体系透明度,施行分级分类监管。对信用好、风险小的市场主体,可适当降低抽查次数与抽查比例,尽可能做到自律监管;对存在失信行为的高风险市场主体,在提高抽查比例的同时,还应将失信企业信息公布在如上述所讲的公共信息共享平台上,让市场参与者充分、及时地了解风险,让失信者无处可躲。此做法不仅解决了信息滞后所带来的监管风险,还提高了监管效率,降低了监管成本。

五、加强政策与方法的配合——监管沙盒

我国目前对部分金融科技的监管存在的空白主要集中在两种:一种是部分机构"无牌上岗",打着创新科技的旗号,经营传统金融业务,抑或是在利用国外"松准入、严监管"的漏洞在国外取得准入牌照,然后再回国开展跨境金融服务;另一种是将业务外包给第三方服务机构,导致的监管疏漏。

我国应从以下两点出发,解决监管空白所带来的挑战。首先,应尊重基本金融发展规律,严格落实持牌经营,按照我国现行法律规定,严厉打击无牌照经营的金融机构。无论是数字加密币还是跨境电子支付,这些新科技所带来的数字金融创新,是为了更好地促进贸易投资便利化,而不是为了给不法分子钻空子,对现有的监管准则进行颠覆。因此,各机构开展业务时应以遵循现有的监管框架为底线,配合国家共同完善监管制度。其次是在加强国际监管合作,共同联手打击跨境金融非法活动。我国应积极主动的迈出国门,与国际间建立统一的监管标准,来解决跨国监管政策不一致的问题。

具体的建议方案,可在解决企业无牌经营问题后,可采用"监管沙箱"对新项目进行测试。"监管沙箱"目的是引导持牌金融机构在依法合规、保护消费者权益的前提下,推动金融科技守正创新,赋能金融服务提质增效,营造安全、普惠、开放的金融科技发展环境。截至目前,已有北京市、上海

市、重庆市、深圳市、河北雄安新区、杭州市、苏州市、成都市、广州市等17个市（区）先后成为试点地区，均已发布金融科技创新监管试点应用名单，近120个惠民利企创新项目。[15]其中，北京已发布两批次试点名单，第三批也开启"进行时"。此外，包括杭州、深圳、上海、广州等多地创新应用已完成登记，正在提供惠民服务。业务领域覆盖供应链金融、手机POS创新应用、小微企业在线融资、非接触金融服务、政务数据融合产品、数字风控产品、智能银行、智能化农村金融服务等。主要应用场景包括：信贷场景、运营管理、支付、多场景应用、身份识别、溯源、保险理赔。截至2022年，金融科技"监管沙箱"取得可喜进展，北京、深圳、重庆三地共有7个创新应用项目通过测试，顺利"出箱"，"监管沙箱"作为监管创新工具，从事前、事中、事后流程均有详细规范，既有包容，也有审慎。同时，"监管沙箱"通过试点地区的设立、试点批次的更新等，来扩大金融科技创新监管试点范围，能够鼓励更多企业主体参与到守正创新的工作中去。此外，"监管沙箱"成果丰硕，多地创新应用已完成登记，提供惠民服务，表明科技赋能金融的成果进入到成熟落地阶段，能够产生积极意义、发挥社会作用。

第三节　营造良性的数字化监管环境

监管环境——由野蛮生长到维护公平秩序，由无人监管到优化治理的升级。

从前，我国数字经济在较为宽松的环境中成长，有一大批数字平台因此被优先得到关照并成为具有世界影响力的大型企业，发挥着其特有的社会效应。

伴随着数字经济的火热升温，随之而来的是P2P的相继爆雷，用户数据被滥用，个人信息安全泄露。如今我国正着手优化数字经济监管，数字企业野蛮生长的时代结束了，取而代之的是一个以公平秩序来推进舒适创新的新型数字时代。

全球数字经济已经形成较为固定的格局，由于美国FAAG（Facebook 脸书①、Amazon 亚马逊、Apple 苹果、Google 谷歌）发展比较早，早已抢先占

---

① 2021年10月，Facebook宣布公司改名为Meta。

领市场并形成绝对优势。我国除BAT（百度、阿里巴巴、腾讯）外，字节跳动、拼多多、淘宝、美团、滴滴等，也已经依靠国内的市场发展成了大型数字平台，其他国家和地区如非洲的Jumia、韩国的Coupang、日本的乐天等虽都已形成规模，但是影响力还有待提高。在这基础上，全球数字金融监管也逐渐向三个方向发展：欧盟国家主要以保护个人位中心，美国以商业至上为主要发展模式，而中国则更加重视维护秩序的公平和发展技术的创新。

美国以FAAG为代表的大型数字企业近两年已经经历了多次反垄断调查，并被开具高额罚单。苹果公司CEO库克曾说过："如果没有被滥用，垄断本身不能算是一件坏事。"但是如果一家企业在这个市场占据主导的支配地位，那么这家公司所掌握的社会资源和数据资源极有可能存在滥用的现象，美国正是意识到这一点，才不断对大型企业进行反垄断调查，力求创造一个公平的市场竞争环境。

作为拥有较大数字经济市场的中国，自然也不会缺席及落后。2022年我国将迎来数字经济的强监管大年，着重从个人隐私保护以及市场的公平竞争这两大核心下手，力求为市场打造一个良好的环境。我国数字金融监管的初心，是维护广大人民群众的根本利益，促进行业健康发展，并维护市场长期稳定。随着蚂蚁集团的公司实际控制人和高管被约谈，"金融科技监管环境发生变化"逐渐成为热点话题。在中国，创新一直都是一个非常正面的词汇。创新被认为是在进步的，所有阻碍创新的事务，都应该被摒弃。[16]监管也支持并鼓励企业创新，然而随着信息科技的加入，打破了传统金融行业的运营模式，丰富了金融文化的时代内涵的同时，创新所带来的负面作用也逐渐浮出水面。人们逐渐发现创新未必是好的、正确的。在数字金融企业经历了一段时间的野蛮生长后，2020年中央经济工作会议将"强化反垄断和防止资本无序扩张"作为2021年八项重点经济工作之一。国家发改委和商务部也联合印发《市场准入负面清单（2020年版）》，将"金融控股公司设立相关管理措施"增列至负面清单。

监管对科技含量高、资产专用性强、契约密集度高的行业尤为敏感，中国在电商、5G、网约车等领域的飞速发展，得益于宽松的制度环境。然而在这种宽松的制度环境下，可能会出现监管的短板。中央正在逐步加强对数字经济监管体系的建设，一方面从问题端出发，当问题出现时，及时应对监管的短板；另一方面，从源头端出发，制定健全的数字监管体系。2020年中央经济工作会议提出,"要完善平台企业垄断认定、数据收集使用管理、消费者权益保护等方面的法律规范。要加强规制,提升监管能力,坚决反对垄断和不正当竞争行为。金融创新必须在审慎监管的前提下进行"。

调和宽松制度环境与加强数字监管是维护公平竞争市场秩序的表面矛盾。公平竞争市场秩序主要包括以下三方面[17]:一是数据使用的公平公开;二是数字企业之间的公平竞争;三是数字企业与传统企业之间的公平竞争。反垄断是针对大型互联网科技公司公平竞争的方法之一,其他的还包括应严厉打击科技公司捆绑销售产品或服务、平台"拔网线"条款、平台自营产品在广告排名上凌驾于其他竞争对手之上等不正当竞争行为。

展望未来,中国数字金融发展的初心将不会改变,以制度化为主的一致性强监管体系将创造出稳定的市场环境,对于创新的包容度也将持续增加,并引导金融科技健康成长。

参考文献

[1] 苗艺伟,穆迪.半年内15部金融科技监管新规出台,互金巨头和中小玩家影响各异 [EB/OL]. https://www.sohu.com/a/453415136_313745?scm=1002.2715008b.0.SHARINGAN_PC_FINANCE.

[2] 政联社,新浪科技.万字长文解析互联网保险新规十大监管变化 [EB/OL]. https://tech.sina.com.cn/roll/2019-12-15/doc-iihnzahi7728290.shtml.

[3] 李庚南,新浪专栏.互联网贷款新规的监管逻辑是什么 [EB/OL]. http://finance.sina.com.cn/zl/china/2021-02-24/zl-ikftssap8503021.shtml.

[4] 新京报.央行数字人民币即将推出具有哪些突破性意义 [EB/OL]. http://xinhuanet.com/fortune/2019-08/14/c_1124872062.htm.

[5] 搜狐网.2020年全球各国对数字货币的监管最全盘点 [EB/OL]. https://www.sohu.com/a/435775654_120420341.

[6] 经济观察报,新浪网.霍学文:第三批金融科技监管沙箱项目已经"在路上"将进一步拓展范围 [EB/OL]. https://k.sina.com.cn/article_1641561812_61d83ed402000tesw.html.

[7] 币排行,2020世界各国对比特币的态度及交易所监管趋势 [EB/OL]. https://www.coinpaihang.com/btcjianguan/.

[8] 搜狐网. 2020年全球各国对数字货币的监管最全盘点 [EB/OL]. https://www.sohu.com/a/435775654_120420341.

[9] 华律网. 互联网金融法律环境滞后有什么表现 [EB/OL]. https://www.66law.cn/laws/397822.aspx.

[10] 赵炳昊. 加密数字货币监管的美国经验与中国路径的审视 [J]. 福建师范大学学报（哲学社会科学版）, 2020(03).

[11] 经济参考报, 中国经济网. 利用大数据打赢饭店下诈骗之战 [EB/OL]. http://views.ce.cn/view/ent/202008/21/t20200821_35569252.shtml.

[12 中国市场监管新闻网. 以区块链技术赋能智慧监管——浙江省构建支撑市场监管执法电子取证综合应用平台的实践与思考 [EB/OL]. http://www.cicn.com.cn/zggsb/2020-09/29/cms131274article.shtml.

[13] 成都晚报, 中国（四川）自由贸易试验区程度管理委员会. 市法院与市市场监管局建立"企业送达信息共享机制"共享25项数据 [EB/OL]. http://ftz.chengdu.gov.cn/cdftz/c112346/2019-02/19/content_eacfadba100d41ae8b29483a40a481fc.shtml.

[14] 工商总局, 国务院. 关于加强信息共享和联合监管的通知 [EB/OL]. http://www.chinatax.gov.cn/n810341/n810375/c3234564/content.html.

[15] 北京商报. 金融科技"监管沙箱"一周年：稳推进与控风险 [EB/OL]. https://www.sohu.com/a/440831239_115865.

[16] 邹卫国, 经济观察网. 如何理解"金融科技监管环境发生变化" [EB/OL]. http://www.eeo.com.cn/2020/1104/429712.shtml.

[17] 刘诚, 光明日报. 优化数字经济监管以公平秩序推进技术创新 [EB/OL].

[18] 崔志伟. 区块链金融：创新、风险及其法律规制 [J]. 东方法学, 2019(03):87-98.

[19] 陈健. 我国金融科技监管面临的挑战和应对策略分析 [J]. 中国市场, 2021(05):37-38.

[20] 陈星宇. 构建智能环路监管机制——基于数字金融监管的新挑战 [J]. 法学杂志, 2020, 41(02):115-121.

[21] 邓建鹏. 区块链的规范监管：困境和出路 [J]. 财经法学, 2019(03):31-50.

[22] 王聪, 王金凤. 监管视角蚂蚁集团涉猎业务政策研判与合规管控研究 [J]. 今日财富, 2021(04):56-57.

[23] 吴桐, 李铭. 区块链金融监管与治理新维度 [J]. 财经科学, 2019(11):1-11.

[24] 张焯. 加密数字货币风险及规制 [J]. 证券市场导报, 2021(02):72-79.

[25] 张顺, 费威, 佟烁. 数字经济平台的有效治理机制——以跨境电商平台监管为例 [J]. 商业研究, 2020(04):49-55

后记

"你站在桥上看风景，看风景的人在楼上看你。"这是1935年卞之琳创作的一首现代诗，但现在看来，人类自身及各种行为又何尝不是数字化视域中的一幕幕风景，这些风景正在被数字记录下来，刻入数字的历史。近百年以来，从"阿帕"网到元宇宙，全球数字生态的演变风起云涌。近年来，随着全球从信息经济到数字经济的转型，一方面，产业进阶在数字效率的推动下正在进行快速的产业数字化转型；另一方面，来自寻常生活和生产经营中的海量数据也正在形成新的数字势能，并正在形成数字产业化的雏形。而数字领域新基建的建设则作为上述新业态、新产业、新服务发展的战略性基石，正在加速上述数字化转型的应用实践。

《数字战略》正是诞生于数字化快速转型时期，全球正在经历工业革命以来"技术—经济范式"转变的重大分水岭。目前，中国的数字经济转型在迅速崛起，在以数据资源为关键要素的平台经济等多个数字经济转型的领域成为全球创新前沿，本书正是在这个背景下，试图在数字经济的宏大框架中寻找其促进产业发展的内在逻辑，也希望在数字产业化的趋势中寻找其演化逻辑，并在二者与新基建的崛起及其相互作用中分析其现实的应用价值，以飨读者。

在本书付梓之际，要感谢参与编著本书的各位作者，他们分别是李纵横（第一章）、刘依璇（第二章）、姚芳菲（第三章）、左景冉（第四章）、马炜（第五章）、郭敏（第六章）、易碧归（第七章）、赵歆彦（第八章）、吴雨宸（第九章）、刘博宸（第十章），他们的专业和热情也将形成数字经济理论演进中的一个区块被刻画下来。

后 记

  值此，感谢清华大学继续教育学院和清华大学出版社对本书的出版给予了重要支持和帮助！在这里要感谢清华大学宗燕老师，她的学术前瞻和科学严谨让本书更具可读性又不乏规范，要感谢清华大学王爱义老师和清华大学出版社刘志彬老师的专业支持，两位老师在讨论过程中给出了很多专业建议，还要特别感谢清华大学出版社的胡月老师，他在清样上密密麻麻数不清的修订，不仅是本书重要的质量保证，也是我在教学科研中应该学习的榜样！

  本书从构想到成稿，均在疫情中度过，但小儿昊桐已经从简单乘法运算到数字华容道，算力在随着他的成长进阶。或许在元宇宙扑面而来的明天，数字可以引领我们步入无我的世界，那时候唯有数字和艺术，数字引领科技创新、经济发展和社会进步，艺术抚平创伤、祈愿和平。

2022 年 9 月 10 日于北京